数据库营销实务

主 编 张利敏
副主编 王永平 王 琦

北京邮电大学出版社
www.buptpress.com

内 容 简 介

国内外现状、技术和市场发展显示大数据成为不可阻挡的发展趋势。作为市场营销专业的学生,在这个纷繁复杂的大数据环境中,如何能够将数据应用到营销过程中日益重要。

本书根据高职院校人才培养的特点和要求,结合大数据时代发展趋势,以掌握职业技能为目标,以应用为主旨构建内容体系,具有一定的创新性和实用性。

本书编写的基本思路是以构建客户数据库、进行精准营销为出发点,以一对一营销工具为手段,通过精准锁定目标客户以及互动的营销过程,实现企业营销的目的。本书侧重于数据库营销理念、方法的传播与精准营销工具的使用。

图书在版编目(CIP)数据

数据库营销实务 / 张利敏主编. -- 北京：北京邮电大学出版社，2016.5
ISBN 978-7-5635-4722-7

Ⅰ.①数… Ⅱ.①张… Ⅲ.①数据库—应用—市场营销学 Ⅳ.①F713.36

中国版本图书馆 CIP 数据核字(2016)第 054713 号

书　　　名	数据库营销实务
著作责任者	张利敏
责 任 编 辑	徐振华　孙宏颖
出 版 发 行	北京邮电大学出版社
社　　　址	北京市海淀区西土城路 10 号(邮编:100876)
发 　行　 部	电话：010-62282185　传真：010-62283578
E-mail	publish@bupt.edu.cn
经　　　销	各地新华书店
印　　　刷	北京鑫丰华彩印有限公司
开　　　本	787 mm×1 092 mm　1/16
印　　　张	13
字　　　数	335 千字
版　　　次	2016 年 5 月第 1 版　2016 年 5 月第 1 次印刷

ISBN 978-7-5635-4722-7　　　　　　　　　　　定　价：28.00 元

·如有印装质量问题,请与北京邮电大学出版社发行部联系·

前　　言

　　大数据正在带来一场生活与工作的大变革,大数据营销正在成为推动经济转型发展的新动力,将对未来产生重要影响。面对全新的大数据潮流,充分挖掘数据价值,利用大数据思维推动营销以及业务发展是各行各业都需要重点解决的问题。当今企业竞争激烈,所有企业都需要通过数据分析细分客户,有策略地进行营销。

　　但是大数据营销纷繁复杂,对于市场营销专业的学生,尤其是高职高专学生,想要学习并利用大数据营销相关内容解决实际问题,感觉无从下手。在近年来出版发行的数据库营销相关教材和书籍里,建立模型几乎是数据库营销必经之路,而市场营销专业的学生,多以文科学生为主,偏重于形象思维,对于建立模型望而生畏。但是,时代的发展要求这些学生必须了解与掌握数据库营销相关知识,至少要建立数据库营销的思维模式,以客户数据库为基础,通过客户消费行为分析,找到重点客户,做到精准营销。

　　出于这样的考虑,我们编撰了本书,力图使内容浅显易懂,将复杂问题简单化,易于学生掌握与接受。

　　近年来,我国高等职业教育教学理念与教学模式发生了巨大变化,以就业为导向,重视学生职业素质和职业技能的培养已经成为高等职业教育发展的基本方向,我们在教学过程中进行了长期的探索。本教材在编撰思路中,突出实用性,强调营销过程中与消费者的互动,力争引起消费者的反应,与消费者产生互动沟通,进而促进交易的达成。

　　本书作为校内讲义,已经使用两届,并在使用过程中,得以不断丰富与完善。

　　本教材共分十章,第一章和第八章由张利敏老师编写,第二章和第九章由王永平老师编写,第四章和第十章由王琦老师编写,第三章和第五章由耿燕礼老师编写,第六章和第七章由张海燕老师编写。

　　本书可以作为市场营销专业、广告专业、电子商务专业高职高专学生及本科生的教材与参考用书。

　　本教材的编写是教学实践经验的积累与尝试,在教材的使用过程中会发现这样或那样的问题,我们真诚地希望读者提出宝贵建议,以便继续进行修改。

目 录

第一章 数据库营销概述 ... 1

第一节 数据库营销产生的背景 ... 1
一、传统营销效率的降低导致企业需要一种更为有效的营销方式 ... 1
二、消费者个性化特点越来越突出,了解客户购买习惯和行为成为企业的客观需要 ... 2
三、现代科技的发展使企业建立数据库推测消费者行为成为可能 ... 2

第二节 数据库营销简介 ... 2
一、什么是数据库营销 ... 2
二、数据库营销发展的3个阶段 ... 3
三、数据库营销的渠道(或方式) ... 5

第三节 数据库营销的基本作用和竞争优势 ... 5
一、数据库营销的功能 ... 5
二、数据库营销的基本作用 ... 6
三、数据库营销的竞争优势 ... 7

第四节 数据库营销的实施过程 ... 8
一、数据库营销适合的行业与产品类型 ... 8
二、企业数据库营销的实施 ... 9
三、数据库营销活动策划过程 ... 10

思考题 ... 11

第二章 营销数据库 ... 12

第一节 营销数据库简介 ... 13
一、数据与数据库 ... 13
二、营销数据库定义 ... 13
三、营销数据库的特征 ... 15
四、营销数据库的作用 ... 15

第二节 营销数据的类型与收集 ... 18
一、营销数据的类型 ... 18
二、营销数据的收集 ... 20

第三节 营销数据库的建立与维护 ... 21

  一、为什么要建立营销数据库 …………………………………………………… 21

  二、建立营销数据库的方式 ……………………………………………………… 22

  三、建立与维护营销数据库的步骤 ……………………………………………… 24

  四、确定业务需要后数据库的建立与维护 ……………………………………… 25

 第四节 营销数据的分析与挖掘 ………………………………………………… 27

  一、营销数据的分析 ……………………………………………………………… 27

  二、营销数据的挖掘 ……………………………………………………………… 30

 第五节 营销数据库的应用 ……………………………………………………… 32

  一、营销数据库的用途 …………………………………………………………… 32

  二、如何应用营销数据库 ………………………………………………………… 33

  三、营销数据库的具体应用 ……………………………………………………… 33

 思考题 ……………………………………………………………………………… 37

第三章 直复营销 …………………………………………………………………… 38

 第一节 直复营销的内涵 ………………………………………………………… 38

  一、直复营销的定义 ……………………………………………………………… 38

  二、直复营销与传统营销的区别 ………………………………………………… 39

  三、直复营销的优势 ……………………………………………………………… 41

 第二节 直复营销的发展趋势与功能 …………………………………………… 42

  一、直复营销的产生 ……………………………………………………………… 42

  二、直复营销的发展趋势 ………………………………………………………… 43

  三、直复营销的功能 ……………………………………………………………… 44

 第三节 直复营销的决策与实施 ……………………………………………… 45

  一、直复营销的决策变量 ………………………………………………………… 45

  二、直复营销的适用范围 ………………………………………………………… 46

  三、直复营销成功的原则 ………………………………………………………… 48

 第四节 直复营销媒介概述 …………………………………………………… 50

  一、直复营销媒介 ………………………………………………………………… 50

  二、电话营销 ……………………………………………………………………… 51

  三、直邮营销 ……………………………………………………………………… 51

  四、直接反应媒介 ………………………………………………………………… 52

  五、网络营销 ……………………………………………………………………… 53

 第五节 直复营销中社会与道德问题 …………………………………………… 54

 思考题 ……………………………………………………………………………… 57

第四章 数据库营销策略 …………………………………………………………… 58

 第一节 顾客终身价值 ……………………………………………………………… 58

  一、顾客价值的意义 ……………………………………………………………… 58

  二、顾客终身价值 ………………………………………………………………… 59

  三、基于顾客终身价值分析的数据库营销策略 ………………………………… 61

第二节　顾客生命周期管理 ····· 62
一、顾客生命周期管理的意义 ····· 63
二、顾客获取策略 ····· 63
三、顾客保留和提升策略 ····· 67
四、顾客挽留和赢回策略 ····· 72

第三节　企业结盟策略 ····· 74
一、企业结盟的必要性 ····· 74
二、市场营销结盟的操作方式 ····· 76
三、促销结盟策略 ····· 77

第四节　一对一策略 ····· 79
一、一对一营销的4个步骤 ····· 79
二、步骤的细化 ····· 80
三、评估当前境况 ····· 80

思考题 ····· 82

第五章　直邮营销 ····· 83

第一节　直邮营销概述 ····· 83
一、直邮的定义 ····· 83
二、直邮产品 ····· 84

第二节　直邮的特点和功能 ····· 84
一、直邮的特点 ····· 84
二、直邮的功能 ····· 85
三、直邮与其他媒体的区别 ····· 86

第三节　直邮营销方法和技巧 ····· 86
一、直邮邮包 ····· 86
二、直邮投放频次与时机 ····· 87
三、直邮文案的撰写 ····· 87
四、直邮文案中图形和文字的选择 ····· 88
五、直邮的诱因设计 ····· 90
六、直邮营销的诉求形式 ····· 93

第四节　直邮的发展 ····· 97
一、国际直邮的发展 ····· 97
二、美国直邮的发展 ····· 97
三、法国直邮的发展 ····· 98
四、英国和澳大利亚直邮的发展 ····· 98
五、中国直邮的发展 ····· 98
六、中国直邮发展存在的问题与挑战 ····· 100

思考题 ····· 101

第六章 电话营销 ... 102

第一节 电话营销概述 ... 102
- 一、什么是电话营销 ... 102
- 二、电话营销的特点和优势 ... 102
- 三、电话营销的流程 ... 104

第二节 如何利用电话产生销售 ... 107
- 一、了解客户的需求 ... 107
- 二、激发客户兴趣 ... 109
- 三、建立信任和谐的沟通氛围 ... 110
- 四、引导并发掘客户需求 ... 111

第三节 如何接听电话 ... 115
- 一、接听电话的流程 ... 115
- 二、接听销售电话的原则 ... 115
- 三、陌生来电的销售案例分析 ... 117

第四节 电话营销素质培养 ... 118
- 一、声音的训练 ... 118
- 二、语言选用与说话方式 ... 119
- 三、情绪的控制与调整 ... 122

第五节 电话营销案例分析 ... 125
思考题 ... 129

第七章 电子邮件营销 ... 130

第一节 电子邮件营销概述 ... 130
- 一、什么是电子邮件营销 ... 130
- 二、电子邮件营销的特点和优势 ... 130
- 三、开展电子邮件营销的基础条件 ... 131
- 四、电子邮件营销流程 ... 131

第二节 许可式电子邮件营销 ... 132
- 一、许可式电子邮件营销的基本要素 ... 132
- 二、许可式电子邮件营销的5个步骤 ... 132
- 三、电子邮件营销的许可原则 ... 133

第三节 电子邮件营销效果评估 ... 133
- 一、有效率 ... 133
- 二、阅读率 ... 134
- 三、点击率 ... 134
- 四、转化率 ... 134

第四节 电子邮件营销的方法和技巧 ... 134
- 一、电子邮件营销的方法 ... 135
- 二、电子邮件营销的5个要素 ... 136

三、电子邮件营销的几个注意点 ……………………………………………………… 137
　第五节　电子邮件营销案例分析 …………………………………………………………… 138
　思考题 ……………………………………………………………………………………………… 141

第八章　短信营销 …………………………………………………………………………… 142

　第一节　短信营销概述 ……………………………………………………………………… 142
　　一、短信营销的概念 ……………………………………………………………………… 142
　　二、短信发送方式 ………………………………………………………………………… 143
　　三、短信营销的形式 ……………………………………………………………………… 144
　第二节　短信营销的优势与作用 …………………………………………………………… 144
　　一、短信营销的优势 ……………………………………………………………………… 144
　　二、短信营销的作用 ……………………………………………………………………… 145
　第三节　短信营销的方法与技巧 …………………………………………………………… 147
　　一、短信营销要注意以下几个方面的问题 …………………………………………… 147
　　二、短信营销的技巧 ……………………………………………………………………… 148
　第四节　短信营销策划 ……………………………………………………………………… 149
　　一、明确营销目标 ………………………………………………………………………… 150
　　二、分析目标受众 ………………………………………………………………………… 150
　　三、与其他媒体整合，提升促销活动的效果 ………………………………………… 151
　　四、选择有经验的技术供应商 …………………………………………………………… 151
　　五、短信营销具备吸引力、趣味性和实用性 ………………………………………… 151
　　六、追踪收集数据 ………………………………………………………………………… 151
　　七、测试和评估 …………………………………………………………………………… 151
　第五节　短信营销案例 ……………………………………………………………………… 152
　思考题 ……………………………………………………………………………………………… 156

第九章　网络数据库营销 ………………………………………………………………… 157

　第一节　网络数据库营销概述 ……………………………………………………………… 157
　　一、网络数据库营销的定义 ……………………………………………………………… 157
　　二、网络数据库营销的特点 ……………………………………………………………… 157
　　三、网络数据库营销的独特功能 ………………………………………………………… 157
　第二节　网络数据库营销流程 ……………………………………………………………… 158
　　一、网络数据库营销实施流程 …………………………………………………………… 158
　　二、网络数据库营销的作用 ……………………………………………………………… 160
　第三节　网络数据库营销方法与技巧 ……………………………………………………… 161
　　一、网站策略 ……………………………………………………………………………… 161
　　二、搜索引擎营销 ………………………………………………………………………… 165
　　三、社交媒体 ……………………………………………………………………………… 167
　第四节　网络数据库营销案例 ……………………………………………………………… 172
　思考题 ……………………………………………………………………………………………… 180

第十章　整合营销·· 181

第一节　整合营销概述·· 181
- 一、整合营销的定义·· 181
- 二、整合营销的一致性原则··· 182
- 三、整合营销策划流程·· 182

第二节　整合营销方法与技巧·· 183
- 一、数据库营销导向的整合营销··· 183
- 二、直复营销在整合营销中的应用·· 184
- 三、整合广告·· 184
- 四、整合销售促进··· 185
- 五、整合营销公共关系··· 186

第三节　媒体整合·· 187
- 一、媒体整合的背景·· 187
- 二、媒体整合策略··· 188
- 三、媒体整合案例：美国 Amtrak 铁路公司顾客奖励项目的"双倍积分日"计划 ····· 191
- 思考题·· 195

第一章　数据库营销概述

第一节　数据库营销产生的背景

目前,电子商务行业、零售行业的许多大公司投入了大量资金进行数据库营销,一些中小企业也建立了自己的客户数据库。实践证明,数据库营销是一种新型、有效的营销方法。

数据库营销是近年来随着计算机技术和互联网技术的发展,逐渐发展起来的,并且随着大数据概念的提出,日益显示出强大的威力。它不仅是现在许多营销策略,如网络营销、电话营销、电子邮件营销等的基础和保障,而且意味着以一种新的方法开展业务,以新的概念进行营销管理。数据库营销不只是一种方法和工具,更重要的是,它是一种营销理念,改变着企业的营销格局和命运,产生新型的公司和顾客关系。那么是什么因素促成了数据库营销的产生和强劲发展呢?

一、传统营销效率的降低导致企业需要一种更为有效的营销方式

传统粗放型营销的主要特点是:借助大规模的广告、促销活动和庞大的分销系统,向目标市场大量倾销同质化产品,追求较高的市场占有率和规模收益,以达到增加盈利和挤压竞争对手的目的。由此极易导致企业在营销时不计成本、非理性地片面追求销量的增长,以销量牺牲效益,甚至是牺牲企业的未来。

这样做导致的后果是,企业往往拥有众多客户,而这些客户给公司带来的价值却有着很大的差别,由于针对所有客户采用的是同一广告模式、服务标准和营销策略,必然会导致营销效率的不平衡:高价值客户只能被动地接受统一的服务标准和推广方式,其满意度会不断降低,客户价值难以被提升;那些低价值客户则享受着超值服务。这样,营销资源就白白浪费掉了。

而大众传媒又具有不可分割性,传统营销方式如大众营销广告中有相当大的部分是徒劳无益之举,浪费广告投资。另外,企业又只能借助大众传媒进行广告促销,媒体资源供应紧张,结果促使媒体费用大幅度上升。于是,在广告投资无谓浪费和媒体费用急剧上升的双重压力下,营销成本大幅度增加,营销效率不断下降。因此企业不得不寻找更经济的促销方式,其关键就是找准目标客户群,而建立客户数据库可以有效地做到这一点。

二、消费者个性化特点越来越突出，了解客户购买习惯和行为成为企业的客观需要

目前，随着顾客消费水平的提高，消费者越来越追求适合自己的产品，消费者个性化特点越来越突出，消费者个性化需求要求提供个性化的产品和服务，企业要针对这种特点和变化对消费者有更深入的了解，以使产品更好地满足目标消费群的需要。

企业要在严峻的形势中胜出，就需要全方位地提升企业的竞争力——特别是企业获取与管理客户信息的能力。激烈的市场竞争迫使企业必须了解客户购买习惯和行为，与客户建立牢固的关系，稳定自己的客户群。

数据库营销是先进的营销理念和现代信息技术的结晶，必然是企业未来的选择。

三、现代科技的发展使企业建立数据库推测消费者行为成为可能

由于数据库技术的发展，大型数据库在企业的应用，以及各种软件的日渐成熟，企业建立消费者数据库已经较为普及。

网络技术的发展，既能使数据库能够联网运作，又能使数据库营销如虎添翼。

企业已经认识到用消费者过去消费习惯和行为来推测其未来消费行为具有相当的精确性，并且依托各种信息技术能够实现这种推测。

过去用收入、性别、职业、年龄等统计指标来确定目标市场，虽然有很大进步，却也存在着很大的不确定性。运用计算机和数据库技术贮存消费记录，结合其他信息技术手段，企业可以准确模拟消费者消费习惯和行为，从而使企业能很好地满足消费者的需要。

第二节　数据库营销简介

数据库营销是为了实现接触、交易和建立客户关系等营销目标而建立、维护和利用顾客数据与其他顾客资料的过程。

一、什么是数据库营销

（一）引子故事

这里先讲一个小故事——王永庆卖米。从小故事中可以看到以数据为基础进行营销并不是什么新鲜事情，目的是为了深入浅出地介绍数据库营销。

王永庆（1917年1月18日—2008年10月15日），台湾著名的企业家、台塑集团创办人，被誉为台湾的"经营之神"。王永庆当初从卖米起家。

王永庆于1917年1月18日生于台北县新店，其父王长庚以种茶为生，生活颇为艰辛。15岁小学毕业那年，王永庆便到茶园当杂工，后又到一家小米店做学徒。第二年，他就用父亲借来的200元钱做本金自己开了一家小米店。为了和隔壁那家日本米店竞争，王永庆颇费了一

番心思。

当时大米加工技术比较落后,出售的大米里混杂着米糠、沙粒、小石头等,买卖双方都是见怪不怪。王永庆则多了一个心眼,每次卖米前都把米中的杂物拣干净,此举深受顾客欢迎。在此基础上,他又开展了送米上门业务。他在一个本子上详细记录了顾客家有多少人、一个月吃多少米、何时发薪、何时需要买米等,到时候便送米上门,尽量不使顾客为买米操心费神。功夫不负有心人,王永庆的生意一天天红火起来。当初他一天卖不到12斗米,后来一天就可卖出100多斗。小有积蓄后,王永庆又办起了碾米厂。经过几年的努力经营,他把日本人办的厂子远远地甩在了后面。

可以看到,王永庆当时就通过记录顾客什么时候发薪水(购买力分析),家庭有几口人,当时他们买了多少米(需求分析),来推测下一次上门推销大米的时间。从而使每次上门推销大米都不会落空,通过精准营销降低了营销成本,促进了销量的提升。

王永庆已经可以利用顾客买米消费数据进行下一次消费行为发生时间的基本推测。只是这些数据都是手工记录,分析也相对比较简单,但是已经具备数据库营销的基本思想。

(二)数据库营销的概念

现代数据库营销是在信息技术、互联网技术与数据库技术发展上逐渐兴起和成熟起来的一种市场营销推广手段,在企业市场营销行为中具备广阔的发展前景。它不仅仅是一种营销方法、工具、技术和平台,更重要的是一种企业经营理念,也改变了企业的市场营销模式与服务模式,从本质上讲是改变了企业营销的基本价值观。

数据库营销的定义是通过收集和积累消费者大量的信息,经过处理后预测消费者有多大可能去购买某种产品,以及利用这些信息给产品以精确定位,有针对性地制作营销信息,达到说服消费者去购买产品的目的的一种营销方式。

可以说数据库营销就是在正确的时间以合适的方法将信息送给合适的人。也可以说它是一种精准营销。

通过分析顾客是谁,他们过去消费行为有什么特征,例如,买什么、什么时间购买的,交易金额是多少,以及结合职业、年龄等特征,推断他们下一次可能购买的时间以及产品类型,向他们推荐适合他们的产品。

数据是数据库营销的基础和关键,数据决定数据库营销的成败。

通过建立数据库和分析顾客数据,各个部门都对顾客的资料有了详细全面的了解,可以给予顾客更加个性化的服务支持和营销设计,使"一对一的顾客关系管理"成为可能。

国内目前使用数据库营销已经比较普遍。一些外资企业,使用客户数据库进行周期性营销,获得了极大的成功;一些股份制民营企业,都建立了自己的营销数据库;国有企业,如银行、保险公司、通信企业等,都逐步建立了自己的客户关系管理系统,利用客户数据库开展针对性营销。

数据库营销作为市场营销的一种形式,正越来越受到企业管理者的青睐,在维系顾客、提高销售额中扮演着越来越重要的作用。

二、数据库营销发展的3个阶段

虽然大多数管理人员对数据库营销有很高的认同和期盼,认为数据库营销功能会给企业带来竞争上的优势,但是应用起来会面临很多问题,首先就是不了解数据库营销发展的规律。为了进一步理解数据库营销的发展进程,我们将数据库营销的发展划分为3个阶段。数据库营销3个阶段的划分主要依据的因素是客户数据和营销数据库的开发状况、不同客户的区分情况、营销项目种类和频率、促销活动管理和营销管理水平、营销链的闭合程度以及对企业经营策略的影响。

(一) 初级阶段

在这个阶段,数据库营销的主要任务是建立营销数据库,取得客户和潜在客户的基本资料。其来源是通过购买外面的数据,不断试验外来名录,经过检验和筛选将其设定为潜在客户的数据库;同时开辟收集自己客户数据的途径,如建立与分销商交换数据的平台。对于客户流动性较大的企业,如超级市场,可以通过设立会员制的方式吸引固定的客户群体。这样就有了最初步的客户数据库。

在这个阶段,数据的分析和挖掘还比较粗糙。由于数据基础薄弱,还不可能对客户进行深入的分析,所以营销运作限于有址群发,缺乏准确性,回应率和盈利率较差。

但是通过对营销结果的分析可以加深对客户特征的认识,逐步提高数据质量,并且将其运用到购买外来名录的过程之中。由于数据和数据分析还不可能对直接营销提供有力的支持,所以这个阶段的数据库营销的主要功能不在于直接创造销售业绩,而是创造注意力,吸引眼球,通过数据库营销把人流引向自己的店面或网站。

(二) 实用阶段

这个阶段的基本特点是营销数据库已经基本建立,业务数据和客户服务数据的对接和更新规范化。

在数据库中,收录了以每个客户为单元的与企业交易的历史,如金额、频度、交易时间间隔等。再通过添加外来的数据,如职业、性别、收入、汽车、房屋和耐用消费品拥有状况、网购情况等。企业对客户的消费行为、人口和心理特征、盈利水平有比较准确的了解,可以制订有针对性的营销计划。在数据挖掘方面,开始按产品开发客户回应概率模型。营销上除继续利用购买或交换的名录开发新客户外,开始对已有客户实行交叉销售或向上销售。依托数据库开展的销售活动已经定期、定时开展。营销结果追踪报告系统建立完毕,可以按周、按月、按季度追踪数据营销结果,及时调整销售参数,如折扣、媒介和其他要素。

比较早期进入实用阶段的主要是那些有固定客户、产品可重复购买、数据量丰富的企业,如银行、保险公司、通信企业,以及采用会员制销售模式的公司。

(三) 发达阶段

在这个阶段数据库内容丰富,数据项目可多达几千条。有不同时点的客户截面数据留存,详细的客户特征追踪,如地址变换,企业通过营销和客服人员与客户的接触记录和客户回应历史,并由于数据的丰富,可以不断创造新的衍生变量。

在数据分析上,回应、留置、营利、终身价值各类预测模型齐全,并通过最优化筛选和交叉定位产生每个客户最佳营销方案。数据挖掘不断为营销决策人员提供新的营销契机和策略启示。在营销上,对现有客户实行交叉销售和向上销售,赢回流失客户,启动停滞客户,防止客户流失,获取新客户等营销活动全面铺开。营销人员对客户的特征、生活方式、购买行为,以及其对不同营销信息和手段反映有比较准确的把握,可以为客户设计最佳营销工具组合。

数据的丰富和数据挖掘的进步使营销人员及时掌握客户情况的变化,启动事件营销。实时营销初见雏形,例如,当客户拨打银行的电话要求提高自己的信用额度时,客服人员可以马上调用该客户的信用记录和由预测模型决定的风险评估分数,当即决定是否可以满足客户的要求。数据库营销成为企业营销活动的龙头,引导客户关系管理系统的发展,以客户为中心的企业运营体制已具雏形。

三、数据库营销的渠道(或方式)

随着数据库营销的广泛使用,一些以大众营销为主的企业和产品也在使用数据库营销工具与方法;企业建立消费者数据库之后,可以利用任何方式与顾客进行沟通,例如,面对面沟通之前,可以先在数据库中研究一下当时顾客的背景资料,再进行拜访,但这个不是数据库营销的主要应用。

由于数据库营销的本质是建立数据库实现精准营销。因此,数据库营销比较普遍采用的方式是精准营销方式,即一对一的营销方式。数据库营销联系与接触客户的方式(或者称渠道)以一对一渠道为主,包括电话、互联网(传统互联网中的精准渠道,如天猫的旺旺营销)、移动短信、电子邮件、直邮和新型社交媒体等。随着微营销的兴起,借助大型数据库的建立,数据库营销会在微营销方面发挥更大的威力。

第三节 数据库营销的基本作用和竞争优势

一、数据库营销的功能

(一)微观功能——分析每位(或每个细分市场)顾客的赢利率

事实上,对于一个企业来说,真正给企业带来丰厚利润的顾客只占所有顾客中的20%,他们是企业的最佳顾客,赢利率是最高的,对这些顾客,企业应该提供特别的服务、折扣或奖励,并要保持足够的警惕,因为竞争对手也是瞄准这些顾客发动竞争攻击的。然而绝大多数的企业的顾客战略只是获取顾客,很少花精力去辨别和保护他们的最佳顾客,同时去除不良顾客;他们也很少花精力考虑到竞争者手中去策反顾客并通过增加产品和服务来提高赢利率。利用企业数据库中的详细资料我们能够深入到信息的微观程度,加强顾客区分的统计技术,计算每位顾客的赢利率,然后去抢夺竞争者的最佳顾客,保护好自己的最佳顾客,培养自己极具潜力的顾客,驱逐自己最差的顾客。

客户数据库的各种原始数据可以利用"数据挖掘技术"和"智能分析"在潜在的数据中发现赢利机会。基于顾客年龄、性别、人口统计数据和其他类似因素,对顾客购买某一具体货物可能性作出预测;能够根据数据库中顾客信息特征有针对性地判定营销策略、促销手段,提高营销效率,帮助公司决定制造适销的产品以及使产品制定合适的价格,从而提高每位顾客的盈利率。

（二）宏观功能——辅助营销与管理决策

企业产品质量或者功能的反馈信息首先通过市场、销售、服务等一线人员从顾客中得知，把有关的信息整理好以后，输入数据库，可以定期对市场上的顾客信息进行分析，以调整营销策略；管理人员可以根据市场上的实时信息随时调整生产。

扩展阅读：案例分析

基于市场洞察的营销战略方向
（某男装品牌网店）

某男装品牌网店面临的问题是：网店要投多少钱打广告，广告内容主要是什么方向，什么目的。

对于这几个问题，大部分公司的回答是：①有多少闲钱，就投多少广告；②广告内容——放产品，放限时抢购，广告公司说，这样性价比最好；③目的——赚钱或者抓新用户。这样说起来，公司性质、发展阶段并不重要，反正都是通过特价产品吸引新顾客过来并从他们身上持续赚钱。

可惜事情往往没这么简单，当然，如果不在乎投资回报 ROI 就简单多了。下面 4 个数据应该是在决定营销计划前就需要清楚的。

A：目标顾客知道我是谁么？——目标顾客中的百分之多少知道我是谁？

F：他们在考虑购买这类产品的时候，我是不是首选？——多大比例顾客会在考虑满足某种特定需求的时候首先想到我们的品牌？

T：尝试购买的顾客多么？——目标顾客中多少尝试过我们的产品？

R：重复购买顾客多么？——目标顾客中多少是忠诚顾客？

这 4 个数据对我们的营销方向有什么影响？

举几个例子大家就明白了。我得到的数据可能长成如下所示的不同的样子：

第一种情况：$A=50\%$，$F=18\%$，$T=15\%$，$R=12\%$。

第二种情况：$A=15\%$，$F=12\%$，$T=9\%$，$R=7\%$。

第三种情况：$A=40\%$，$F=30\%$，$T=20\%$，$R=5\%$。

第四种情况：$A=60\%$，$F=20\%$，$T=18\%$，$R=15\%$。

第五种情况：$A=80\%$，$F=70\%$，$T=20\%$，$R=15\%$。

数据长成以上 5 种不同模样的时候，我们的营销决策完全不同。

总体来说，就是有钱也不一定要投广告（有时候投了也白投），如要投放在不同情况下也要用不同的策略、创意、内容和主推产品——至于具体要怎么办，要进行消费者调查，也要企业自己思考。营销不仅仅是买广告位谈价钱这么简单的，尤其是在广告投放规模逐渐扩大的时候，通过对消费者、对市场和对于自身情况的洞察，为整体营销战略定好方向，下面执行层才能事半功倍。

二、数据库营销的基本作用

（1）分析顾客需求行为，更加充分地了解顾客的需要。根据顾客的历史资料预测需求趋势,评估需求倾向的改变。

(2) 为顾客提供更好的服务。顾客数据库中的资料是个性化营销和顾客关系管理的重要基础。

(3) 了解顾客的价值,对顾客的价值进行评估。利用数据库的资料,可以计算顾客生命周期的价值,通过区分高价值顾客和一般顾客,对各类顾客采取相应的营销策略。

(4) 市场调查和预测。数据库为市场调查提供了丰富的资料,根据顾客的资料可以分析潜在的目标市场。

三、数据库营销的竞争优势

与其他营销工具相比,数据库营销有哪些竞争优势呢?

(一) 准确锁定目标,降低营销成本

采取数据库营销的企业可以从相关数据库中挑选出潜在目标顾客,然后与目标顾客或特定的商业用户进行直接的信息交流。从而使目标顾客更准确,避免了大众营销的浪费,极大地降低了营销成本。

(二) 与顾客沟通更加个性化

由于数据库营销在形式上是一对一的信息传递,企业可以设计和安排比大众营销更为个性化的沟通,可以针对客户特点采用有针对性的广告文辞。一对一沟通方式本身的近距离接触有助于培养消费者对企业的认同。企业正是看到了这一点,在数据库营销中广泛使用了由企业总裁或主管直接署名承诺的方式,增加沟通效果。直邮、电话、电子邮件制作在技术上也容易进行个性化的广告设计,同时生产费用较为低廉。

由于一对一的联系,与顾客沟通中增加了更多的灵活性。企业可以变换内容、价格、形式和递送渠道等诸营销要素中任一因素,做到适当时间、适当客户、适当优惠、适当表述的最佳组合。对于营销要素的变换,可以选择从单个因素入手,也可以多个因素同时进行。从几种组合到几十、几百种组合,完全可以通过科学的试验找到最佳方案,提高营销的成效。在数据库营销活动中,营销人员可根据每一个顾客的不同需求和消费习惯进行有针对性的营销活动。这将形成与顾客间一对一的双向沟通,与顾客形成并保持良好的关系。

(三) 避免公开竞争,提升营销效果

由于数据库营销的信息传送不经过公共媒体,在企业和终端消费者之间直接进行,企业可以很好地隐瞒自己的营销战略和意图。同时,由于不需要和竞争对手在公开媒体直接对抗,企业可以避免因自己的声誉不够可能带来的负面影响,尤其是小企业或新兴企业。数据库营销不是轰动性进行的,因此不易被竞争对手察觉,即使竞争对手察觉也为时已晚。

(四) 利用诱因设计,直接刺激反应

通过各种优惠、时间限制等诱因,直接刺激消费者反应。广告要求接收信息者立即采取某种特定行动,并为顾客立即反应提供了尽可能方便的方式,直接促成营销意图的达成。

(五)营销成本清晰,效果易于测定

在数据库营销中,企业确切地了解自己的营销受众,营销信息按人递送,因此,可以以此计算促销的响应率,从而决定最佳营销规模。在传统营销和大众媒体时代,回报率是无法计算的,测度营销的成效只能是单位营销投入的收益。即使这样,也不容易准确测度营销的直接作用。在数据库营销中,响应率的计算和监控变得相当直接,递送出多少信息,有多少人回应,非常清楚。

数据库营销在营销活动开始之前和结束之后都可以进行效果测算。之前的计算称为前端计算,之后的计算称为后端计算。前端计算包括创意成本、设计成本、预期响应率、盈亏平衡点等,其中响应率是一个非常重要的指标。后端计算包括实际响应率、每个响应的实际成本、实际转换率、利润等。

由于数据库营销的成本较传统营销要低,企业直接操作营销过程,往往不需要广告公司的介入,因此数据库营销往往采用短期、快效的策略。企业根据客户的回应频次确定营销周期,不断推出新的促销活动。周而复始,一轮一轮地进行。

(六)关注长期沟通,赢得顾客忠诚

数据库营销将企业的客户(包括最终客户、分销商和合作伙伴)视为最重要的企业资源,通过完善的客户服务和深入的客户分析来满足客户的需求,企业非常注重与客户的长期沟通,并不在意每次营销是否在每个顾客身上赚钱。

因为建立数据库是需要成本的,所以企业会分析顾客的真正需求,不会轻易放弃每一位顾客,逐渐培养客户的忠诚度,关注和帮助顾客实现终生价值。

第四节 数据库营销的实施过程

数据库营销的实施,可以从两个方面来看待,一方面是从企业的角度,例如,客户数据库的建立、维护以及对于企业营销决策的支撑、顾客关系管理项目等,另一个方面是从促销的角度,如单个数据库营销活动的策划。下面将这两个方面简要介绍一下,本书侧重于第二个方面,即相对独立的数据库营销活动的策划。在谈数据库营销实施过程之前,我们先看一下数据库营销适合的行业与产品类型。

一、数据库营销适合的行业与产品类型

一般来说,任何产品都可以采用数据库营销。那是不是每个公司都需要数据库营销呢?当然不是。下列公司可能就不会从数据库营销中获益:消费者可能一生只购买一次产品的公司;产品单位价值低的公司;客户终身价值低的公司;批量生产刚性、同一化产品的公司。而在另外一些公司,数据库营销则是不可缺少的,如可以向同一消费者销售不同产品的公司、产品必须时常更新的公司、产品持续升级的公司、拥有许多重要客户(VIP)并需要客户了解他们的公司以及在生意中需要收集大量数据的公司。具体来说,数据库营销更适用于以下领域。

（一）服务行业

一般所指的服务行业是医院、教育服务业、银行、保险、旅行社、航空公司、饭店、饮食业等可以直接向一般消费者提供服务的行业。这些行业在与客户的往来中就可以积累资料，并且因持续的往来直接影响企业的生存，企业内部都有记录客户信息的庞大数据库。可以说，服务行业是积累作为数据库营销基础的消费者资料最理想的领域。事实上，数据库营销应用最广的也是这一领域。保持消费者资料并持续记录与消费者的往来情况，那么消费者对企业的贡献情况就会一目了然，企业也就可以根据消费者的贡献大小给予相应的回报，如航空公司的飞行里程累计服务制度、信用卡的消费者奖励制度等。在任何国家都可以很容易进行消费者购买金额记录的服务行业是最先导入这种制度的行业，因为这些行业人均购买金额相对较高，保持持续往来也较容易，所以这种制度会带来很多利润。此外，在航空公司和饭店业，座位和客房的利用率不会达到100%，因此可以在不必支付费用的情况下运行消费者奖励制度。银行与每一个消费者进行商业活动，如果建立各消费者的数据库，就会对全部往来一清二楚，可以提供多种服务，使其成为固定客户。

（二）批发零售行业

批发零售行业的产品营销目前比较广泛地使用数据库营销的方式。

在批发零售行业，高价值产品、高利润产品、重复消费产品和产品系列较为丰富的商品利用数据库营销更有优势。例如，化妆品、房地产、汽车、保健品、药品的营销都比较适合采用数据库营销。建立与维护数据库需要成本，这些产品具有较高的价值或者利润，比较容易实现盈亏平衡。

（三）B2B 营销

B2B 营销商品的价值一般都比较高，适合采用数据库营销；另外企业之间的交易多以人员推销方式为主，与消费者的接触更为频繁、密切，如果销售人员离职，会对企业经营形成不良后果，利用数据库保存与管理企业的客户信息，可以使客户信息掌控在企业的数据库中，避免人员流失带来的风险，因此它也是数据库营销的理想领域。

在企业间的营销活动中，通过营销人员管理消费者数据很重要。但生产企业必须要有这种意识，就是保护自己的客户资源，避免营销人员离职对企业造成太大损失。

在营销人员离职以后，其他人员可以迅速接手，与数据库中的消费者直接联系，告知离职事实，或者对这些企业进行拜访，更好地促进销售。

二、企业数据库营销的实施

企业要真正实施数据库营销并非是一件简单的事，数据库营销是一项系统工程，需要在各个部门、环节的配合之下进行。企业在实施数据库营销时，主要涉及以下内容，这也是企业实施数据库营销时需要重点关注的方面。

（一）深入领会数据库营销的内涵

数据库营销是一项系统工程，必须掌握它的深刻内涵才谈得上科学应用。企业要推行数据库营销首先必须让企业全体员工深入了解、学习数据库营销的概念，领会其精髓，学会数据库营销的操作流程、数据收集的方法,掌握数据分析的技术和不断提高数据分析结果处理的能力,结合本企业实际制定出一套适合本企业的数据库营销方案。如果只是有关营销人员参与,无法达到其最终目的。

(二) 成立有针对性的专门机构

企业要真正实施数据库营销,应该成立专门的数据库营销团队,由专人负责,配备专业的数据库营销技术专家。这支队伍与原来的营销队伍应是合二为一的,共同为企业的营销活动服务。数据库营销团队的主要任务是制订出工作流程、收集数据信息、建立各种数据库(如消费者数据库、产品数据库、竞争对手数据库等)、深入挖掘数据,以及处理挖掘结果,最后为企业管理高层、营销部、产品研发部、生产部、财务部等部门提供决策的参考与依据。

(三) 建立完备的数据库

企业在收集数据时,要通过各种渠道,使用多种数据收集方法,广泛收集对企业有价值的信息,并要不断地更新,建立最新、最完备的数据库中心。

(四) 有针对性地深入挖掘数据信息

很多企业数据库的建立花费了自身巨大的资源,但数据的利用率却很低,既浪费了企业的人力、财力、物力,又浪费了得之不易的数据库中心丰富的数据资源。这是由于两方面的原因:一是针对性不强;二是挖掘深度不够。面对信息的海洋,如何挖掘数据中隐含的信息,直接反映了一个企业数据库营销的实力。不同的挖掘方法将会有不同的结论。企业不能只停留在数据的表层挖掘上,而应利用更加先进的计算机、信息管理、人工智能等高科技技术深入挖掘数据对本企业有用的资源。

(五) 选择适合本企业的 CRM(客户关系管理) 软件

CRM(Customer Relationship Management)在不同场合下的解释有些不同。从理论上来说,CRM 即客户关系管理,是选择和管理有价值客户及其关系的一种商业策略,CRM 要求建立以客户为中心的企业文化,以这种文化支持与管理有效的市场营销与服务。

通常情况下,CRM 是指建立与管理客户数据库的软件工具。如果没有 CRM 客户管理软件的支持,数据库营销就成为空谈。数据库营销是客户关系管理的一种体现方式。

目前市场上已经有针对不同行业的个性化软件,如医药、房地产、通信等,但是任何 CRM 软件都不能完全适应企业的需求,都要按需求进行修改或者进行二次开发。一般情况下,CRM 软件都提供必要的系统 DIY 等开发工具。

但也不能一概而论,有些小微企业,可以采用通用的 CRM,实施快,容易见到成效;大中型企业,选择个性化的 CRM 软件,必要时进行部分定制开发,更加合适。

三、数据库营销活动策划过程

从微观的角度,数据库营销的应用主要体现在单个营销活动的策划中。数据库营销活动策划过程包括以下几个主要环节。

第一,明确营销活动的目标。

数据库营销活动的营销目标是什么？数据库营销活动期望的营销结果是什么？这包括新增顾客数目、新增市场份额、品牌意识、顾客教育等。

另外，需要注意数据库营销活动应该与企业广告形象相一致。数据库营销活动策划时，必须关注公司期望以何种形象面对顾客，希望公司给顾客以保守并值得信赖的形象（如银行），还是给他们以潮流和时尚的形象（如移动电信公司）？

第二，目标客户的确定与数据筛选。

确定谁是真正的目标客户，描述目标客户的特征，从数据库中筛选符合特征的消费者和潜在消费者。

第三，明确信息递送目标。

如何与顾客进行信息递送？是向每位目标顾客传递一个大体相同的信息，还是针对不同类型的顾客锁定不同的信息进行传递？信息递送策略中毫无疑问将包括数据管理方案以及仔细更新过的高价值顾客名单。

第四，进行创意设计。

在知道想要传递的信息后，如何将这些信息传递到给目标顾客。以什么样的创意引发共鸣？如何说出想说的东西？这就是创意策略的战术所在。

第五，选择信息发布方式和媒体。

选择使用哪种媒介？是使用能产生直接反馈的媒介（如电视、广播、报纸、电话、直邮、网络、电子邮件）还是手机短信？或者同时综合使用上述媒介进行整合营销？这是媒体策略必须考虑的问题。

另外，还包括以何种方式与具体顾客联系，与何种类型的顾客联系。这包括时间选择、目标分类、地理分布以及巧妙的销售策略，如一步到位、分阶段、持久或顺序销售。

第六，建立顾客响应渠道，即顾客如何与企业联系。

当顾客看到企业的信息后，以什么方式与企业联系？到促销现场？拨打免费客户电话？登录公司网站（注册还是无须注册）？还是在线客服、专用 QQ、微信、短信、电子邮件等？

第七，效果预测、评估与再应用。

每次数据库营销活动之前，要对营销效果进行初步预测。在营销活动结束后，对数据库营销活动进行评估，包括是否达到了预想的效果，如果没有达到，分析问题产生在什么地方。如果效果满意，进行经验总结。将评估的成果应用到下一次营销活动过程中。

思 考 题

1. 分析数据库营销产生的背景。
2. 数据库营销的概念和渠道（方式）。
3. 数据库营销的基本作用。
4. 数据库营销的竞争优势。
5. 数据库营销活动策划过程包括哪些主要环节？

第二章　营销数据库

拥有客户数据库或许将不再是一个竞争优势,但没有客户数据库却绝对是一个竞争劣势。

——罗伯特·布拉特伯格

开篇案例:

企业家 A 先生到泰国出差,下榻于东方饭店,这是他第二次入住该饭店。

次日早上,A 先生走出房门准备去餐厅,楼层服务生恭敬地问道:"A 先生,您是要用早餐吗?"A 先生很奇怪,反问:"你怎么知道我姓 A?"服务生回答:"我们饭店规定,晚上要背熟所有客人的姓名。"这令 A 先生大吃一惊,尽管他频繁往返于世界各地,也入住过无数高级酒店,但这种情况还是第一次碰到。

A 先生愉快地乘电梯下至餐厅所在楼层,刚出电梯,餐厅服务生忙迎上前:"A 先生,里面请。"

A 先生十分疑惑,又问道:"你怎知道我姓 A?"服务生微笑答道:"我刚接到楼层服务电话,说您已经下楼了。"

A 先生走进餐厅,服务小姐殷勤地问:"A 先生还要老位子吗?"A 先生的惊诧再度升级,心中暗忖:"上一次在这里吃饭已经是一年前的事了,难道这里的服务小姐依然记得?"服务小姐主动解释:"我刚刚查过记录,您去年 6 月 9 日在靠近第二个窗口的位子上用过早餐。"A 先生听后有些激动了,忙说:"老位子! 对,老位子!"于是服务小姐接着问:"老菜单? 一个三明治,一杯咖啡,一个鸡蛋?"此时,A 先生已经极为感动了:"老菜单,就要老菜单!"

给 A 先生上菜时,服务生每次回话都退后两步,以免自己说话时唾沫不小心飞溅到客人的食物上,这在美国最好的饭店里 A 先生都没有见过。

一顿早餐,就这样给 A 先生留下了终生难忘的印象。

此后三年多,A 先生因业务调整没再去泰国,可是在 A 先生生日的时候突然收到了一封东方饭店发来的生日贺卡:亲爱的 A 先生,您已经 3 年没有来过我们这里了,我们全体人员都非常想念您,希望能再次见到您。今天是您的生日,祝您生日愉快。

A 先生当时热泪盈眶,激动难抑……

第一节　营销数据库简介

一、数据与数据库

数据是信息系统的基本概念和计算机系统要处理的基本对象之一。对市场营销而言，数据就是营销语言，它是信息收集者通过各种手段收集的企业内外部客户的营销信息，包括产品信息、价格信息、消费者信息、市场信息、竞争者信息等，并通过专业人员加工转化而来的抽象的量的概念。

为实施营销，专业人员将数据用适当的软件进行处理后，就形成了数据库。数据库是数据库营销的基础。数据库是一个与计算机相关联的词汇。数据库所对应的英语单词database，这个英语单词来自于data和base两个单词。database在韦氏字典里被解释为通过计算机来收集的数据以便迅速寻找和查阅。两个单词合二为一，在意义上就会有很大的不同，如database意味着对数据有较强大的管理能力。总之，数据库的概念是在计算机知识普及后被人们广泛接受的，用于管理的数据库具有数据结构化、数据共享、减少数据冗余等重要特征。

二、营销数据库定义

数据库营销的数据库是指营销数据库，营销数据库最初的含义为实施直复营销而收集的客户和潜在客户的姓名和地址，后来逐渐发展成为市场研究的工具，如收集市场资料、人口统计资料、销售趋势资料以及竞争资料等，配合适当的软件，对数据作出相应的分析。目前，它已经作为整个管理信息系统的一部分发挥着重要作用。具体来说，营销数据库是企业利用经营过程中采集的各种客户消费信息、行为信息和背景资料，经过一定的分析和整理后，以客户为核心来构建的数据库，图2-1就是一个消费者数据库的构成图示。

数据库是一个关于市场状况的综合数据源，而不是一个单纯的客户名单。企业不同，数据库的构成也不同。例如，有些小企业的营销数据库可能就是一些客户名单，而在一些大公司中，数据库中的资料可能包括一些基本的人口资料、竞争资料等。数据库有足够的灵活性以适应营销者的需要，如补充新的信息以及调整整个数据库结构。数据库的有效性关键是对数据的及时校对和修改，清除不良数据或无效数据对数据库的影响。

营销数据库可以收集和管理大量的信息，给企业提供客户的"基本状态"，以便企业进行消费者分析，确定目标市场、跟踪市场领导者以及进行销售管理等。营销数据库是协助规划整体营销计划，以及计划、控制和衡量营销活动的有力工具。营销数据库可以把有关的资源整合在一起（邮件、电话、销售、第三方和其他渠道），统一协调调度，有针对性地进行直接调度。例如，对关键客户需要进行人员直接访问，而不是邮件和电话访问；另外，在与客户的沟通中，采用哪种方式，还要看其经济性，如果能够达到同样的效果，为什么不选择更经济的方式呢？营销数据库为企业合理分配资源提供了有力的工具。营销数据库经常作为营销部门制订市场营销策略和市场营销活动的依据，如图2-2所示。

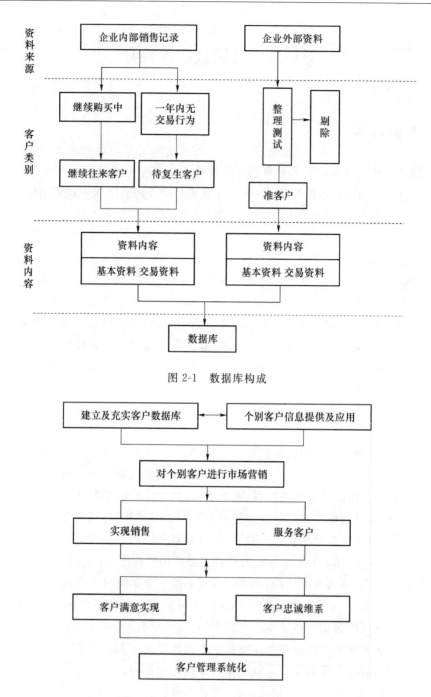

图 2-1　数据库构成

图 2-2　营销活动与营销数据库的关系

数据库的价值高低完全取决于建立数据库的目的及其内容的好坏和功能的高低。例如，一个专门搜集消费者资料的数据库，它搜集的与客户有关的背景资料，如性格特征、消费形态、使用习惯等相关资料越多，所提供的信息的价值也就越高，所以我们最好能知道他们是什么样的人、年龄、性别、从事何种职业、职称、婚姻状况、子女状况、受教育程度、居住的环境如何等。另外，也要根据厂商产品的特性，再行收集相关信息，如客户对本品牌的忠诚度、看法，对其副品牌的评价等。

三、营销数据库的特征

1. 顾客记录的个别性

在营销数据库中,无论是现实的还是潜在的顾客都会被作为一个个体记录,众多可识别的个体顾客(记录)的聚集就构成了某个市场或子市场。

2. 顾客记录的全面性

每个顾客记录不仅包括其识别或联系信息,如姓名、地址和电话号码等,而且包括其他广泛的营销信息,这些信息可以用于识别某种产品的可能购买者,并决定如何接近该顾客。如消费者人口统计和心理统计信息、产业顾客的产业类型和决策单位信息。每个顾客记录还包括该顾客展露于该公司历史营销活动的记录、该顾客对该营销活动中各种沟通方式的反应、历史交易记录。

3. 顾客记录的动态性

在与顾客沟通的整个过程中,公司都能适时获取信息,使其可以据此决定对该顾客的需要做出反应。公司还可以根据自己的需要,运用数据库记录顾客反应的情景,如营销沟通或销售活动等。直复营销者还可以利用数据库中的信息来决定哪个目标市场适用于何种产品或服务,各种目标市场中何种营销组合适于何种产品。

4. 确保顾客沟通的协调性

对于那些向个体顾客推销众多产品的大公司来说,数据库可以用来确保接近顾客各种通道之间的协调一致性,避免出现自相矛盾或相互竞争的尴尬局面。例如,一个公司的某项直复营销活动,可能同时运用电视、印刷媒介和直邮 3 种媒介。运用数据库管理消费者记录,可以实现各种沟通媒介与消费者间联系的协调一致性。

5. 推进营销管理自动化进程

营销管理自动化可以处理数据库产生的大量信息,而大型数据库的开发利用也反过来推动了顾客信息自动化的发展。通过营销管理自动化,营销机会和威胁可以在一定程度上被自动识别出来,并提出关于抓住机会和化解威胁的建议,这使得高层管理者可以获得高质量的营销活动效果方面的信息,能够更有效地配置营销资源,而且数据库最终还可能取代某些市场研究类型,这些强有力的功能正是商业智能的具体体现。

四、营销数据库的作用

简单归纳起来,营销数据库具有以下作用。

(1) 选择和编辑顾客数据。收集、整理顾客的数据资料,构建顾客数据库。收集的顾客数据应包括顾客个人资料、交易记录等信息。

(2) 选择适当的消费者,有针对性地进行沟通,提高反馈率,增加销量,从而降低营销成本。

(3) 为企业提供客户信息。为使用营销数据库的公司提供这些消费者的状况,应用于邮件、电话、销售、服务、顾客忠诚计划和其他方法。

(4) 反击竞争者的武器。数据库可以反映出与竞争者有联系的顾客特征,进而分析竞争者的优劣势,改进营销策略,提供比竞争者更好的产品和服务,增近与顾客的关系。

(5) 及时反馈营销效果,有利于企业分析市场活动的短期和长期效果,并提出改进方法。

案例链接

从《履中备载》看营销数据库的重要性

谈到中国最早的营销数据库的经典案例,不得不谈及《履中备载》。《履中备载》是成就内联升经营传奇最精彩的环节。

老北京曾有:"头戴马聚源,身穿瑞蚨祥,脚蹬内联升,腰缠四大恒"的顺口溜。从这个顺口溜中,可以知道马聚源、瑞蚨祥、内联升和四大恒是老北京最著名的店铺。而在内联升这最富有传奇色彩的一百五十多年的经营历史中,无处不透露着对数据库营销理念的精彩应用。

一、准确的高端目标客户群定位

内联升创始于清朝咸丰三年(1853年),自创办之日起就通过响亮的招牌、精巧的技艺、讲究的用料和优质的服务将其产品与服务的核心牢牢定位于社会的高级阶层。创办人赵廷是河北省武清县人,他从十几岁开始就在京城东四牌楼一家靴鞋店学徒。由于他为人聪明,又能吃苦耐劳,所以在学徒期间,就学得一手好活计。赵廷出师后,分析北京制鞋业的状况。他认为:"要想赚大钱,就得在坐轿的人身上打主意。"当时北京做朝靴的专业鞋店还很少,是个市场空缺。倚仗着与朝廷内的关系,凭着自己的技术与经营管理经验,赵廷决定办个朝靴店。由于赵廷本身制鞋技艺高超,也注定了其经营模式是前店后厂自产自销。经过一番苦心思索推敲,赵廷取店名为内联升。"内"指大内,即皇宫与朝廷政府,"联升"意即穿了内联升的靴子就可连升三级,示意顾客穿上内联升制作的朝靴,可以官运亨通。内联升的名就表明它的服务对象是皇宫贵戚和天天盼着"连升三级""平步青云"的官场人士。当时官场上迷信的人多,非常愿意听到这些吉祥之语,内联升这个字号十分迎合这些当官人的心理。赵廷在当时清朝一个达官丁大将军的帮助下,筹资白银万两,于清朝咸丰三年(1853年),在崇文门内东江米巷开办了内联升靴鞋店,取名内联升,专为皇亲国戚、京官外官制作靴鞋。既然定位于高端客户群,产品的质量就非常重要。离开了好的产品,再好的客户定位和营销策略都会成为空谈。内联升的经营之道,不仅是它的字号好听,更主要的是内联升做的朝靴,选料真实,做工讲究,穿着舒适。当时的缎子以南京生产的黑贡缎质量最好,其特点是厚,色泽乌黑光亮,经久不起毛,但售价昂贵。内联升不怕多花钱,也专门从南京进黑贡缎。有了这样的做工和选料,内联升制作的鞋靴自然也定价不低,赵廷深信只要靴子好,坐轿子的客户并不怕花钱。因此内联升开业之后,生意很是兴隆。文官武将、大小官员,到内联升定做、购买朝靴的人络绎不绝。在服务设计上,内联升也是做到了极致。内联升每次定做一双朝靴,都是亲量尺寸,试穿样子,仔细修改制做成靴,丝毫不怕麻烦。有时一双朝靴要改数次,直到顾客穿着随脚舒适满意为止。内联升的朝靴因其精良的质量、精美的样式吸引了清朝廷文武百官。据说光绪年间,内联升的一双朝靴可以卖价白银几十两,这可绝非一般人敢问津的奢侈商品了。据说宣统皇帝在太和殿登基时穿的那双"龙靴",就是内联升做好后送到内务府的。邓小平同志也是穿着内联升专门定制的皮鞋踏上那次意义重大的南巡之旅的。可以说,赵廷将其目标客户群体准确地定位在清朝的高端社会阶层,同时通过其高超的制鞋技艺、讲究的用料选材和周到的服务,受到了内联升初期客户的青睐。

二、完备的客户信息数据库

由于内联升的客户定位,内联升最初做的都是满清政府高官达贵的生意。一般的小官小吏,都要亲自来店铺定做购买;而那些中、高级的官员,一般的都会派人来,叫内联升的人去上门为其亲量尺寸定做朝靴。在内联升最初开业的几年,第一年做朝靴,派人上门量尺寸,试样子,往返要跑好几趟;第二年做朝靴,还要派人上门量尺寸,试样子,还要再次往返好几趟。经过几年经营的实践总结,赵廷想出个既省事又可以留住老主顾的好办法,就是把政府大小官员中凡是在内联升店中做过鞋子或是买过朝靴的人的姓名、年龄、住址、靴子尺寸、样式、特殊爱好、特别需求等记入专门的账中,同时再将收集到的客户的身份、官职和其他背景信息,按系统等级入册,多年积累之后形成了当年京城名噪一时的《履中备载》。

三、促进老客户的重复购买

最初赵廷在建立《履中备载》时的初衷是为了方便客户,使客户不需要再跑。有了这个《履中备载》,当老客户有需求时,只需要派人传递信息,根据上面的数据做出的靴子保准合脚,省去每次伙计的测量时间,也给顾客省去很多时间。同时这也使得那些王宫贵族、高官名人只要在内联升购过一双鞋,在以后需要鞋子时,只要提出需要,无须亲自到访,也不再需要内联升的伙计上门测量,就可以得到合脚的鞋靴。这不仅仅使店铺的伙计省事少跑了路,免去了往返之劳,更重要的是省去了客户很多时间,客户自然也很高兴,这是何等的方便和尊贵的客户体验!老客户再次购买之后的满意感也进一步强化了这些老客户对内联升的忠诚度。自然而然,老客户也就留住了。仅凭《履中备载》的这一作用带来的差别化的客户体验,再加其精巧的做工,内联升就牢牢掌握了这些高端客户的需求,留住了许许多多的回头客,并且将这些社会顶层的阶层变成了最忠诚的客户群体,内联升能够大赚其银也就不足为奇。

四、为馈赠者提供精准的信息

在当时,上好的朝靴经常作为一种礼品,馈赠亲友或者下级送给上级。由于赵廷密藏的《履中备载》,专记王公贵族、知名京官和外省大吏的靴鞋尺寸、样式和特殊脚形,实是不可多得的精准信息,也大大方便了送礼者,因为买了它保管受礼者称心满意,从而内联升也能多做生意。那时穷京官为谋得外放的肥缺,找个升官发财的机会,或是各地进京的举子为了巴结在京为官的恩师,常常到内联升打听上司、恩师的"足下之需",不惜花费重金为上司、恩师定制几双上好的朝靴派人送去,表示"善体上情"——连上司穿多大尺寸的鞋子都知道,自然可以是"心腹"之人,从而有机会博得上司青睐和赏识,飞黄腾达。这本《履中备载》的作用,不仅仅亲密了内联升和客户的关系维系,同时也使一些小官吏找到了逢迎达官显贵的门路。而这些小官吏升迁之后,也自然会成为内联升的忠诚客户。甚至一些官员将其能够在《履中备载》中有记录视为一种荣耀,这些都致使内联升的字号享誉京城。内联升的生意因此也不断兴隆火爆,也成为享誉海内外的京城名号。

时过境迁,据说以前的《履中备载》现在已经失传,但是这种商业备忘录的传统形式在内联升完整地保留了下来。据说现在的内联升《履中备载》记录了从毛泽东、周恩来、邓小平、老布什夫人到现任国家领导人及演艺界名人的资料。

来自中国传统经营中的商业智慧还有很多,内联升以其完美的数据库营销策略应用,成就了百年经营的传奇。《履中备载》也因成了中国传统商业经营中的经典应用而被广为传颂,也有不少的经营者模仿赵廷的做法,自己建立类似的客户信息数据。

第二节 营销数据的类型与收集

一、营销数据的类型

按照直接获取和间接获取,或是否经过整理的不同,营销数据一般分为初级数据和次级数据两大类。

(一)初级数据

初级数据,又称一手调查数据,主要是营销人员通过调查直接从现有客户、准客户和可能客户那里获得的数据,也可称为直接提供的数据,即由个人(包括现有客户、准客户和可能客户)直接向营销人员提供的有关其自身的数据。这类数据主要通过购买产品、问卷调查、电话调查、面谈以及其他与个人交流的方式获取。

一手调查数据按其特点或性质可分为:人口统计数据,如年龄、收入、学历、婚姻状况、性别等;态度数据,如对产品的态度、有关生活方式、社会和个人价值观、对企业的意见态度等;行为数据,如购买产品时的数据、消费习惯以及产品的用处等。

1. 人口统计数据

消费者人口统计数据主要指年龄、性别、收入、教育程度、家庭人数、种族/民族、婚姻状况、住房、职业等。人口统计数据是一种附加数据,通过姓名可以判断性别,当然也有些办法判断出男女,也可以通过名字判断种族。

2. 态度数据

如对产品的态度,喜欢什么类型的产品;有关生活方式,如个人嗜好;社会和个人价值观,如宗教信仰,对企业的意见态度等。

3. 行为数据

数据库中最重要的数据就是行为数据,也就是顾客的购买行为数据,如购买产品名称、价格、数量、金额以及购买时间、消费倾向等。

例如,发现有客户对打折感兴趣,下次进行打折促销的时候,可能主要针对这类客户。行为数据的用途可以用于指导营销策略;可以用于细分和选择受众;可以用于确定顾客价值;可以用于提供个性化的诱因和创意;可以用于分配你的预算。

例如,某自然基金会发现人们愿意捐款去保护熊猫、老虎等动物,很少有人愿意捐款去保护鱼之类的动物,因此推介的募捐产品要跟客户的这种需求相匹配。

(二)次级数据

次级数据又称间接数据、二手数据,它是经过别人收集,并且已经被加工整理过的数据。按照来源的不同,次级数据又分为内部数据和外部数据。内部数据主要是公司营销信息系统中贮存的各种数据,如公司各时期的销售记录、促销活动记录、客户购买行动记录等。在数据库营销中,最主要的内部数据是客户行动数据和准客户数据。外部数据主要来自专门的营销资料调查机构、信息服务中心、有关的政府机构、各种协会组织以及竞争对手公司等。外部数据是指二手调查数据,主要来自一些以盈利为目的的数据库汇编机构、直销协会、消费者协会、政府机构,甚至还包括竞争对手公司,其中最主要的是向数据库汇编机构购买而获得的数据,因而二手调查数据也常被称作从第三方购得的数据。

尽管一手调查数据能够提供有关客户或准客户的独特信息,但是在营销人员进行市场目标化过程的起始阶段,这类数据并不总是能够及时地获得,因而在很多情况下购买二手调查数据是改进预测模型的一个有效手段。

从第三方购得的数据按其性质也可分为以下4种。

1. 态度数据

从第三方获得的态度数据通常不涉及现有客户或准客户对某一特定产品或服务的态度,而主要是人们对于各种不同的主题(如生活方式、个人价值观、政治、宗教信仰及其他问题)的意见、道德态度和感性认识。

2. 生活方式数据

生活方式数据可以告诉我们兴趣、爱好等。例如,他们喜欢旅行吗?他们经常购买奢侈品吗?他们对收藏古董感兴趣吗?他们滑雪吗?打高尔夫吗?他们喜欢什么类型的音乐?他们是美食家吗?是否喜欢园艺?他们喝酒吗?但是通过数据库我们可以知道他们是如何支配自己的收入的,通过生活方式数据了解个人的兴趣、爱好,锁定目标客户,推介合适的产品。

生活事件也非常重要,可以是我们前面讲到的触发事件,如新房购买者、初为父母者、刚大学毕业的学生、最近退休者等,他们可能要改变自己的生活习惯,需要购买相应的产品。

3. 财务数据

财务数据主要涉及人们的信用卡购物、分期付款及支付记录等方面的情况。营销人员可以将现有客户的名单送交给专门的财务数据机构,由该机构提供这些客户的财力状况。

4. 人口统计数据

有些数据库汇编机构提供有关家庭成员的姓名和地址的数据及特定的个人数据,这些数据大多来源于公共记录,如机动车登记档案、电话号码记录等。

与初级数据比较而言,次级数据的最大优点是:它的取得途径广泛,不需要动用大量调查人员,只需要较少的费用就可以很容易得到。但次级数据也有很多不足之处,如有些数据可能关系到持有者的机密问题而无从获取;有些数据可能是过时的、不合要求的;更主要的是有些数据缺乏准确性。

图 2-3 对营销数据的类型做了详细的列示。

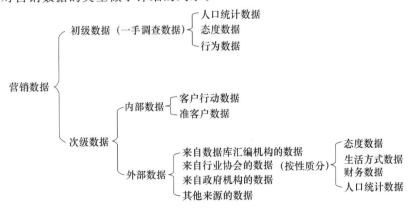

图 2-3 营销数据类型图

二、营销数据的收集

(一)初级数据的收集

1. 邮寄问卷

邮寄问卷是指营销调查人员将设计好的问卷寄给被调查者,说明答卷的要求和方法,由被调查者自己填好后寄回。邮寄问卷中最关键的问题在于问卷的设计。一份出色的问卷不仅应在外形(一般指信封)上吸引被调查者,而且问卷中的每一个问题都应该符合调查目的的关键性问题并且方便被调查者作出回答。邮寄问卷的缺陷在于成本较高而效率较低。

2. 电话调查

电话调查就是通过电话向被调查者提问,以获得被调查者的回答信息的一种调查方式。与邮寄问卷相比,电话调查的反馈率更高,反馈速度更快,其缺点在于成本较高,而且电话交谈的时间较短,一次不能提出较多的问题。电话调查一般更加适合向企业性客户进行促销。

3. 面谈

面谈的优点是可以搜集到比较准确的资料和信息,缺点是面谈所需的时间较多,对营销人员的素质要求较高,另外,如何掌握面谈时间以及如何筛选调查对象也都是问题的关键所在。

4. 促销附带法

促销附带法是指在进行促销活动的同时顺便进行一些调查活动以获取客户信息,所获取的数据可以看作是促销活动的副产品。

以上 4 种方法的优缺点对比如表 2-1 所示。

表 2-1 4 种收集方法之比较

收集方法 比较点	邮寄问卷	电话调查	面谈	促销附带法
费用	较低	非常高	非常高	较高
反馈速度	最慢	最快	较快	较快
反馈率	最低	最高	最高	较高
灵活性	非常灵活	不灵活	最灵活	不灵活
提问数量	非常多	非常少	非常多	较少

(二)次级数据的收集

虽然使用次级数据可以节省大量人力、物力、财力和时间,但是次级数据是在过去出于不同目的或在不同条件下搜集来的,其实用性自然受到一定的限制,因此,营销人员在收集和使用次级数据的时候,必须遵守以下原则。

① 公正性原则:提供次级数据的组织机构或个人不怀有任何偏见或恶意。

② 时效性原则:所取得的二手调查数据应该反映最近的有关情况。

③ 适用性原则:不同机构编制数据库的目的不同,因此营销人员应注意数据的适用性问题。

④ 可靠性原则:有的二手调查数据是通过抽样调查取得,不同的抽样设计得到的抽样结

果是不一样的,而且抽样结果并不一定能准确地反映整个总体的情况。因此,营销人员在使用通过抽样调查取得的数据时,应先了解其抽样方法和过程,以保证数据的可靠性。

相关链接

如何完善企业的用户数据库

仅建立了数据库,得到了初步的数据还不够。想从数据中得到更多信息,想更好地利用信息库进行营销,还需要不停地扩充和完善数据库,如不停地搜集用户的详细信息、喜好、行为和习惯等。主要用到以下几种方法。

1. 引导

这是最直接,也最重要的一个方法。如现在很多带有积分系统的 SNS 站,都有这样的设置,如果用户想获取更多的网站积分,就需要不停地完善他的会员资料,每完善一项,就可以得到相应的积分奖励。其实这就是一种典型的引导方式。

2. 反馈

以网店为例,如我们向一位用户推荐一款产品时,不同的用户可能有不同的反应。如有的用户会说,我不喜欢这件衣服,因为它是红色的。这个时候,我们就得到了一条重要的数据,这个用户不喜欢红色的衣服。

3. 调查

调查最重要的技巧之一就是尽量设置成有奖调查,另外调查的选项尽量不要太多和太复杂,这样容易影响用户的积极性。

4. 行为

观察和记录用户的行为也是一种非常好的获取方式。还是以网店为例,如某个用户,在我们这儿买过 3 次衣服,每次的牌子都一样,价位区间与颜色也都非常一致。那我们就可以得到这样一条结论,这个用户对某品牌很偏爱,消费能力在 100 元左右,喜欢蓝色的衣服。

5. 活动

多组织用户进行一些互动性比较强的活动,然后通过活动去搜集用户的数据、行为等信息。

6. 沟通

如果你的用户群比较窄,如像网店这种,那就可以直接通过与用户交流的方式,获取用户数据。而且通过这种方式获取的数据,是最详细的,特别是很多非常隐私的信息,通过调查等方式,是很难获取到的,只有在与用户聊天的时候,才能获取到。

第三节 营销数据库的建立与维护

一、为什么要建立营销数据库

在过去的几年中,数据库的变化非常大。以前数据库中数据的处理非常昂贵,花费很大,而且数据之间都是独立的,没有相互关联。有的数据库中没有名址信息,有的数据库只有产品的名录信息,另外还有一些数据库是关于产品的交易数据。这些数据库彼此之间没有关联,由于近几年互联网的发展,这一现象发生了很大变化。当前了解人们通过互联网购买和通过目录购买之间的关系就显得尤为重要,否则我们就不能了解客户的真正价值所在。下面要给大家介绍的就是如何将各种各样的数据进行整合。如我们现有的一些数据只是名录本身,可能我们需要加入一些购买信息。

那么我们为什么要拥有数据库呢?

首先是为了了解我们的顾客。同时要了解卖给他们什么样的产品。还要了解如何找到更多的潜在顾客,让他们成为我们的有价值客户。找到更多像他们一样的客户。

二、建立营销数据库的方式

(一) 企业自己建立营销数据库

如果企业没有自己的数据库,那么企业可以通过网站注册者、咨询者、活动参与者、被介绍者及其他手段来收集自己的客户数据,通过各种活动提高他们的忠诚度,以免自己的客户被竞争对手挖走。在建立企业自己的营销数据库之前,必须要了解相关的客户信息的来源。许多公司在建立数据库的时候都是从自己的客户入手,在洛杉矶有一家珠宝店,晚上为顾客提供珠宝存放的服务,这不是为了替客户保存珠宝,而是为了保持客户。此外,很多公司发现通过互联网注册是获取顾客数据非常有效的途径;通过书展、贸易展等多种活动吸引顾客,顾客参加不同展览,就可以发现他们的不同兴趣,最好的办法就是让顾客推荐他们的朋友加入。

(1) 消费者数据库来源:电话黄页、公共记录、行为、调查和产品注册等。

如何编译企业自己的个人数据库,第一是电话黄页,可以帮助企业了解客户的住址及姓名。第二是公共记录,如买房的行为记录,为了保证该房子没有其他住户,小孩出生也要有一个公共记录,还有结婚的公共记录。第三是选民登记、汽车所有权,作为政治家就不会遗漏所有的选民。汽车所有权的登记可以显示客户的经济状况。第四是调查和产品注册,咨询公司定期做的一些问卷调查,向客户了解喜好的产品,如向家庭调查喜欢什么样的饼干和什么价位的、有没有家庭保险、有没有股市投资等。购买了某种产品的记录,如购买了冰箱等都要注册登记。因此这些与购买相关的信息都可以构成企业的名录。

案例

安客诚公司数据库

安客诚是美国一家最大的商业智能数据公司,主要搜集客户的住址及其相关信息。投递是否准确很大程度上依赖于地址的准确性。在美国,由于很多人经常搬家,因此地址变化很大。美国每十年都要做一次人口普查,但是美国政府统计出来需要两年时间,个人不了解人口普查的信息,这不是公开的,可以通过一个地区的信息推算其他相关信息,如年龄、房屋所有权等。因此这类数据不是完全准确的,而是通过分析推理得出的。数据不是很详细的信息,安客诚公司与政府有协议,可以拿到公共数据。美国人个人只能看到一个编号。根据安客诚的统计,美国有1.83亿人居住在1.2亿家庭中。在安客诚的网站可以看到使用不同的数据量要付不同的费用,而且他们将数据分成了不同的类别,如安客诚将新购买房子的数据单独列出来,因为这个群体的购买力最强,购买新房的人一般都是因为孩子的出生,之后会带来一系列的消费行为。因此许多公司都比较看重这类数据。除可以根据数据种类或者人员选择数据外,还可以根据生活事件进行选择,如新搬家者、初为父母刚结婚者等,这些事件都可以触发购买。

(2)企业名录来源(组织机构库):电话黄页、公共记录、专业协会、商业目录。

企业名录的来源也有很多。首先是电话黄页,企业会公布出自己的电话以便客户联系。其次是公共记录,如上市公司将自己的公共信息公布出来。最后是专业协会,中小企业一般会加入一些专业协会,可以从专业协会获取信息,如直复营销公司会加入DMA协会。另外通过商业调查也可以获得一部分企业信息。

(二)租用数据库

租用数据库就是租借其他公司(杂志社、慈善机构、会员组织及其他机构和数据库营销公司)的数据库。某杂志就是通过租用名录,将自己的产品目录寄给目标客户。首先是租用,其次是用户反馈后获取数据。企业通过租用数据库公司的数据,为自己的业务开展直复营销活动。

1. 租用外部数据需要注意的问题

使用之前一定要合并清洗。第一,为了避免重复寄给客户同样的直邮造成成本的浪费。第二,如果租来的数据中有自己的老客户,并且不进行合并,同一个客户会收到两封直邮,给客户带来很大的反感,同时针对新老客户的直邮内容与设计是不同的,使得客户对企业的专业性提出质疑。例如,银行要开发新客户,如果将开发新客户的直邮寄给老客户,显然是不合适的。因此使用租来的数据之前一定要进行合并清洗,保证不同的直邮寄给不同的目标客户。数据的清洗合并工作可以由企业自己来做,也可以由专门的中介公司来做。租用一次数据之后,数据公司会通过标记的方式进行监督,检测是否非法使用第二次。另外还有专门的监督公司帮助数据公司监督。

2. 合并后的客户营销数据库

(1)交易数据。

(2)冗余数据。主要是指那些买了以后反复退货的客户数据,或者是那些购买以后不付款的客户数据。还有一种就是寄递免费试用诱因的数据,如果因为被监禁或者其他原因长期得不到回复,以后就不再邮寄。

(3)促销与响应数据。

(4)客户终身价值数据、RFM模型评估数据。

(5)网络识别数据。第一次登录某家网站之后,第二次进行登录的时候马上会识别出来。如登录亚马逊网站的时候,网站马上显示:"您好,史密斯女士!"而且网站还会显示出与史密斯曾购买过的商品相关联的产品信息。例如,史密斯曾经买过关于鸟类的书籍,那么当史密斯登录的时候,马上显示与鸟相关的书籍的信息。

(6)追加数据,如问卷调查的数据、人口普查数据等。

将上述数据进行合并的目的就在于更好地锁定目标客户。对数据库进行测试后,根据测试进行营销活动,可以使企业更容易与客户进行对话,因此数据库营销就是带有记忆的市场营销。

(三)交换:与合作伙伴交换名录

例如,美国航空与美国运通之间,美国航空可以将美国运通的信用卡客户作为自己的潜在客户,美国运通也可以将美国航空具有旅行需求的人作为自己的潜在客户。

三、建立与维护营销数据库的步骤

一般来讲,营销数据库一般经历数据采集、数据存储和数据处理等7个基本过程。

1. 数据采集

实施数据库营销的先决条件是建立一套良好的顾客数据库,包括顾客的属性、购买史、商品供需及各种可衡量数据。顾客的属性有人口统计学上的属性,如姓名、地址、年龄、性别、收入等,另外也包括社会心理学上的属性,如生活方式等。购买史是依照顾客类别,将其消费的商品种类、购买频率、购买金额及最后一次购买日期输入数据库,并随时更新扩充。

数据库数据一方面通过市场调查消费者消费记录以及促销活动的记录获取,另一方面利用公共记录的数据,如人口统计数据、医院婴儿出生记录、患者记录卡、银行担保卡、信用卡记录等都可以选择性地进入数据库。具体收集方法有:

① 从中间商和推销人员处得知;

② 在商品上附回函明信片,请顾客填写之后寄回,一般以赠品或售后服务作为回报;

③ 通过在大众传播媒介(报纸、杂志、广播、电视、Web网点等)做广告,请顾客通过一定方式(电话、电子邮件等)给予回复;

④ 从外部租借和购买合乎要求的名单;

⑤ 同业间的名单交换,如服装店和化妆品店交换各自的名单可产生极好的效果(这也许是由于二者都以年轻女性为对象所致)。

2. 数据存储

将收集的数据以消费者为基本单元,逐一输入计算机,建立起消费者数据库。企业可以自己从事这项工作,也可请专门的数据库服务公司来做。许多企业让专门的服务公司来建立最初的数据库存储。不管数据库是由企业还是由专门的服务公司管理,都必须保证输入数据的精确性。

3. 数据处理

运用先进统计技术,利用计算机把不同的数据综合为有条理的数据库,然后在强有力的各种软件的支持下,产生产品开发部门、营销部门、公共关系部门所需的任何详细数据库。

4. 数据分析

根据使用最多类消费者的共同特点,用计算机勾画出某产品的消费者模型,此类消费群具有一些共同的特点,如兴趣、收入,以采用专用某牌子产品的一组消费者作为营销工作目标。

5. 使用数据

直接与消费者进行双向沟通。数据库营销运作的一个重点步骤是适当的交流——向适当的消费者提供适当的信息并能通过一定的方式获取顾客的反馈信息。一部分信息可通过某种媒介传给所有顾客和准顾客,但大部分信息仅仅针对特定消费者传递,即进行一对一行销。

数据库数据还可以用于多个方面,例如,签订购物优惠券价值目标,决定该送给哪些顾客;开发什么样的新产品;根据消费者特性,如何制作广告比较有效;根据消费记录判定消费者消费档次和品牌忠诚度。

另外,如特殊身材的消费者数据库不仅对服装厂有用,而且对于减肥药生产厂、医院、食品厂、家具厂很有用。因此,数据库不仅可以满足信息,而且可以进行数据库经营项目开发。

6. 完善数据库

在数据库营销中姓名和地址是最基本的信息,但是公司不能仅限于此。为了拥有一个高效的数据库,公司必须获得更多的关于顾客和准顾客的信息。例如,消费者使用竞争者产品的情况,消费者对产品的看法以及特定的消费者对产品的特定需求等。企业可以通过各种调查和询问来完善数据库,例如,通过消费者俱乐部、优惠券反馈、抽奖销售活动记录及其他促销活动而收集来的信息不断扩展和完善数据库,使数据不断得到更新,从而及时反映消费者的变化趋势,使数据库适应企业经营需要。

7. 重复以上步骤,随时更新数据库的内容

数据库营销是一个不断发展的过程,若数据库资料没有及时更新,对企业而言就等于失去了利用价值。唯有锲而不舍地增补新燃料,定期删除不符合要求的过时信息,采取质和量并重的方式,才能提供在深度、广度上均符合要求的顾客信息,从而提高营销的效果。

四、确定业务需要后数据库的建立与维护

(一) 营销数据的甄别与选录

1. 数据的甄别

数据的甄别就是根据已确定的业务需要,从已收集到的数据中挑选出所需的数据。这一过程分为3步:

① 识别出应纳入数据库的业务和促销文件;
② 检查每个有用文件中所包含的数据要素;
③ 从每个有用文件中挑选出所需数据。

2. 数据的选录

在确定将被纳入营销数据库的数据要素之后,下一步就是决定如何将这些数据要素纳入数据库,这一过程就是数据的选录。

(二) 营销数据的巩固与更新

1. 数据的巩固

在数据巩固过程中,主要涉及以下5项工作。

(1) 重复记录识别

在将客户姓名装入数据库之前,必须经过一个重复记录识别过程,以判定哪些记录属于同一客户。通常重复记录识别软件能利用一些判别规则去推测两个记录属于同一客户的概率。例如,如果姓氏和地址刚好配对,公司就可以向家庭邮寄,而不是向该家庭中的特定个人邮寄。

(2) 地址标准化

在处理数据中,很可能会发现有的地址有误,如街名有误、街牌号码倒置等,这时就需要进行地址标准化。

(3) 匹配

数据记录中,由于同音字、形似字等原因个人名字书写有误也是常事,如同一地址对应着3个不同的姓名:于丽、于莉、余莉。在这种情况下,我们一般可以判断这是同一个人。

(4) 删除

为了使客户的姓名、地址更趋标准化,有时需删除有关记录内容。

(5) 同一家庭成员识别

确认哪些客户实际是同一家庭的成员是一个复杂的过程。

2. 数据的更新

① 更新的频率。更新的频率决定着数据库反映客户真实情况的程度。如果公司的促销决策主要依据购买者行为,大多数营销人员将要求信息尽可能是最新的,以避免促销中漏掉积极的客户。更新的频率不必超过公司做出决策的间隔次数。例如,如果公司每年进行两次邮寄促销,只需在两次邮寄促销之前更新文件,以提供在挑选姓名时所需要的数据。

② 是否要更新或替换数据库。

(三) 营销数据库的初步设计

营销数据库的初步设计是在数据的巩固之后进行的。数据库的初步设计是由数据处理专业人员完成的,这项工作可在公司内部进行,也可在外部服务机构进行。

数据库设计是指对于一个给定的应用环境,创建一个性能良好、能满足不同互用使用要求,又能被选定的数据库管理系统所接受的数据库模式,建立数据库及其应用系统,使之能有效地存储数据,满足用户的信息要求和处理要求。

案例链接

邮政名址数据库构成情况

"邮政名址数据库"(简称"邮政名址库")是指邮政部门拥有的,由基础地址信息、组织机构信息和个人名址信息3类信息组成的名址数据库。邮政名址数据库依据信息性质分为基础地址库、组织机构库、个人信息库和精品数据库;根据信息所有权分为共享库和自有库。

(1) 基础地址库

邮政基础地址是以国家标准地名为依据,结合邮政自身特点,按照一定规律分层、分段后形成的邮政用通信地址。它为人们正确书写通信地址提供了方便,也是邮政分拣、投递、商函、物流等业务子系统的重要的基础性数据。全国346个地市已全部建成邮政基础地址库,地址库总量已达到1.3亿条,地址信息已覆盖全国所有地市。每条标准地址包含地区、街道名、路名、门牌、楼号、单元、室号等数据项,以及建筑物性质、档次、形式等属性信息。

(2) 组织机构库

由党政机关、企事业单位、社会团体、私营企业的基本信息和扩展信息组成。全国企事业单位名址信息920万条,每条组织机构数据包含企业法人、通信地址、经济类型、联系电话、年度收入、注册资金、邮政编码等数据项。

(3) 个人信息库(3 600万条)

由个人的基本信息与扩展信息组成,共30个字段,主要字段有姓名、家庭详细地址、邮编、性别、生日、爱好等。可按性别、爱好、年龄等个性化属性分类筛选。

第四节　营销数据的分析与挖掘

一、营销数据的分析

在实施数据库营销的企业中,有很多企业建立了数据库之后,却不知道到底需要哪些数据,为其决策提供支持。客户关系管理人员一般只会数据录入、查询、更新等基本数据管理功能,没有了分析功能的数据库,就好比守着一块金矿而不知道怎样挖掘。目前,在美国等数据库营销发达的国家,越来越广泛使用数据分析和挖掘功能。在众多的客户关系管理(CRM)的分析模式中,RFM 模型是被广泛提到的。

(一) RFM 模型

RFM 模型是衡量客户价值和客户创利能力的重要工具和手段。在 RFM 模式中,R(Recency)表示客户最近一次购买的时间有多远,F(Frequency)表示客户在最近一段时间内购买的次数,M(Monetary)表示客户在最近一段时间内购买的金额。一般的分析型 CRM 着重于对客户贡献度的分析,RFM 则强调以客户的行为来区分客户。

1. 最近一次消费

最近一次消费指上一次购买的时间——顾客上一次是什么时间来的店里,上一次什么时候买的车,或在你的超市购物最近的一次是什么时候。

理论上,上一次消费时间越近的顾客应该是比较好的顾客,对提供即时的商品或是服务也最有可能会有反应。

最近一次消费的功能不仅在于提供的促销信息,营销人员的最近一次消费报告可以监督事业的健全度。优秀的营销人员会定期查看最近一次消费分析,以掌握趋势。月报告如果显示上一次购买很近(最近一次消费发生在 1 个月以内)的客户人数如增加,则表示该公司是个稳健成长的公司;反之,如上一次消费发生在 1 个月以内的客户越来越少,则是该公司迈向不健全之路的征兆。

最近一次消费报告是维系顾客的一个重要指标。最近才买你的商品、服务或是光顾你商店的消费者,是最有可能再向你购买东西的顾客。再则,要吸引一个几个月前才上门的顾客购买,比吸引一个一年多以前来过的顾客要容易得多。营销人员如接受这种强有力的营销哲学——与顾客建立长期的关系而不仅是卖东西,会让顾客持续保持往来,并赢得他们的忠诚度。

2. 消费频率

消费频率是顾客在限定的期间内所购买的次数。我们可以说最常购买的顾客,也是满意度最高的顾客。如果相信品牌及商店忠诚度,那么最常购买的消费者,忠诚度也就最高。增加顾客购买的次数意味着从竞争对手处偷取市场占有率,由别人的手中赚取营业额。

根据这个指标,我们又把客户分成五等分,这个五等分分析相当于是一个"忠诚度的阶梯"(loyalty ladder),其诀窍在于让消费者一直顺着阶梯往上爬,把销售想象成是要将两次购买的顾客往上推成三次购买的顾客,把一次购买者变成两次的。

3. 消费金额

消费金额是所有数据库报告的支柱,也可以验证"二八法则"——公司80%的收入来自20%的顾客。它显示出排名前10%的顾客所花费的金额比下一个等级者多出至少2倍,占公司所有营业额的40%以上。如看累计百分比的那一栏,我们会发现有40%的顾客贡献公司总营业额的80%;而有60%的客户占营业额的90%以上。最右一栏显示每一等分顾客的平均消费,表现最好的10%的顾客平均花费1 195美元,而最差的10%仅有18美元

最近一次消费、消费频率、消费金额是测算消费者价值最重要也是最容易的方法,这充分地表现了这3个指标对营销活动的指导意义。而其中,最近一次消费是最有力的预测指标。

(二)RFM模型的应用

如何分析行为数据(与客户购买行为相关的数据)主要涉及购买交易。企业拿到数据以后的第一件事,就是要确定谁是最有价值客户。有3个指标可以帮助企业找到他们的最有价值客户,也即RFM模型(新鲜度、消费频次、消费金额模型)。新的直复营销人员容易犯的最严重的错误就是不区分客户,做统一的营销活动。

1. 如何计算新鲜度

第一步:将每一个客户最近购买的日期添加到记录中。

第二步:根据购买日期进行排序——由最近到最早。

第三步:分成5个等分的小组。

第四步:给每个小组进行编号,最近期购买的一组编号为5,最早期的一组编号为1,如图2-4所示。

第五步:使得每一条记录都有编号。

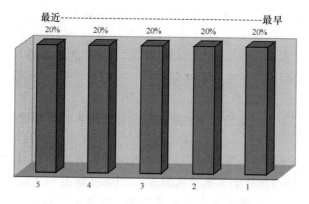

图2-4 客户新鲜度五等分图

给5组中的所有人寄发直邮,测试响应率,一般认为可能越近购买的响应率也越高。五组的响应率分别是3.49%、1.25%、1.08%、0.63%、0.26%,如图2-5所示。一般情况是这样的,但是产品性质不同结果也不同,如家用电器(冰箱、电视等)和日用品(食品、衣服等)的结果肯定是不同的。

2. 如何计算购买频次

与新鲜度非常类似,将购买一次的标号为1,购买次数最多的标号为5,分成5个等分的小组,如图2-6所示。购买一次的很可能只是测试一下你的产品是否够好,也许下次就不会购买。两次购买者要比一次购买者响应率高。

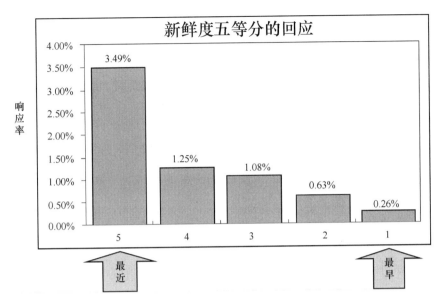

图 2-5 新鲜度五等分响应率

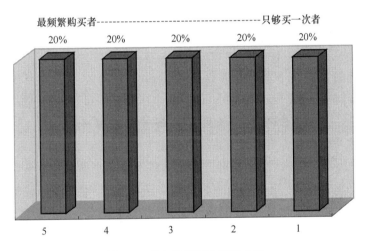

图 2-6 客户消费频次五等分图

3. 计算购买金额

与新近度非常类似,将购买金额最小的标号为 1,购买金额最多的标号为 5,分成 5 个等分的小组。

通过计算,如果你的新鲜度最高,购买频次最多,购买金额最大,那么你就是最有价值客户。通过比较这 3 种指标,其中,新鲜度最重要。

注意:不要过度使用 RFM 模型,如果一直给最佳客户促销,那么会造成客户的促销疲劳。

案例

通过过去的购买行为预测未来的购买行为

贝斯居住在一个小镇,没有很多衣服零售店,因此通过网络,根据目录在一家店里为丈夫购买服装,同样该店也出售女士服装,邻居女士也买自己的服装。一天贝斯收到了男装的直邮目录,邻居收到了女装目录,这说明该商店的目标非常准确。邻居问贝斯是否收到女装目录,贝斯回答没有收到,因为她从不给自己在那家店买服装。

4. 事件触发的顾客沟通

触发是指事件发生的诱导因素,可能是生日,可能是一次购买,可能是第一次购买事件,还可能是顾客生命周期中的一个事件。例如,Chico 公司在阿什利生日的时候寄发直邮,祝愿她一年比一年好,并且生日当天可以享受 10% 的优惠。

触发事件的案例

案例一 旅行保险公司案例

该公司专门分析取消保单的客户,如果客户经常与代理人沟通,那么 80% 一般不会取消自己的保单,流失的客户中有 62% 从来不与自己的代理人沟通。但是由于客户数量比较多,没有足够的代理人与客户进行沟通,这时可以使用直邮与客户进行对话,每个直邮代理人都要使用直邮与客户进行沟通,并且要用手写体,让直邮看起来更加个性化。使用直邮沟通的 5 个步骤如下所示。

第一,保险到期之前的 2 个月,给客户寄发直邮。(触发事件一)

第二,开始使用业务的前 3 个月寄发季度感谢卡。(触发事件二)

第三,在第二季度寄发交叉销售直邮。(触发事件三)

第四,在第三个季度寄发产品的咨询信息。

第五,在第四个季度寄发季节卡,祝福客户节日快乐。

通过以上事件触发活动,保险公司客户保持率提高了 5.6%,每个客户代理人的收入也增加了 14 000 美元。

案例二 保险公司客户保留案例

通过与客户的不断接触达到客户保留的目的。

保险公司花费 5 年时间做的测试,第一次购买保险的客户保留率为 63%,第二年寄发一封直邮后的保留率提高到 74%,寄发 2/3/4 封直邮的保留率分别为 80%、82% 和 84%,如图 2-7 所示,直邮内容为保险公司简讯,如关于房屋被水淹的保险种类,还介绍了如何防止被水淹的方式和方法。

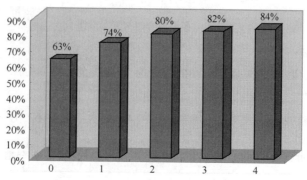

图 2-7 不同直邮数量对应的客户保持率

二、营销数据的挖掘

数据挖掘所要处理的问题,就是在庞大的数据库中寻找出有价值的隐藏事件,加以分析,并将这些有意义的信息归纳成结构模式,作为企业在进行决策时的参考。此外,数据挖掘看重的是数据库的再分析,包括模式的建构或是资料特征的判定,其主要目的是要从数据库中发现先前关心却未曾获悉的有价值信息。事实上,数据挖掘并不只是一种技术或一套软件,而是数种专业技术的综合应用。

数据挖掘技术的蓬勃发展是因为现代的企业已搜集了大量资料,包括市场、客户、供货商和竞争对手,以及未来趋势等的重要信息,但是数据的超载与无结构化使企业决策单位无法有效利用现存的资料,甚至会使决策行为产生混乱与误用。如果能通过数据挖掘技术从巨量的数据库中采掘出不同的信息与知识,作为决策支持之用,那就一定能成为企业竞争的优势。

利用数据挖掘,企业能从巨大数据库中挖掘到从未发现的信息,并从使用中获利。例如,拥有汽车的新婚夫妻很可能购买儿童专用汽车椅,这个现象很容易被理解,并不需要应用到数据挖掘中,但如考虑另一个问题,这些夫妻会购买何种颜色的儿童专用汽车椅?这个问题就困难许多,需要用到许多变量来预测可能的结果,这时数据挖掘便提供了非常大的帮助。又如,一个超市营销的例子,经由记录客户的消费记录与采购路线,超级市场的厨房用品是按照女性的视线高度来摆放的。根据研究得出:美国妇女的视线高度是 1.5 m 左右,男性是 1.63 m 左右,而最舒适的视线角度是视线高度以下 15°左右,所以最好的货品陈列位置是在 1.30~1.35 m。在商业上,有很多特征是很难理解的,但若了解到这些信息就会增加企业的竞争能力。

数据挖掘主要有 3 种应用方式,即获得新顾客、留住老顾客和增加顾客的消费额。

如何获得新顾客?我们希望找出客户的一些共同特征,希望能借此预测哪些人可能成为我们的客户,以帮助营销人员找到正确的营销对象。数据挖掘,可以从现有客户资料中找出他们的特征,再利用这些特征到潜在客户数据库里去筛选出可能成为我们客户的名单,作为营销人员推销的对象。营销人员就可以针对这些名单寄发广告资料,既可以降低成本,又提高了营销的成功率。

如何留住老顾客?我们可以由一些原本是我们的客户、后来却转向成为我们竞争对手的客户着手,分析他们的特征,再根据这些特征到现有客户资料中找到有可能转向的客户,然后公司必须设计一些方法将他们留住,因为毕竟找一个新客户的成本要比留住一个原有客户的成本要高出许多。

如何增加顾客的消费额?例如,哪些产品客户会一起购买,或是客户在买了某一样产品之后,在多长时间之内可能购买另一产品等。利用关联性的产品销售和连贯性销售方法,来提高客户的终生价值。利用数据挖掘,零售业者可以更有效地决定进货量、库存量,以及在店里如何摆设货品,同时也可以用来评估店里促销活动的成效。

在销售资料中挖掘顾客的消费习惯,很容易由交易记录找出顾客偏好的产品组合。可以找出流失顾客的特征,确定推出新产品的时机。还可结合基本资料,并以品牌价值等级的高低来区分顾客,进而达到差异化营销的目的。这样看来,数据挖掘强大的功能可以确保企业数据库营销顺利开展。

目前,国际上适合数据挖掘应用的行业包括金融业、保险业、电信业、网络相关行业、零售业、制造业、医疗保健及制药业等。这些行业的共同点是:都拥有大量信息数据。这些行业也正是数据库营销发展最快的领域。

相关链接

如何做好数据管理以及数据的挖掘工作

数据库营销其实并没有大家想得那么难。数据管理这块主要是指运用先进的统计技术,利用计算机的强大计算能力,把不同的数据综合成为有条理的数据库。特别是大型公司,需要用专门的软件统一管理用户的数据库,要做到所有部门的数据都是统一和同步的。管理这块最重要的一点是数据挖掘,特别是对于网店与电子商务公司,尤其重要。数据挖掘主要是挖掘3个方面的内容。

挖掘用户:简单地说就是用不同的属性,对用户进行不停的深入细分。根据使用最多类消费者的共同特点,用计算机勾画出某产品的消费者模型。

以某网络公司为例,该公司的用户粗略来分有3种:个人站长、中小企业人员以及行业从业人员。而中小企业人员这块,如果按行业,可以细分出医疗行业、美容行业、教育行业、农产品等。如果按公司规模分,可以分为10人以下、50人以下等。如果按资金规模来分,又可以分成10万、50万、100万等。如果再按地区分,又可以分为北京、上海、广州等。

把用户充分细分的好处就是,当我们需要推广某个产品后,可以马上从数据库中提取出来最精准、最适合的那部分用户。

挖掘需求:这个是指根据用户的年龄、职业、收入、文化层次、喜好、消费习惯等数据,运用先进的数据分析技术,找出他们的潜在需求。这些需求,在数据分析之前是完全不知道的。

挖掘产品:开发什么样的产品会有市场?用户喜欢什么样的产品?会为哪些产品买单?这是很多企业困惑的问题。而这些问题的答案,都可以通过分析数据库中的数据而得出答案。举个例子,例如,一家制药企业的主打产品是胃药,通过几年的销售,拥有了30万的用户数据库,而且其中大部分是我们的忠实用户。这时候我们开始对数据库进行分析与挖掘,最后发现这些用户中,其中60%患有肠道疾病,那公司下一步就可以考虑开发这方面的产品。

第五节　营销数据库的应用

一、营销数据库的用途

数据库营销是每个直复营销人员所必须了解的。一个有效的营销数据库是企业开展直复营销的基础。每种个性化祝福营销媒体(直邮、电话、销售队伍等)都离不开数据库。由于运用了营销数据库,直复营销者与顾客之间的互动性更具有目标指向性,更有效率。

直复营销者建立数据库后,可以借助于其中的数据库记录进行市场细分和目标市场选择、敦促重复购买和交叉推销,以获取竞争优势。

1. 选择目标市场

运用数据库,企业可以根据人口统计、地理位置、先前购买行为和下订单的可能性等方面特征实行详细的市场细分。由于目标市场成员对于公司的直复营销努力比对非目标市场成员更具回应性,所以,运用数据库营销往往可以实现高生产率和低投入成本。

2. 促进重复购买

数据库可以帮助公司建立于顾客间的维持关系,从而促进顾客的重复购买。重复购买不一定只是源于带有明确推销目的的经常性沟通,没有明确推销目标的经常性沟通也会促进重复购买。

3. 进行交叉销售

当直复营销公司拥有几种业务共用一个数据库时,公司可以利用数据库进行交叉推销。

这种交叉推销带来的合成效益对公司的各个业务都有利,使每个业务都会增加销售额,并且会因为共享信息和其他资源而降低运营成本。

4. 获得竞争优势

公司可以通过建立和运用记录当前和潜在顾客信息的数据库来获得竞争优势,数据库甚至可以被作为竞争利器直接指向特定竞争对手顾客的营销努力。

二、如何应用营销数据库

(1) 利用数据库进行客户细分。并不是所有的人都是企业的客户,因此需要对客户进行细分,找出合适的目标。

(2) 预测与分析模型。正如前面所讲的亚马逊网站一样,购买了一本书籍之后,可能还会购买其他同类别的书籍。

(3) 直邮活动。利用数据库开展个性化的直邮活动,如将低价值的促销产品推荐给收入比较低的客户。

(4) 移动广告活动。

(5) 电子邮件营销活动。将电子邮件与直邮相结合使用,营销效果会更好。例如,企业可以向目标客户发送电子邮件,告知什么时候在什么地方有什么活动,紧接着通过直邮的方式,告诉对方具体的活动信息。

(6) 身份级别奖励。如高价值的客户可以享受更好的优惠条件。

(7) 流失客户预测。通过这种预测可以知道哪些客户最有可能流失,例如,信用卡公司可能发现自己的客户开始经常使用该银行的信用卡消费,但是最近一个月一直没有使用,便预测这个客户有可能会流失。可以提前做出挽留措施,如寄直邮给他,并提供某种优惠。通过这种触发,可能会赢回将要流失的客户。

(8) 网站识别。研究发现通过直邮、目录、网站这3种方式购买的客户的价值要比仅仅通过零售店购买的更高。

案例

数据库分析可以提高客户量

慈善机构通过数据库进行募捐活动,首先通过邮政编码对地理位置与捐赠者收入进行比较,发现超过60%的捐赠收入来自于17%的邮政编码对应的地区。其中城市地区的响应要比农村响应高。通过数据库将响应率低的冗余数据删除,节约了成本的同时,还不会减少捐赠的收入。下一步的行动就是锁定住在同一邮政编码对应区域的潜在客户,再下一步便是寻找更好的邮政编码区域。

三、营销数据库的具体应用

(一) 名录细分——二八法则

如何利用营销数据库细分名录,是指如果不是本公司的目标客户,该客户数据应该从名录中删除。二八法则(如图2-8所示)告诉我们80%的利润来源于20%的最有价值客户,如果把80%的成本都花在非有价值客户上,那么只能带来20%的利润。

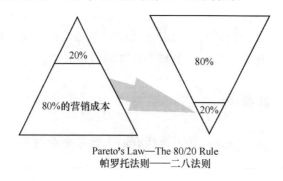

图 2-8　二八法则

当然二八法则并非一成不变,看下面案例。

航空运输公司案例:该公司的规模较小,营销预算费用比较低,通过数据分析在1 050个行业中找出运输量较大的10个行业,这10个行业相当于50%的客户和80%的收入,因此选定了50万家目标客户,而不是所有的2 400万家。

微软公司案例:如何利用预算的重新分配达到更好的营销效果(提高投资回报率)呢?对于高端客户:寄发直邮不是一般的直邮,而是立体邮件,里面装有礼物,从而从众多的直邮信函中脱颖而出。对于一般客户:寄发一般的个性化直邮。对于低端客户:通过电子邮件、搜索引擎广告、低成本直邮等形式进行促销活动。

(二) 锁定最佳客户群

最佳客户预测模型:促使看起来像最佳客户的客户直接响应,减少预算费用。例如,汽车租赁的客户中,有些只是一年租用一次的,如何将这些人转化为一年租6次甚至更多次?同时区别出商用租车的客户,他们可能需要对车的质量有较高要求,抓住这部分客户。

数据库可以帮助我们将好的诱因设计提供给正确的客户。为不同客户提供不同的文案和促销活动,同时还可以预测哪些客户可能会流失,制定响应的保留策略。

案例

35万"露营世界"客户的目录交叉购买预测模型

向这35万客户销售与旅行相关的服装,首先建立预测模型找到最有可能的服装购买者,主要通过两年期间购买他们服装的客户数据进行预测分析。通过测试发现,35万人中有2万人购买他们的服装,通过RFM模型计算出2万最佳客户,通过建立预测模型得到6万目标客户。结果:以前购买者的响应率为22%,RFM的最佳客户响应率为2.8%,预测模型的响应率为8.5%。

(三) 客户终身价值

客户终身价值不是客户一生的购买价值,而是在一定的年限中,企业从每个新客户身上获得的平均利润的净现值。为计算,必须每年对客户进行跟踪,至少需要 3 年的数据,第一年开发客户,第二年保持客户,第三年将客户变成忠诚客户,如图 2-9 所示。

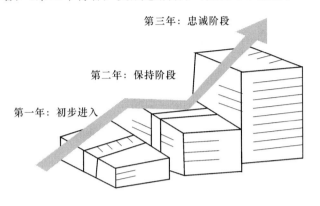

图 2-9　客户忠诚度 3 个阶段

一般忠诚客户会保留,而不忠诚客户会流失,忠诚客户不但购买量大,而且访问量也大,并对企业产品比较熟悉,不需要太多的宣传成本。

计算终身价值时,先要计算出你获取一个新客户的成本是多少?客户保持多久?这段时间客户成本是多少?你获得多少利润?客户终身价值涉及购买频次、忠诚度持续时间和利润 3 个因素。

案例

杂志社通过信函和明信片测试获取订阅客户

通过测试发现免费试用的响应率明信片要比信函高,通过信函接触的客户转化率高于明信片,净响应率明信片高于信函,从一年最终的利润看,明信片是盈利的,信函是亏本的,如表 2-2 所示,明信片和信函的客户保持率都逐渐增加,但是明信片要低于信函的保持率,如图 2-10 所示。5 年中通过明信片获得的利润为 33 160 美元,信函利润为 53 803 美元,如图 2-11 所示。因此可以看出近期明信片效果会好,但是从长期看信函效果要好于明信片。另外还可以看出信函对忠诚客户更具有吸引力。

表 2-2　信函与明信片对比表

形　式	免费试用总响应率	订购率	净响应率	第一年利润
信函	3.34%	27%	0.9%	−$4 436
明信片	4.46%	20.5%	0.919%	$2 418

客户细分如何驱动你的营销策略,对最佳客户要保持维护;对中等价值客户进行交叉销售,使之向忠诚客户转化;对低价值客户要实行向上销售策略,使之向中等客户转化;对于未激活的潜在客户要通过数据挖掘、激活再获取,最终达到吸引客户的目的,如图 2-12 所示。

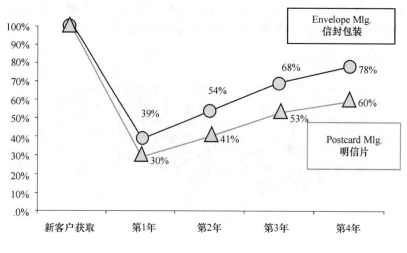

图 2-10　客户保持率的对比

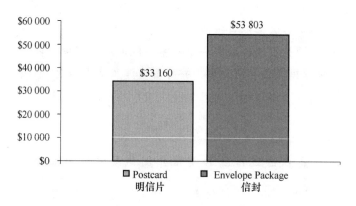

图 2-11　净终身收益比较

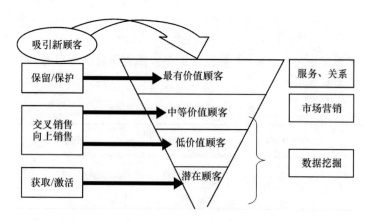

图 2-12　数据库进行市场细分驱动营销策略

案例链接

看亚马逊如何运用用户行为数据

亚马逊（Amazon.com）在利用户数据实现精准营销的方面有很多值得学习的地方。用户在使用亚马逊网站的过程中,很多行为都会被记录。亚马逊根据这些数据,不断勾画出每个用户的特征轮廓和需求,并以此为依据进行精准营销。

一、用户行为数据的收集

用户一般的购物流程:搜索了什么,看了哪些产品的详细介绍,最终购买了什么产品,都会被亚马逊记录下来。其他用户历史购买行为也在这里派上了用处,成为有利相关推荐。因为用户做购物决策的时候,也想知道其他人都看了什么,买了什么。

除了用户购买行为数据外,亚马逊还会搞一些活动来"勾引"用户说出喜好和需求。比较典型的活动就是投票。如关于是否喜欢情人节的投票,多数喜欢情人节的用户是热恋中的人,亚马逊可能会推荐各种礼物,如情侣装、戒指、鲜花等。失恋和单身的人一般不喜欢情人节,亚马逊推荐失恋疗伤的书籍,如游戏机之类自娱自乐的商品。

当然,如果用户对于投票的热情不高,亚马逊甚至会砸钱来"勾引"用户说出自己的喜好。一旦用户投票了,其观点、倾向或者兴趣爱好就暴露了。换句话说,这个用户就被亚马逊打上"标签"了。

二、整合用户行为数据实现精准营销

收集用户行为数据还只是第一步,亚马逊强大之处在于它可以整合用户行为数据和喜好,并挖掘用户的潜在需求。对有相同特征的用户作定向、精准的营销。如果韩寒的新书上市了,亚马逊如何做一期推广 EDM(邮件营销)呢?

首先,从用户购买行为数据中筛选出曾购买了韩寒写的书的用户。仅仅只有这些用户是我们的营销目标么?别忘了亚马逊还收集了用户的一些非购买行为数据。再加上在网站举行的关于"喜欢韩寒还是郭敬明"的投票中选择韩寒的用户。这样就行了么?亚马逊还要分析这类用户有什么共同特征,从而为他们定制适合的促销方式。如果他们的购买行为数据显示,他们选择最便宜送货方式的比例要比整体的用户群体高。这说明这群用户对于运费价格比较敏感。好了,这次推广的目标人群和主题可以确立了。连邮件标题你都可以想出来了——韩寒新书(免运费)。

当然,这一切还没结束。目标用户收到邮件后,是否打开了邮件,是否点击了邮件中的链接到达了促销产品的 Landing Page,这些行为都会被记录下来。对整个促销推广活动而言,这样可以统计活动的效果,为下次评估类似促销的活动提供历史依据。就个体用户数据收集而言,还可以用来统计这个用户对于特定主题和特定促销方式的接受程度。这样的数据可以用来决定有类似的主题或者促销方式是否还发邮件给这个用户。

思 考 题

1. 营销数据库的特征有哪些?
2. 营销数据记录中应该包含哪些类型的信息?
3. 有哪些获取数据的方法?
4. RFM 模型中 R、F、M 分别表示什么?
5. 数据挖掘有哪几种应用方式?

第三章　直复营销

直复营销(Direct Marketing)是20世纪90年代中期所出现的新的营销理论。直复营销的理论在引进之初,许多学者将其直译成"直接营销",实际上这是一种概念上的混淆。直接销售(Direct Selling),或称直销,也可称之为"面对面销售"(Face-to-face Selling),是指销售方派出许多销售代表,直接和顾客达成交易的方式,即通常所说的人员销售,主要采用的方法是挨户访问销售(Door-to-door Retailing)和家庭销售会(Home-sales Parties)等。而直复营销则是利用一定的传播媒体,进行产品和服务的宣传,并能随时接收受众反应或达成交易的营销方式。其主要特点就是不仅利用大众传媒的广泛性,还强调营销者同顾客之间的互动性,是一种十分有效的促销方式。

第一节　直复营销的内涵

一、直复营销的定义

直复营销源于英文词汇 direct marketing,即"直接回应的营销"。它是以赢利为目标,通过个性化和大众沟通媒介向目标市场成员发布发盘信息,以寻求对方直接回应(问询或订购)的社会和管理过程。

直复营销的定义有许多种,而其中最具权威性和被普遍接受的当属美国"直复营销协会"的定义。该协会将直复营销定义为:一种互动的营销系统,运用一种或多种广告媒介在任意地点产生可衡量的反应或交易。

为了更好地理解直复营销的含义,必须强调以下几点。

1. 直复营销是一个互动的体系

所谓"互动",即互相作用。它是直复营销的一个重要特征,指的是直复营销人员和目标顾客之间是以"双向交流"的方式传递信息的,而非信息的单向传播,这样就形成了一个环状的信息流转系统。

营销者通过某个(或几个)特定的媒介(电视、目录、邮件、印刷媒介、广播、电话、因特网)向目标顾客或准顾客传递产品或服务信息,顾客通过邮件、电话、在线等方式对企业的发盘进行回应,购买企业发盘中提供的产品或服务,或者要求提供进一步的信息。

传统的大众营销方式只能提供单向信息沟通。传统大众营销通过在各种媒介做广告,向目标市场传递企业产品或服务方面的信息,受众并不对其作出立即反应,通常是在获得该产品或服务信息后,在以后的某个时间到相关的零售机构去购买。这样,在某个特定广告活动中,顾客与企业之间的信息沟通是单向的,即由企业到目标市场成员。

直复营销的互动性给目标市场成员以回应的机会。同时,这种反映的信息又是企业规划后续直复营销项目的重要依据。

2. 直复营销利用多种传播媒体

直复营销人员和目标顾客之间传递信息的方式多种多样。信函、邮件、电话、电视、网络等都可以成为载体,只不过有时是同时实现顺、逆交流过程,有时则是分开实现的。

3. 直复营销活动的效果是可以测量的

这是直复营销的另一个重要特征。直复营销的信息流转系统不仅能让直复营销者确切地知道产生反应的顾客的比例,知道反映的内容是什么、可以分多少种类;而且还能将这些信息分类储存。直复营销的高效率就来自于此,所有这一切工作是靠数据库完成的。

直复营销者借助营销数据库分析消费者个体或家庭的购买行为等方面的信息,进而得出对顾客某方面商业特征的判断,以规划新的直复营销活动。数据库在直复营销活动中的地位是非常重要的,它可以说是所有直复营销活动的基础或前提。

4. 直复营销的信息交流不受时空限制

直复营销活动可以发生在任何地点,只要是直复营销者所选择的沟通媒介可以到达的地方,都可以开展直复营销。顾客不必亲临各种零售商店,也不用销售人员登门拜访,营销者与顾客间的联系可以通过邮件、电话、传真,或通过个人计算机在线沟通,而产品的传递一般可以通过邮递渠道。随着网络经济的发展,快捷方便的商品配送渠道已经形成。

直复营销空间上广泛性的特点,预示着传统营销方式对地点(marketplace)的争夺对直复营销来说就不是最重要的了。随着直复营销活动范围的普及,企业对地点方面的争夺将会逐渐被在直复营销媒介或渠道方面的竞争所代替。

直复营销的定义还可以从两个角度来理解。

如果站在营销者,也就是卖方的角度来看,直复营销有时被称为"直接回复销售"(Direct-response Selling),当然这里的回复不仅仅指购买行为;如果站在顾客的角度来看,因为直复营销中"可度量的回应"多数是指顾客的订单,所以直复营销有时又被称为"直接订购营销"(Direct-order Marketing)。有的营销学者还将直复营销称为直接关系营销(Direct Relationship Marketing)。

二、直复营销与传统营销的区别

1. 广告与销售渠道的融合

直复营销者也要使用付费的大众媒体发布信息,这一点与一般营销广告主无异;但是,直复营销利用媒体信息要多于一般广告主。这是因为直复营销主要通过发布信息来寻求目标市场成员的反应,在该沟通过程中,没有通过任何中介机构就同时实现了广告和销售两种功能。

由于直复营销不需要零售商等中介机构,这大大减少或省去了中间商的价格加成,从而使公司的赢利度增加。当然,直复营销者省去的人员推销和零售环节,也可能会被相应增加的媒体开支所抵消。这些开支通常占销售额的 10%～30% 不等,主要取决于所涉及的媒体类型。

2. 个性化(personalization)

直复营销活动具有很强的目标指向性。直复营销者的营销对象就是具体的个人、家庭或企业，而不是通过大众媒体指向大众市场。顾客与直复营销者之间的互动都是以一对一为基础的，这在直邮或目录营销中就显得更为明显。这时，企业向目标市场成员的产品或服务发盘和目标市场成员对该发盘的回应都是个性化的。对于电视、广播、网络等媒介，虽然营销者向目标市场成员传递产品或服务发盘信息类似于传统大众营销，但是，顾客对该发盘的回应还是个性化的。直复营销的这个特点使得企业可以针对不同顾客个体的特征差异，选择不同的营销策略。

3. 以名录作为目标市场选择的主要工具

直复营销一般都是以名录作为细分和选择目标营销对象的工具。名录以顾客或准顾客的姓名和地址等基本数据为基础，包括他们的人口统计特征、财务状况、过去的购买行为等方面的信息。直复营销者在开展某项直复营销活动时，首先，需要通过自己的营销数据库或租赁等渠道获得符合该项目目标市场成员特征的名录；然后，还要根据一定的标准，对该名录作进一步的细分，并选择出适合本次直复营销活动的名录来。直复营销者根据该名录安排相关的直邮、目录或电话营销等活动。

4. 没有中间分销环节

由于直复营销是一种顾客与企业互动性的营销方式，目标市场成员对企业发盘的回应是直接的，其订购的产品一般也是通过直接渠道传递的。所以，直复营销没有中间环节，即直复营销企业与最终顾客间的分销渠道层级为零。对于有些直复营销者，出于效率或资源限制等方面因素的考虑，可能会将直复营销活动中的某些商业履行功能外部化，例如，商品配送通过专门的配送公司进行，或者与其他直复营销公司间建立联合性的配送体制。这时，出现了一些功能性的中间环节，但这并没有改变公司直接获得顾客订购的这个特征。

5. 媒介选择更具有针对性

虽然直复营销使用的广告媒介通常也是一般营销广告的媒介，但是，二者在选择上是有所不同的。直复营销广告媒介的选择更加针对该媒介受众的特点，所选择的媒介往往是具有某个特定共同特征的高度细分的市场。传统大众营销广告虽然也考虑媒介的目标受众，但是，它往往是以获得最大展露度为主要目标，所以，在媒体选择时，一般不会选择那些往往为直复营销者所看好的受众相对狭小的媒介。此外，直复营销还大量使用"一对一"式的个性化媒介，如直邮、目录和电话等，这使得直复营销活动可以获得最大可能的针对性。

6. 营销手段的隐秘性

这主要是针对"一对一"式的直复营销工具而言的。通过直邮、目录和电话等手段，企业直复营销活动是在竞争对手不知情的情况下运营的，具有一定的隐秘性。当竞争对手可能获知本企业的直复营销战略时，本企业可能已经占领市场并获得销售。直复营销的这种隐秘特性，尤其方便于在大规模营销活动开展前进行隐秘性的营销测试。

7. 注重顾客服务和长期合作关系

在直复营销中，顾客服务扮演着非常重要的角色。对于多数直复营销公司来说，顾客忠诚度是个很重要的方面，因为公司要通过重复购买获取利润。强调顾客服务，包括强化订购商业履行职能，可以促进直复营销者与顾客间的互动性和反应机制。而时下流行的关系营销思想，正是注重建立长期顾客关系。

8. 广泛适用性

直复营销与一般营销或旨在树立公司形象广告的又一个不同之处是：直复营销对于各种规模的企业都适用。对于实力雄厚的大企业，直复营销是其增加竞争优势的利器；对于资源有限的小企业，则是其到达目标市场，实现销售的良好渠道。一个创业者，只要其拥有足够的钱在杂志上做广告鼓励人们拨打其销售电话，就完全有可能从这项小额投资开始发家致富，成长为拥有巨大财富的企业家。在企业界，仅仅运用个人银行储蓄投资直复营销，从无到有获巨大成功的案例比比皆是。

9. 顾客存在可信度问题

普通营销方式下，顾客购买是面对面（顾客与分销商或销售代表）进行的。这样，顾客可以目睹产品和销售商的情况，容易在相信自己判断的基础上，产生真实感和信任感。而直复营销典型表现为顾客与商家不直接接触，商品传递是通过某个中间渠道进行的。这样，顾客往往会产生一种不真实或不信任的心理，这种心理的存在会阻止其进行购买的动机。因此，如何消除目标市场成员的疑虑，以增加其购买信心，是每个直复营销者都要面临的问题。

由于直复营销以能够到达具有不同需要的支离破碎的市场而见长，从而使企业能够更有效地利用其营销资源，使每个单位营销投入都有其明确的产出。这对于小型公司来说尤为重要。

三、直复营销的优势

从根本上说，直复营销的优势来自于直复营销人员针对每一个顾客的个别情况进行双向信息交流。与传统营销相比，直复营销更强调信息的反馈，并更好地利用了这种双向交流中的反馈信息。

1. 顾客购物不仅省时、省力，而且富有一定的趣味性

顾客通过浏览邮寄目录或网上购物服务条目等信息资料，在轻松愉快的心境下就可以进行购物比较。消费者虽然足不出户，商品的选择范围却不受影响，相反却更广了；通过直复营销这种方式，顾客还可以为他人订货；对生产资料的购买者而言，通过这种方式可以获知市场上所有同类商品与劳务的信息，而不必把时间花在约见销售员等事情上。

2. 营销者能更精确地确定目标顾客

直复营销通过各种方式获得顾客的各项信息，这些信息存储在数据库中，可以有成千上万条，可以涉及几十个甚至几百个方面的内容。在需要用这信息时，直复营销人员可以在计算机的帮助下找出任意数量的在某几方面或十几、几十个方面具有共同特征的顾客组成的群体，并有针对性地向这些顾客群寄发"购物指南"等资料。

3. 营销者能和每一位顾客建立起长期关系

严格地讲，直复营销中，每一位顾客就是一个细分子市场，"一对一"的服务使直复营销有更浓的感情注入。例如，雀巢食品公司建有一个"新妈妈数据库"，在这些新妈妈的孩子成长的最初6个关键阶段中，公司都会给这些妈妈寄去针对性很强的个性化的礼品和建议信。这些感情投资的效果便是赢得较为稳固的顾客忠诚。

4. 直复营销号召顾客立即反应，回复率较高

直复营销可以在适当的时机与最有购买可能的潜在顾客沟通，从而使直邮的资料可以有更高的阅读率和回复率。而传统的广告投放之后，总要间隔一段时间，消费者才会采取购买行为或进一步咨询,单个广告的刺激效果相对比较弱。

5. 直复营销战略更具保密性

传统的营销战略通过大众媒体实施,隐蔽性小,易被竞争对手发觉和模仿,而直复的传播方式具有一定的个人化特征,不容易被深究。而且直复营销的广告和销售是同时进行的,这一特点更可使营销者在其策略实施初期免遭竞争对手的抄袭。

6. 直复营销效果是可以度量的

直复营销者通过测量每一次信息传递的回复情况(包括比率、内容等),不仅可以决定哪次活动更具营利性,而且可以将结果用于媒体与信息的结合效果比较等研究工作中。

第二节 直复营销的发展趋势与功能

一、直复营销的产生

确切地讲,直复营销最初形态为邮购,始于1872年8月的美国。那时,第一家邮购商店蒙哥马利·华尔德在美国创立,这家店向美国中西部的农场主家庭邮寄商品目录。但那时的目录只有一张纸,目录上所列的商品并不多,主要是服装和农具,而且价格都是1美元。邮购服务的对象就局限于那些分散居住于郊外的农场主们。

从1872年到20世纪20年代,不断有人加入直邮销售这一行业中来。在美国形成了以蒙哥马利·华尔德和西尔斯·罗马克(1886年创立了西尔斯手表邮购公司)这两家公司为代表的邮购业,当时这些业内公司全部只经营邮购业务。但到了20年代,为了适应交通业的发展和城市化的进程,蒙哥马利·华尔德和西尔斯·罗马克相继在商业中心开办了零售店铺,并将主要精力转向有店铺的零售业务。直复营销业开始走向低潮。

直到20世纪80年代,直复营销业才重整旗鼓,在营销方式和销售额上都得到长足的进步和发展。在美国,整个80年代中,直复营销的销售额以每年15%的速度增长,比整个零售业的增长速度快四倍。以1989年为例,美国全国的直复营销的销售额为2 000亿美元,大约有70%的顾客曾利用800免费电话进行过家中购物。但在直复营销的各种形式之间的发展却不甚平衡,直接邮购营销和目录营销的增长最快,成为直复营销的主要形式。

直复营销业的再次发展,有其明显的时代特征,主要可归纳为以下几个方面。

1. 商品的同质化现象日益增强,而品牌忠诚度却日趋下降

产品差异之所以会缩小,原因在于工业信息化和生产标准化使得产品的制造过程能很快被模仿。这样,一种新产品的诞生到大规模生产的时间势必缩短,这使得同质产品激烈地争夺零售店的货架。为了能在零售的规模上争得一席之地,价格战爆发,打折作为一种促销手段被大量应用,使本应维持一段时间高价的新产品却很快地成为平价商品。在各厂商用价格来使自己与众不同,以达到吸引零售店内的顾客的同时,消费者对品牌的信心和尊敬也一点点地打折扣,并渐渐变得踪影全无了。在顾客眼中,对大多数商品而言,各种品牌之间是同质的,唯一的区别就在于是否有折扣、优惠券或赠品,因此他们的购买行为就呈现出强烈的价格导向。

另一方面,许多竞争者不仅模仿能力强,能迅速地仿制出相同的产品,而且有能力对仿制后的产品进行改进,与发明者和创新者相比,这些公司以更低的成本提供了更好的产品。

所以企业一方面迫切地需要更深入地了解消费者的需求,分辨这些需求之间的差异,进而最大限度地满足顾客;另一方面需要一种新的沟通形式,让自己的企业和产品在顾客眼中有别于竞争者。同时,为了提高顾客的忠诚程度,企业还需要一种切实可行的方法来提高顾客与企业的产品品牌之间联系的密切程度——一对一地直接沟通被列为首选。

2. 大众传播媒体的成本增加,电视广告的作用与以前相比相对减弱

传统的营销沟通方法中,在大众媒体上的广告投放量比较大。但是进入20世纪80年代以后,大众传播媒体的费用逐年上升,广告主一开始仍坚持在大众传播媒体上的高投入,可是结果却令他们失望——高成本的投入并没有达到预期的效果。在广告界,尚无一种被公认的能测定品牌的认知与实际消费行为差距的方法,而且广告界对广告效果的测定也仅限于广告的认知度和偏好度等方面。另一方面,产品同质化带来的价格战使利润率下降,这又使得广告主的广告资金投入受到限制。

电视广告的作用自从遥控器被发明之后就明显下降。人们对长久以来的轰炸式广告早就"心怀不满",于是借助遥控器,在广告时段,人们频繁地转台,以使自己在这种轰炸中占据主动性。在这种情况下,即使刚好看到广告,关于商品的详细信息又能真正记住多少呢?

3. 人口结构和生活习惯的变化,人们的生活形态逐渐多样化

鉴于这些原因,许多广告主开始将广告资金投入其他媒体,其中也包括专门用于电视购物的有线电视频道。广告主关心的是能真正到达消费者,而且成本相对较低的新媒体。

在发达国家或新兴的工业化国家,妇女就业的比例在不断上升,双职工家庭的比例也随之上升,人们的可支配收入虽然增多,但不再像以前那样有很多的闲暇时间用来逛商店购物。有些国家人口老龄化的现象也比较突出,行动不便的老人对购物方式提出了新的要求。另外,家庭单身化的趋势也越来越明显,并且其比例有增无减,这些独身者的消费行为多数属于"冲动型消费"。这些原因都使得直复营销,特别是邮购和目录营销,因为具有坐在家中就能广泛地挑选商品并能享受送货上门服务,从而受到越来越多的消费者的青睐,也使直复营销达到了刺激消费者立即购买或打电话咨询的目的。

另外,由于妇女就业比例的升高和生活节奏的加快,人们的压力也越来越大,在某些情况下,人们对闲暇的渴望甚至超过了他们对金钱的渴望。人们希望有更多的闲暇,也更珍惜闲暇,人们不愿意将大量的休息时间花在逛商店作比较性购物上。邮购公司的精美目录恰好满足了他们的这种足不出户即能作较为深入的商品比较的要求。

在今天的零售领域,直复营销已经成为能最佳地建立目标市场的、既直接又经济的方式,并因此被广为采纳。很多大型零售商采用了双渠道营销(Two-channel Marketing),也就是把有店铺零售与无店铺零售结合起来,互为补充、互为推动。

二、直复营销的发展趋势

在西方发达国家,直复营销已发展成为一种趋势。

在美国,企业和非营利机构在2006年共投入1 665亿美元用于直复营销,并由此产生1.93万亿美元的销售额,比1995年的1万亿美元直复营销销售额增长了约1倍。直复营销所带来的产值约占美国GDP的10.3%。2007年美国直复营销所带来的就业岗位达到1 050万个。在过去20年里,美国直复营销活动以每年5%的实际速度增长,是同期GDP增长速度的两倍。以消费者为目标的直复营销销售额占全美零售总额的比例超过了10%。

在英国，2005年直复营销总开支达189.6亿英镑，其中直邮开支占12.5%，约23.7亿英镑，投资回报率为14倍，在2000年前后的10年里直邮开支增长118%，创造了一个超过270亿英镑的产业，其中超过50%花费于服装，而书籍、电器和家居用品等各占20亿、24亿和14亿英镑。

范围越来越广的产品和服务都可以通过直复营销购买，从珠宝到食物到飞机票，有些公司几乎完全依靠直复营销来销售其产品和服务。而将一般大众营销方式与直复营销和其他销售形式相结合的公司，则遍布整个经济的各个行业。

直复营销正在很多场合取代传统的推广和销售方式。相对应于直复营销的迅速增长，一般大众媒体广告却正在逐步衰退。广告代理商面对越来越激烈的广告市场竞争环境和代理收入的下降，不得不缩减规模和裁减雇员。发生的这一切都是因为直复营销正在从传统的广告业中分化业务。而以网络和移动网络为代表的新技术的出现又为直复营销的成长提供了土壤，使其在支离破碎的媒体市场中一枝独秀，迅速增长。企业和消费者也因此获得更大的产品和服务选择空间。在传统的大众媒体广告领域，随着基于互联网等新技术和新兴沟通环境的发展，人们的沟通向高容量、互动式和多媒体方向发展，这带来了营销者与顾客之间互动性的一个全新时代。如今，直复营销正在越来越多的场景中扮演主要传播角色。

在我国，直复营销经过近20年的缓慢发展，已经初具规模，尤其是网络营销和电话营销已经十分普及。下列趋势表明了直复营销在我国发展具有很好的客观条件。

① 随着我国消费者收入水平的不断提高、生活节奏的加快、工作压力的加重，需求层次向上转移，消费者对闲暇时间更加珍惜，消费观念和生活方式正在悄悄发生变化。尤其是近些年来，备受年轻人欢迎的时装、图书邮购的兴起都表明了这一变化。

② 国内外著名的直复营销企业，像戴尔计算机公司、中国书店的加盟将会提高直复营销的声誉，有助于消费者改变对直复营销"先入为主"的偏见。

③ 全国范围的金融结算系统和信用系统已初步形成，这对长期困扰的购物支付问题提供了探索性的答案。

④ 手机的普及，800、400免费电话的开通，以及电视媒体的丰富，都为中国消费者对直复营销方式做出反应提供了极大的方便。

⑤ 高昂的广告费用和庞大的库存所占用的资金，都为企业探索节省资金的零售方式提供了契机。

三、直复营销的功能

直复营销具备哪些功能呢？换言之，一项直复营销活动可以实现哪些目标呢？我们把这些目标总结为以下4种：销售产品或服务、产生销售线索、销售线索资格认证、建立和维护顾客关系。

1. 销售产品或服务

销售产品或服务是直复营销活动最普遍性的目标，以赢利为目标的企业或个人通过销售产品以获得利润。

2. 产生销售线索

产生销售线索是直复营销活动的另一个目标。销售线索是指那些可能会成为公司潜在顾客的个人或组织。销售线索的产生主要是通过人们对直复营销发盘的回应获得的。销售线索的产生为公司直复营销活动提供可供选择的目标对象,以支持电话营销、一线销售人员或O2O直复营销。

3. 销售线索资格认证

企业所获得的销售线索往往包含各种主体。其中的一些可能会通过企业的营销努力而成为购买者,而另外一些则不具备这种潜力,甚至根本没有购买的诚意。营销资格认证的目的就在于淘汰没有潜力的线索。例如,可以在电话交谈过程中留心判断,或者观察对方对直接邮件的反应等。

4. 建立和维护顾客关系

运用直邮、电话等直复营销工具,可以建立顾客关系,并加以日常维护。建立和维护顾客关系的目的在于期望从对方的忠诚中获得更大的销售收入和利润。

第三节 直复营销的决策与实施

一、直复营销的决策变量

对于一般营销,公司需要考虑的决策变量主要是产品、价格、推广和渠道,简称为"4个P"(即产品(product)、价格(price)、推广(promotion)和渠道(place)),这4个变量称为营销组合。虽然直复营销同样会涉及营销组合问题,但是,对于一个直复营销活动来说,其决策具有自己的特点。根据美国学者罗伯茨和伯格的观点,直复营销决策涉及的主要问题是发盘、创意、媒介选择、时机选择和顾客服务。

1. 发盘

如前所述,发盘是指企业或个人以获取销售收入和利润为目标,通过向其他企业、机构或个人寻求交易,向其提出某种产品或服务交易的条件。所以,一项发盘实际上就是以推销产品或服务为目的的公司向其潜在顾客提出的一个完整的交易提议,其中包括产品或服务,该产品或服务满足对方需要或提供利益的方面,降低顾客风险机制(如无条件退货)以及其他可能附加的奖励或价格折扣。

2. 创意

"创意"(creativity)实际上是直复营销活动中的一种职能,主要涉及脚本平台、图片设计、参与机制设计和制作等方面。脚本平台是某个特定直复营销媒介向顾客传递发盘信息的具体表现,公司与目标市场成员间的互动性就是以这个平台为界面的,其功能就相当于店铺商业中的铺面。图片设计是为了增强脚本平台的信息传递功能,增加其表现力和感染力。参与机制设计是指通过设计发盘和其他辅助性措施,旨在激励目标市场成员参与公司的直复营销项目。制作是指所有发盘脚本平台的制作,如电视广告、广播广告、印刷广告、直邮件、目录和网页等。创意就表现为在这些方面的创作。

3. 媒介选择

媒介是直复营销者发布其发盘信息的载体或通道,既包括所有一般营销者所使用的媒介,如电视、广播、杂志、网络,又包括直复营销所特有的媒介,如直邮、电话。不同的媒介,其在直复营销中的功能也各有不同。直接回应印刷和电视广告尤其适合需要作展示的产品的复杂性发盘。因为,这两种媒介既可以有广泛的覆盖面,又可以向目标受众提供视觉上的发盘信息。而且公司往往不只采用一种媒介作为发布发盘信息的渠道,一般情况下,总是同时选择几个可以相互配合的媒介,以获得最佳反应效果。

4. 时机选择

时机选择是指对产品服务发盘信息与目标市场成员沟通和发布的时间、频次等方面的决策。例如,产品或服务是作为一个整体的发盘信息,还是化整为零以多个发盘信息与目标市场成员进行沟通;一项直接回应广告运动是脉冲式投放,还是连续性投放,以及信息沟通需要重复的次数和时间间隔。一个良好的时机选择决策应该是能够以最经济的投入产生最大的回应率。

5. 顾客服务

直复营销的成功主要依靠顾客的重复购买,因此,如何留住顾客是关系到直复营销营利性的重要因素。建立顾客忠诚度的一个途径就是向其提供满意的顾客服务,因为顾客服务的满意与否直接关系到其做出购买决策。因此,许多成功的直复营销者都将在顾客服务上的开支视作一种无形资产投资,因为顾客本身就是公司最大的无形资产。主要的顾客服务通常包括迅捷准确的订购处理、顾客询问和投诉的及时满意处理以及退货保证3个方面,其他还有提供免费电话号码、退款保证、使用信用卡等方便顾客的服务。这些服务有利于克服顾客对通过直接回应渠道购物的抵触心理,使其乐于接受这种购物方式。

二、直复营销的适用范围

1. 适用于直复营销的产品类型

尽管从理论上来说几乎所有产品和服务都可以通过直复营销渠道进行销售,但是在实践中,通过直复营销渠道销售的产品通常都具有两方面的共同特征。首先,通过直复营销渠道销售的产品必须是方便订购的;其次,通过直复营销渠道购买这类产品时,其风险认知低。

有些产品,由于其物理和商业属性原因,不宜通过直复营销销售,这些物理和商业属性有易腐、低值、运输不便等。原因是易腐性和运输不便使得商品无法在一定时间内经济有效地传递给顾客。低值产品虽然可能没有以上两个缺陷,但是,由于其单位销售价格低廉,一般赢利性较差。

2. 直复营销的对象

直复营销的对象一般可以分为两类。

(1) 消费者

消费者是那些具有一定需求和欲望,且可以通过交换来满足这些需求和欲望的个体。以个体消费者为直复营销对象时,所销售的产品通常是消费品。

消费者的需求和欲望是多种多样的。根据马斯洛的需求层次论,人类的需求可以分为5个层次(如图3-1所示)。这5种基本需求并非外在环境所创造,而是固化于人类的内在。在这5个层次需求中,生理需求是最基本的需求——人们都是从追求生理需求的满足开始的。马斯洛还提出了以下规则。首先,人类对这5种基本需求的追求是由低向高逐步进行的。例如,一个衣食尚没有保障的人一般不会对时新事物感兴趣,也不会特别在意别人对自己的看法。但当他在这些基本生理需求方面获得满足后,便可能会留意起自己的形象乃至足球赛季的进展情况。其次,人类并不一定严格遵守从由低层往高层追求的顺序,例如,一个饥饿的人同样具有友谊和尊重的需求。最后,当人类某个层次的需求得到了满足时,如果该层次需求突然得不到满足,他(她)就会不满。

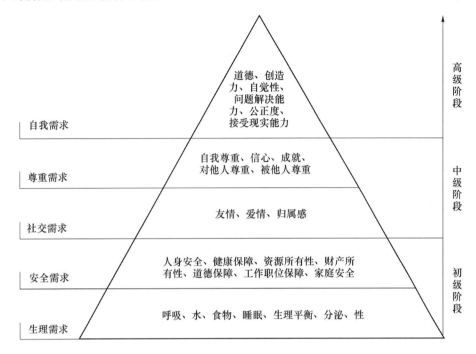

图 3-1　人类需要的 5 个层次

需要注意的是:营销者无法创造需求!他们只能影响人们的欲望。例如,他们可以向消费者建议,一辆"奔驰"牌赛车可以满足他们对社会地位的追求,但营销者并不创造人们对社会地位的需要,只是试图指出某个特定产品可以满足他们这方面或那方面的需求。理解需求和欲望的区别与联系对于营销者来说是很重要的。有人说"营销者创造需求"或"营销者劝说人们购买并不需要的东西"等,其实,需求早于营销活动以前就已存在,营销者并不创造需求。需求和欲望的关系如同内容和形式,内容可能是固化的,而形式则可以是多样化的。营销者的任务就在于通过创造并满足消费者多样化的欲望,满足消费者的需求,进而实现企业利润的增长。

(2) 企业

企业是以那些赢利为目标从事生产和经营活动的组织。以企业为直复营销对象时,称为企业对企业(B2B)的直复营销。

根据所销售的对象和处置方式,可以将 B2B 直复营销销售的产品或服务分为资本品、再售品和专业性产品 3 类。

资本品的对象是制造性企业,他们购买产品是为了投入生产过程,生产出自己的最终产品或服务。资本品在这类企业的生产过程中,要么形成产品实体的一部分,要么在生产过程中被消耗掉,而没有直接在产品实体中体现出来。再售品的销售对象主要是批发商和零售商,他们购买的目的是为了再出售,以获取差价收益。专业性产品主要是针对医院等专业性服务机构,企业通过直复营销渠道向他们推销医疗设备和卫生保健类产品。

三、直复营销成功的原则

1. 明确营销目标

任何营销活动必须要有明确的目标,这是衡量营销结果的标准之一。如果没有营销目标,营销活动是否成功就失去了衡量标准。同时,有了营销目标之后,此后的策划和创意都应该围绕营销目标进行。营销活动过程中的每一步,都应该思考:这样做是否会有利于营销目标的实现。

直复营销活动通常有这几个目标:

① 激发对产品或服务信息的咨询;
② 引导客户购买产品或服务(增加收入);
③ 争取客户第二次、第三次或更多次购买;
④ 挽回流失的客户;
⑤ 提升零售店面或营销活动的客流量;
⑥ 赢得顾客忠诚。

2. 确定合适的诱因

诱因在直复营销中占有举足轻重的作用,是非常重要的部分。直复营销活动有一个"四四二"法则,就是在影响直复营销成功的因素中,数据占 40%,诱因占 40%,创意和设计等其他因素占 20%。

诱因,很多人认为是打折,有的人认为是一个免费的礼物。诱因其实就是在直复营销活动中导致客户响应、回电、点击和购买的原因。

诱因涉及两方面的权利和义务:一是客户如何响应,客户的权利是什么,客户的义务是什么;二是公司如何做,公司的义务是什么,公司的权利或者说利益是什么。例如,美国大通银行说,如果你在大通银行开一个支票账户,该银行就给你 150 美元的奖励,也就是说,如果你做出这样的响应,大通银行就付给你 150 美元作为奖励。客户的权利是得到银行给的 150 美元的奖励,而要是实现这个权利,客户必须在该银行开设支票账户并在该银行存入一笔钱;银行的义务是给开设支票账户的客户 150 美元的奖励,而得到的权利或者说利益是获得一个新客户,获得一笔存款。

恰当的诱因一定是包含了对企业和客户两方面的限制,尤其是对客户的限制,实际生活中我们也经常见到这样的诱因。例如,移动电话公司推出的交话费赠话费的优惠,客户预缴 100 元话费,就能额外得到 100 元话费,但是这些预缴的以及额外赠送的话费每月只能使用 20 元,也就是说,客户必须还要再继续使用至少 10 个月的服务,这就是诱因中对客户的限制。

如果缺少对双方尤其是对客户的限制,诱因就会失效。例如,在上面的例子中,如果客户没有将钱直接存入这家银行的义务,也许客户就会拿着这 150 美元离开,再找一家银行再赚 150 美元。在生活中我们也经常见到设计失败的诱因。例如,很多银行在推销信用卡的时候,经常会提供这样的诱因:只要你填写了申请表,就能免费得到一个杯子或者一把伞之类的礼品。这样的诱因设计就缺少对客户的限制,因为客户填写申请表之后,有可能通不过银行的审查,或者有的客户通过审查,但是拿到信用卡后不开卡,结果就造成一部分死卡,没有给银行带来新的客户。

不同的受众对不同诱因的响应是不同的。因此诱因是否合适还要看是不是给对了人。把合适的诱因给合适的人会用到客户细分的方法,可以利用数据库中人口统计特征,如年龄、性别等属性把客户分为不同的组群,利用数据库可以帮助企业区别不同的客户类型,发现不同价值的客户,有助于企业分配营销预算。

3. 明确产品(服务)带给消费者的利益

在直复营销活动中,应该很明确地把产品或服务介绍给消费者。在介绍产品和服务时,直复营销文案不应该仅仅介绍产品或服务的特征,而应该明确产品带给消费者的利益。

例如,通信公司在销售手机时,介绍重点不应该是手机的大小、材质、技术标准等,而应该是手机带给使用者的利益,如是不是让使用者手感更好,屏幕是不是让使用者感觉更清晰,带给使用者的辐射是不是更小,是不是让使用者通话更清晰。

4. 响应必须便捷

便捷,有两个含义,一是让顾客做的工作尽可能少。让顾客做的工作尽可能少,少思考、少判断、少计算,在直复营销文案中需要把这些工作完成在顾客之前。二是易于响应,易于订购和操作。

这条原则非常重要。人们工作生活的节奏很快,没有时间去了解完整的产品介绍,因此,消费者希望响应越简单越好,越方便越好。直复营销各种响应渠道中,电话是一种非常便捷的响应方式,因为电话可以让消费者和营销服务一对一沟通,更具有个性化。但是现在很多企业为了减轻客服中心的压力,通过电话把客户分流,把电话设置过于繁琐,让消费者不断地选择,看起来好像更专业,但其实这样对客户的满意度很不好,因为在消费者不断的选择中,时间在慢慢流失,同时消费者的耐心也在慢慢流失,客户满意度也在慢慢下降。

便捷还体现在订单履行上要便捷。现在很多的网上购物平台,在消费者购买时需要消费者先注册,而注册的时候需要消费者提供身份证、电话、邮箱等一堆资料,看起来好像购物流程很严谨,其实对客户的响应很不利,有可能在客户填写资料的过程中,客户的消费冲动已经消失了。

5. 采用多渠道整合营销

多渠道整合营销是非常流行的一种营销方式,它利用了这样一个事实:反复宣传会强化顾客对信息的记忆。

以前电视和报纸都很少,还没有网络,但现在我们有太多的沟通方式、太多的电视频道和太多的广告。通过单一的渠道实现对每一个客户的到达,这很难做到。因为不同的消费者喜欢通过不同的渠道去接受信息。有的人喜欢听,通过听觉方面来告诉他,他会是一个很好的潜在客户;有的人喜欢通过阅读的方式来了解信息,他们最容易做出回应的方式是直邮或电子邮件,这与教育程度和文化背景没有太多的联系,只是跟个人偏好和性格有关。所以多渠道整合营销,在直复营销过程中对吸引顾客、顾客保留和建立客户关系具有很好的效果。

6. 不断研究和测试

在直复营销活动进行过程中,只要时间和预算允许,一定要进行研究与测试。研究主要是指对潜在消费者的需求进行研究;测试是指通过设立样本组,在样本组内小批量开展营销活动,通过对样本组响应率的分析,在后续测试中调整直复营销设计因素,进而提高响应率。

7. 直复营销活动要符合企业形象、受众需求和产品特征

直复营销活动需要根据消费者的需求和企业的产品特征来进行,其整体策划要和企业整体形象和战略相一致。

针对不同的受众和产品,直复营销活动策划是不同的,如目录营销,发给高端客户的直邮目录与发寄给普通客户的直邮目录从外观、设计、纸张质地到促销的产品都应该有所不同。对于价格敏感的客户,收到印刷奢华的直邮目录,不太可能翻开浏览内容,因为价格昂贵的商品才有可能在广告上投入更多,高成本的印刷很难吸引低端客户的兴趣。

直复营销活动也不可避免地会请一些名人作为企业形象代言人,这时也需要考虑代言人的形象和产品的特征、功能以及企业的形象是否一致。很多饰演反面角色的影视明星很少进行代言,也正是因为这些影视明星代言的角色和企业的形象不一致。

8. 关注客户终身价值

客户终身价值是指一个客户在与企业关系维持的整个时间段内为企业所带来的收入和利润总和。客户的价值不能仅仅根据单次购买来判断,而需要预测客户的客户关系存续期的购买能力和购买总和。

可口可乐公司预测其忠诚客户的客户关系存续期为50年,每位忠诚客户给公司带来的收益是1.1万美元;万宝路公司预测其忠诚客户的客户关系存续期为30年,一个忠诚的烟民平均能给公司带来的收益是2.5万美元。

在直复营销过程中,企业拥有客户的信息,可以根据客户特征,对相应客户做多次促销,不要期望通过一次促销活动在一个客户身上获取最大利润,而应该在客户关系存续期间,陆续从该客户身上赚取利润,通过客户忠诚度的培养,获取长期利润。

第四节 直复营销媒介概述

直复营销的典型媒介主要有以下几种:电话营销、邮购营销、直接反应电视、直接反应印刷媒介、直接反应广播、网络营销。

一、直复营销媒介

直复营销媒介是直复营销者投放其发盘以获得其目标市场成员回应的途径或载体。实际上,媒介就是直复营销者进行直复营销广告的载体或通道。与一般营销广告所不同的是,直复营销广告是一种直接回应广告。与一般营销广告相似,几乎各种媒介都可以为直复营销所用,只不过直复营销采用不同的使用和效果评价方式。

典型的直复营销媒介主要有以下几种:①电话;②直邮;③直接反应电视;④直接反应印刷媒介;⑤直接反应广播;⑥网络。这几种媒介中,除了网络是最近几年才发展和兴起的,前5种媒介都是最为流行的基本直复营销媒介;而数据库营销则是几种基本直复营销媒介的组合使用。

2010年美国直复营销在不同媒体上的支出为:直邮占29.1%,电话占26.0%,互联网占18.7%,电视占13.4%,报纸占5.5%,杂志占4.4%,广播占2.2%,插页占0.5%,移动短信占0.2%,如图3-2所示。

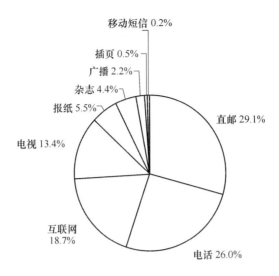

图 3-2 2010 年美国直复营销在不同媒体上的支出

二、电话营销

电话是许多种消费品和企业类产品直复营销不可或缺的工具。随着信息技术的发展,电话已超越了其传统的功能。如今,很多企业已经在广泛运用各种通信硬件和软件、数据库技术、拨入和拨出 WATS、呼叫中心和自动拨号等新兴技术。电话营销(telemarketing)也发展成为对电信和信息处理技术的综合运用,在优化公司营销组合中扮演着重要角色。

一个能够良好驾驭电话这种营销工具的企业,对电话营销都有一个系统的规划和操作性的计划甚至流程,而不是随机地、无计划地拨出或接入。而且公司主动的电话拨出或对方的拨入都是有针对性的,通话的对方都是公司精心选择的目标市场成员,包括现实顾客或潜在顾客(准顾客)。公司运用电话营销不仅可以实现与顾客的个性化互动,而且能够更好地满足顾客的需要,提高企业经济效益。因此,在众多成功的企业中,尤其是日益发展的保险行业,电话营销都被作为一个专业性很强的职能来管理。

实践中,电话营销通常被作为某个营销沟通计划中的一部分,很少作为唯一的媒介单独使用。换言之,电话营销通常是与其他媒介配合使用的。电话营销的一个主要优点是,公司可以运用它来建立并维持顾客关系,而且公司不需要与顾客或准顾客见面,就可以实现他们之间互动的个性化。

三、直邮营销

直邮是英文(Direct Mail Advertising,DM)是传统的直复营销方式,也是直复营销的主要类别之一。它主要是指营销人员将直接邮件广告以指名的方法传送给特定的消费者,这些邮件广告的内容包括报价单、产品宣传、售后服务介绍等,从形式上看,可以是信件、传单、折叠广告或其他各种"长着翅膀的销售人员"。如今,有许多直邮公司甚至向潜在顾客直接寄送录音带、录像带和计算机软盘,以此来传送有关产品性能和使用方法的信息。

直邮之所以受欢迎,除低成本之外,还包括它能使营销人员在广泛地选择顾客的基础上,更有针对性，同时形式也更灵活多样，并且还能及时对回复进行度量。直邮在发达国家是企业运用的重要营销工具之一。以美国为例，大约有 15 000 个企业以直邮作为销售产品或服务的主要途径，如果包括进那些利用直邮销售商品，但直邮不是其主要分销渠道的公司，就要远超过这个数字了。单独的产品或服务发盘邮件是一种广为企业所用的直复营销沟通工具。同时，这种类型的直接邮件往往也最容易造成收件人反感。该种直邮的特点是产品单一、题材广泛、运用灵活。推广的标的从保险和工艺品到研讨会和计算机软件，种类繁多，不一而足。

四、直接反应媒介

直接反应媒介主要包含 3 种形式：直接反应电视、直接反应印刷媒介、直接反应广播。

1. 直接反应电视

直接反应电视(Direct-response Television)是指通过在电视媒介发布直接反应发盘信息(即直接反应电视广告)，以寻求目标市场成员作出回应的直复营销活动。

从商业属性上看，直接反应电视广告与普通电视广告是截然不同的。首先，普通电视广告的目标旨在通知和说服，并不寻求立即反应，而直接反应电视广告除了需要沟通和说服，最重要的是要寻求目标受众的立即行动。其次，普通电视广告的目标受众是大众，而直接反应电视广告的目标受众一般是某个特殊群体，而且通常会附带电话号码，鼓励目标受众打电话订购或问询。

直接反应电视作为一种直复营销途径，主要有以下 3 种形式。

(1) 直接回复广告(Direct-response Advertising)

采用这种方式的营销者通常买下长达 60 s 或者 120 s 的电视广告时段，用来展示和介绍自己的产品。广告片播出时会向观众提供一个免费电话的号码，以供观众订货或进一步咨询，这样的广告片又被称为商品信息广告片(Informercials)。

(2) 家庭购物频道(At-home Shopping Channel)

这种频道是专门为销售商品(或服务)而开设的。多数这样的频道提供全天 24 小时的电视购物服务。经销的产品主要有珠宝、灯具、服装、电工用具等，范围颇广。

(3) 视频信息系统(Videotext)

采用这种途径的消费者的电视机通过有线电视网或电话线和销售方的计算机数据库存连接成一个系统，消费者只需通过操作一个特制的键盘装置和系统进行双向交流。采用这一途径的主要是零售商、银行和旅游代理公司等，但为数不多。

2. 直接反应印刷媒介

直接反应印刷媒介(Direct-response Print Media)通常是指杂志、报纸和其他印刷媒介。通过在这些媒介上做直接反应广告，鼓励目标市场成员通过打电话或者回函订购，这类广告通常又称为直接反应平面广告(Direct-response Spaceads)，一般包括至少一种反应机制，如订购单回执或订购电话等。

杂志是最古老的直接反应媒介之一，许多产品或服务的营销者在利用杂志做直接反应广告。报纸也是一种重要的直复营销媒介。在当今的新媒体(如电视)没有出现以前，报纸是占主导地位的大众媒介。随着人类沟通世界各种新技术的出现，报纸面临着越来越激烈的竞争，尤其是近年来网络和有线电视的发展，使得报纸正在逐渐失去其历史上的主导传媒地位。而且报纸出版商本身也在寻求新的传播渠道，纷纷将报纸搬上了网络，发行报纸的电子版。此外,在印刷媒介大类内部,由于杂志变得越来越具有精确的目标读者指向性和专业性,对报纸也构成了严重的挑战。

3. 直接反应广播

广播既可以作为直接反应的主导媒介,也可以作为其他媒介的配合。在这一点上,它与电视是相似的。广播与电视的不同之处在于,广播可以在人们做其他事情时(如开车、工作和行走等)收听;而且广播广告信息制作和发布可以非常迅速,这是电视所不具备的特点。

人们传统上并不认为广播是一种适宜做直接反应广告的媒介,其原因是:人们在收听广播时通常都是在做其他事情。这样,人们一般不方便停下从事的活动找到纸和笔来记下地址或电话。即使停下活动找到了纸和笔,广告可能已经播放完毕了。因此,受这些方面局限性的影响,许多直复营销者将广播作为一种支持性的媒介,在某个直复营销活动中配合其他媒介的直接反应广告,达到提高反应率或增加影响力等目的。

然而,随着广播行业的发展,广播电台的数量越来越多,专业性也越来越强。有些电台甚至就针对某个特别的或高度细分的小群体,这就为直复营销者寻求精确的目标指向提供了机会。在美国,通过广播直接反应渠道销售的产品种类很多,如床垫、鲜花、无线寻呼、移动电话等产品,都成功地实现通过直接反应广播广告进行销售。

五、网络营销

网络营销是近几年才迅速发展起来的。公司在网络上建立网站或在相关网页发布产品或服务信息,并提供反应机制。目标市场成员通过点击相关的回应工具(如订单)或打电话问询或订购。因此,网络营销的主要信息沟通媒介是网页,其重要特征之一是购物方便迅捷。公司在自己网站上的网页实际上就相当于现实世界中的组织机构或部门,现在,网上营销站点通常被冠以"网上商城"或"网点"等形象的称谓。

网络营销的实现取决于3个基础设施:信息沟通网络、金融支付网络和物流配送网络。这3个基础设施也将是网络经济的基础。

信息沟通网络主要就是指因特网,其功能是发布信息,进行沟通。直复营销者通过因特网发布发盘信息,并提供顾客服务支持。衡量网络信息沟通的一个重要指标是链接速度,链接速度除了与网速有关,还与企业网页设计技巧有关。一个好的营销网站至少应该达到链接速度快和信息沟通渠道畅通。

金融支付网络是对实现网上销售的支持。在制约金融支付网络发展的技术性因素中,安全性可以说是最大的障碍。如何保证金融支付网络的安全性是当今世界IT行业和电子商务行业的热点问题之一。

如果说金融支付网络是实现网上交易的基础,那么实物配送网是实现网上交易最终履行的保证。尽管各种网络性产品(如电子书籍)业已层出不穷,但是多数商品仍然无法转换为网络上可提供的商品,而且至少在可以预见的未来都无法通过网上实现商品的高速传递。即使现实世界的物流网络高度发达到所有可能存在需求的地点都存在配送节点,而且这些节点拥有所有可能会被需求的商品,人们还是无法超越现实世界的时空限制。所以网络营销的有效性及其发展在很大程度上取决于现实世界物流配送体制和运作效率。

第五节　直复营销中社会与道德问题

直复营销者通常情况下和他们的顾客共享一种对双方都有利的关系。但是偶尔也会发生不愉快的事。这些令人不快的事包括骚扰顾客、不正当地对待顾客、欺骗和欺诈以及侵犯隐私等。

1. 骚扰

许多人发现硬式销售和直复营销下的销售正在愈演愈烈,并且已经泛滥成为一种令人讨厌的东西。他们不喜欢直复营销者在电视上专门的商业节目中所做的广告,认为那些广告又吵又费时间,还很固执己见。他们认为特别骚扰他们的是在上班时间、用餐时间和深夜的直销电话,那些电话或是由没有受过良好培训的销售员打的,或是一个用计算机控制的自动录音拨号设备打来的,前者是非常不知趣,后者则是冷得像块冰,令受访者也有一种自己被当作一台机器在处理的感觉。

2. 欺骗和欺诈

一些直复营销者设计的直接邮件广告有误导购物者的倾向。他们有的夸大了产品的尺寸和性能;有的则设定了很高的所谓"零售价",以使直销价看来低了很多。有些直复营销者利用了那些冲动型的或者思想比较简单的买主的弱点,例如,有些电视购物节目突出地表现其惊人的价格折扣,还有所谓的"最后期限",以及轻松购物的许诺,使得许多对购物引诱抵制能力低的顾客上了钩。还有一些非营利机构,看似在为某项研究做调查,然而他们在电话中所问的前几个问题明显是在筛选顾客或者在说服顾客。

3. 侵犯隐私

侵犯隐私的问题恐怕是如今困扰直复营销行业最棘手的一个社会政治问题了。无论何种形式的接触——一次信件或电话订货,或是参加一次抽奖活动也罢,或是申请一张信用卡,或是订阅一份杂志——只要顾客与直复营销公司发生接触,他们的姓名、地址和购物习惯都同时进入了该公司预先设计好的数据库。虽然顾客可以不时地从这种数据库那里得到好处——收到更多的与他们的兴趣和爱好相吻合的供货信息,但是营销者们常常发现当他们努力和那些经过精心细分的顾客群沟通时,却误入了他们的个人隐私的禁区。许多批评家担心直复营销者所知道的有关顾客的个人生活的信息太多了,很有可能做出不利于顾客的事来。这些批评家置疑:是否应该同意电话公司将那些经常拨打800免费电话进行购物的顾客的姓名出售给直复营销者?信用提供和监管当局将那些新近申请信用卡的人员(这些人由于其支出习惯的改变而被视为直复营销的市场基础)名单出售给直复营销者的行为又是否合法呢?一些地方政府机构将驾驶证持有者的姓名、性别和联系地址(有时还包括他们的体重和身高)告诉那些零售商,以便零售商能直接针对那些因特殊体形而对服装有特殊要求的人销售服装的行为又是否恰当呢?

直复营销的业内人士正在努力解决这些难题。他们深知,如果对这些问题置之不理,将会引起越来越严重的消费者的反感和不断下降的返回率,还会导致地区乃至整个国家加强立法对直复营销活动加以严格的约束。从本质上讲,直复营销所期望的和消费者所期望的是一致的,他们都需要诚实可信又设计完美的营销计划,这些计划又是非常有效的——因为它们仅仅针对那些对其感兴趣而又愿意给予回复的消费者。

案例分享

麦考林"把温馨寄给顾客"

邮购是现代社会一种特殊的购销方式,其特点在于无店铺经营,购销双方不直接见面,由大众媒体传递信息并通过邮政网络传递商品,它满足了要求远距离购买和不便出门的购物需求。邮购商品的价格虽然包含邮费和服务费,但与商场相比还是比较便宜的,加上有些商品是一般的商场里买不到的,弥补了一部分消费品市场的空白,因此,20世纪70年代以来,邮购商店在世界各地逐渐兴旺。目前在美国拥有870家百货连锁店、1300多家专卖商店和庞大金融服务业务的西尔斯集团,最初就是靠邮购业务起家的。

可以说,不论在国内国外,邮购都是一个极具潜力的市场。生活像多姿的万花筒,折射出人性最基本的追求和渴望。生活的底蕴包容的不仅仅只是生存的一般需求,工作的数量堆砌,更多的则是生存质量的升华、生活空间的拓展、工作内涵的广博和对家庭幸福生活的向往。正因为有了追求和向往,人总是渴望家庭多一点温馨,精神多一份高雅,健康多一些舒心……随着生活水平的提高,人们追求舒适、方便的购物过程和能满足一些精细需求的商品,客观上需要邮购这一商业形式;零售业竞争的加剧、市场的逐步细分使邮购在市场空白处获得了立足之地;现代化的物流手段、支付方式为邮购的发展提供了强大的物质支持。

麦考林公司成立于1996年1月8日,由美国著名风险基金Warburg Pincus投资,实际投入资金超过3 000万美元,是中国首批获得政府批准的从事邮购业务的三资企业,年营业额超过6 000万元人民币,是目前中国投资规模最大的邮购公司。涉足邮购及电子商务领域,配备了美国最先进的计算机管理系统。公司业务覆盖全国31个省、自治区和直辖市,以其优秀的产品质量、富有竞争力的价格、优异的客户服务树立了行业的领先地位。因其邮购业务的快速发展,它成为上海邮政局的最大客户。在其10 000平方米的发货中心内设有邮局定点服务,每天可处理一万张外运包裹单。麦考林与全国各地6万个邮政分局和400个城市的特快专递紧密合作,为从上海到乌鲁木齐、北京到拉萨的数以百万计的消费者及时递送了时尚和质量的保证,风雨无阻。麦考林在一些城市还提供24小时送货上门的快递服务,为消费者带来温暖、送去温馨。

(一)麦网——邮购业务的自然延伸

随着互联网在中国的广泛使用,同一种直销模式的网上商店也不断出现,这不仅对麦考林构成了潜在的威胁,更重要的是互联网给了麦考林一个难得的机遇,可以利用自己的业务优势,完成又一次飞跃。

1. 商业模式:成功的转型

虽然坐落在上海的漕河泾科技开发区,但崔仁辅经营的麦考林(Mecox Lane)在起初的4年内是一家以经营女装及家庭用品为主的中国最大的邮购公司。改变发生在2000年,互联网技术令崔仁辅有了将麦考林变成麦网(M18.com)的计划,他认为已有的业务优势和基于互联网的经营模式会使麦考林将竞争对手远远地抛在后面,不管是普通的邮购公司,还是其他的网上商店。

麦网(www.M18.com)是由上海麦考林国际邮购有限公司在1999年12月开始试运行的在线零售网站——麦考林商厦(www.mecoxlane.com)和欧梦达天地(www.euromada.com.cn)——的基础上于2000年4月开通的一家电子商务门户网站。

麦网包括四大版块：麦考林百货、品牌空间、消费必读和慧心美人。在线商品超过2万种。优势与业绩表现如下所示。

第一，邮购服务和网络电子商务都属于直复式营销（Direct Marketing），商品都是由厂家直接到消费者手里，两者的订单处理过程也相类似，都属于直销范畴，借助B-C电子商务只是运用了一种现代化的工具，对邮购业务做了一个自然的延伸。在这方面，邮购公司拥有经验丰富的产品组织能力、间接展示产品的经验和适合这种营销方式的人力资源，非常适合开展网上销售。

第二，麦考林国际邮购有限公司具有完善的结算体系和配送体系。在强大的计算机系统支持下，邮购服务遍及全国31个省、市、自治区及直辖市的250多万顾客，是唯一拥有全国性服务网络的邮购公司。

第三，优质的客户服务是麦考林的特色所在，麦考林的热线服务、信件答复、客户信息数据库查询都可以借用网络化工具自然转变成在线客户服务（Call Center）、Email答复、在线查询等网上个性化客户服务。同时，麦考林还对所售商品提供"10天满意保证期"，即10天内无条件退换货的"让消费者完全满意"的承诺。

第四，在品牌、信誉和忠实的客户群方面，麦考林也建立了巨大的优势。它拥有一个忠实的重复购买率很高的客户群，麦考林在开展电子商务后，能够大大降低成本，让利于消费者，促成更高的购买率。

随之而来的改变是，麦考林的用户可以以更便宜的价格订购更丰富的产品，而且比以前更方便，收到货物的时间也更及时。这种改变来源于基于英特尔架构的电子商务平台，当然还有日益普及的国际互联网。

2. 让更多的用户更快地买到东西

和传统的邮购相比，基于互联网的新业务模式具有明显的好处。麦考林1996年在上海成立，经过4年的发展，他们拥有了250万个客户，这些用户可以定期收到麦考林邮寄给他们的邮购目录，然后根据目录选择他们的订货。不过，由于印刷、邮递需要很长的时间，成本也比较高，麦考林的邮购目录3个月更新一次，而且一些用户会因为住址或工作单位的变化而无法及时收到。

但互联网可以改变这种状况。崔仁辅说，如今我们可以一天24时随时更新我们的产品目录，用户也可以将个人信息的改变随时通知我们。重要的是，用户可以比以前更快地收到他们订购的货品。

互联网还可以让麦考林开拓比邮购业务更多的潜在用户。"邮购一般集中在二三线城市，而互联网用户目前大多集中在中心城市；邮购用户75%~80%是女性，而现在的互联网用户80%是男性。这正是我们所要开拓的市场。"

麦考林在4年内发展了250万用户，1999年的营业额做到了几千万元。但崔仁辅相信互联网可以让他们取得更快的发展。

（二）麦网的优势

第一，邮购服务和B2C电子商务都属于直复式营销（Direct Marketing）。麦网的运营基础麦考林国际邮购公司在长期的目录销售过程中，建立了高素质的产品营销团队，积累了丰富的产品组织和新产品开发经验，拥有丰富的传统零售、直复式营销经验，同时对新兴的互联网电子商务也有非常透彻的理解。

第二,麦网运作于功能全面、性能优异的电子商务平台之上。麦网投入巨资建立了庞大的后台计算机化管理体系和前台网站应用系统。后台的计算机化管理体系应用了国际上最先进的直销计算机管理系统,具备超强的数据分析能力,可方便地管理库存、发货、供应商、客户服务、客户资料和商品数据库,服务超过 250 万的直销顾客,每天处理订单能力达 4 万多张。前台的网站应用系统采用了目前最先进的网络电子商务数据库应用系统,并和后台的计算机化管理系统密切衔接,可快速地发布商品、进行各种网上促销活动。用户可轻松地浏览商品、购买商品、网上支付、查询账户和订单。

第三,麦网拥有完善的结算体系,各种付款方式适应于国内的现状。麦网目前支持礼券账户支付、现金账户支付、邮局汇款、信用卡委托支付、银行电汇、货到付款、在线支付等多种支付方式,完全适应于国内电子商务的大环境。在线支付支持 SET 协议和 SSL 协议等各种线上付款方式。

第四,麦网拥有完备的物流体系,麦网支持邮递、EMS、快递送货等多种送货方式,可满足用户的不同送货需要。公司 1 万平方米的发货中心具备日发包 1 万份的能力,遥遥领先于大多数 B2C 电子商务网站。

第五,麦网提供了更丰富的商品选择。这些来源于它拥有一支高素质的产品组织团队,积累了丰富的产品组织和新产品开发经验,并建立了众多的合作伙伴关系,可以开发针对各类客户群的不同产品线,这一点从较高的客户回复率可以见得。

(三) 未来发展战略

在未来的发展战略中,麦网将在现有支付、配送、服务、货源等体系的基础上,凭借其对零售环节和消费者的把握,不断丰富这些体系,在此基础上进一步开辟收入来源,以产生规模效益,降低成本,来吸引更多的消费者。

多方面合作与多渠道发展是麦网未来主要的发展战略。麦网将不断扩大与已有合作伙伴的关系,还与新的供应商、麦考林合作商城、支付和配送环节展开广泛的强强合作,以建立一个由传统行业、互联网站组成的跨商品组织、仓储、订单处理、结算体系、配送和客户服务的高效运作的麦考林电子商务平台。

麦考林打破了地域界线,促进了商品流通,弥补了一些购物不足的限制,极大地充实、丰富和满足了家庭对商品的追求。麦考林所带来的惬意和愉悦,只有经历方可领悟,只有参与才有收获。

思 考 题

1. 直复营销的特征有哪些?
2. 直复营销和传统营销的区别有哪些?
3. 直复营销有哪些优势?
4. 直复营销活动中涉及的决策变量都有哪些?
5. 直复营销活动成功的原则有哪些?

第四章　数据库营销策略

第一节　顾客终身价值

顾客资源必须真正由企业所掌控：许多企业虽然拥有相当数量的顾客群体，但这些资源却分散在业务人员个人手中，业务人员一离开，顾客随之消失。因此，必须利用顾客数据库的建立，将所有顾客资料整合在一个或多个数据库中，企业才真正拥有了顾客资源。

只有充分利用顾客资源，才能充分发挥其作为资产的作用：许多企业为自己的顾客建立了档案，但只限于把这些档案作为资料保存而已，并未有效地对其进行开发和利用。这样的顾客资源仍然不能成为企业的真正资产，自然也就不能发挥其作为资产的价值作用。资产只有在不断的运用和流动中才能实现增值，顾客资源这一特殊的资产也是如此。

一、顾客价值的意义

当企业把顾客真正看作企业的资产，顾客就具有了自己的价值，而且这个价值可以被计算。

（一）顾客价值的定义

顾客价值是企业从与其具有长期稳定关系的并愿意为企业提供的产品和服务承担合适价格的客户中获得的利润，也即顾客为企业的利润贡献。"长期的稳定的关系"表现为顾客的时间性，即顾客生命周期（CLV）。一个偶尔与企业接触的顾客和一个经常与企业保持接触的顾客对于企业来说具有不同的顾客价值。这一价值是根据顾客消费行为和消费特征等变量所测度出的顾客能够为企业创造出的价值。

简单来说，如何计算顾客价值？即顾客购买企业所有产品或服务的价格总和除去企业针对该顾客所进行的所有营销及销售成本，剩下的便是该顾客的价值，如下所示：

顾客价值＝顾客购买企业产品或服务的价格总和－企业对该顾客投入的营销销售成本总和

（二）利用顾客价值对顾客进行细分

"二八法则"告诉我们80％的销售额都来源于20％的最有价值的顾客，如果把80％的成本都花在非有价值的顾客上，那么只能带来20％的销售额。

通过确定顾客价值,对顾客进行细分,可制定相应的营销策略。例如,对最佳顾客要保持维护;对中等价值顾客要交叉销售,使之向忠诚客户转化;对低价值顾客要实行向上销售策略,使之向中等客户转化;对于未激活的潜在顾客要通过数据挖掘、激活再获取,最终达到吸引客户的目的。

例如,通过对数据库的顾客价值的分析,某公司可以将顾客大致分为3类顾客群,如图4-1所示。

图 4-1　3类客户群

第一组是最有价值的顾客。这类顾客每月都购买该公司产品,每年购买12次,每次购物的花费是140元,那么这个顾客一年总共在我们公司花费1 680元;偶尔他们也会购买一些附加产品,如维修服务,这又会给该公司带来312元的收益;也许这个顾客还会购买该公司其他产品作为礼品送给朋友,这样该公司又得到350元的收益;这个顾客还会推荐其他朋友购买该公司产品,每个朋友花费250元,共750元的收益。这类就是价值最高的顾客,他们不但自己采购,还向朋友推荐,而且还会用我们的产品作为礼品。

第二组是最佳潜在的顾客。最具潜力的顾客可能会在该公司花费得更多,每个顾客平均每年在该公司有8~9次购买,每次消费是95元;其他的服务平均每人的购买额度是312元;同时也会把产品推荐给自己的朋友,他们也是非常具有价值的顾客之一。

现存的问题是,公司第一组顾客的价值已经最大了,很难再进一步提高顾客价值。那么该公司该如何做?第一组顾客是花费最多的顾客,第二组顾客是潜力最大的顾客。

第三组是成本最高的顾客。该公司保留这类顾客需要花很多的成本。这类顾客平均每人每年会购买7次,看似频率很高,但他们会退货,可能买7次退6次。而且他们从不买服务,从不买礼物,这样一年下来,我们在他们身上会赔钱或者挣钱很少。

二、顾客终身价值

很多企业对于他们是否了解自己顾客的价值,很可能充满自信,但对于"顾客终身价值"这一概念,却知之甚少。事实上,在顾客价值这一概念诞生后,雷克海(Reichheld)于1990年已经提出"顾客终身价值"(Customer Life-cycle Value,CLV)的概念,其含义是每个购买者在未来可能为企业带来的收益总和。该概念的提出,提醒企业应当对顾客当前价值和未来价值投入关注,避免短期、狭隘视图。计算顾客终身价值,其实是在建立企业最重要的资产,即企业维持生存所需要的最基本的资产。

（一）顾客终身价值的定义

所谓顾客终身价值是指在一定的年限中，企业从每个顾客身上获得的总利润价值。通过对顾客终身价值的计算，企业可以制定自己的营销策略和战术。

顾客终身价值不是顾客一生的购买价值，而是在一定的年限中，从一组顾客产生的平均利润价值。计算终身价值时，先要计算出企业获取一个新顾客的成本是多少？顾客保持多久？这段时间顾客成本是多少？企业获得多少利润？顾客终身价值涉及购买频次、忠诚度持续时间和利润3个因素。一般忠诚顾客会保留，而不忠诚顾客会流失，忠诚顾客不但购买量大，访问量也大，而且对企业产品比较熟悉，不需要太多的宣传成本。

如表4-1所示，这是国内一家零售公司在实施了"会员打折卡"营销这一新策略之前与之后的情况。从中可以看出，这家零售公司是如何计算持有"会员打折卡"成员的价值，以及运用顾客终身价值表来判断这一营销策略是可行的。

顾客终身价值是一种通用的测量体系，从表4-1中可以看出有关顾客终身价值的基本原理。

表4-1 有关顾客终身价值的基本原理表

指标＼年份	第一年	第二年	第三年
客户数(人)	1 400 10 000		3 500
保持率(%)	35	40	50
人均消费额(元)	300	400	500
总收入(元)	3 000 000	1 400 000	700 000
可变成本率(%)	60	50	45
可变成本(元)	1 800 000	700 000	315 000
获得新客户的成本(10元/人)	100 000	0	0
总成本(元)	1 900 000	700 000	315 000
毛利润(元)	1 100 000	700 000	385 000
贴现率	1	1.16	1.35
利润净现值(元)	1 100 000	603 448	285 185
累计利润净现值(元)	1 100 000	1 703 448	1 988 633
客户时间价值(元)	110.00	170.34	198.86

公式：

总收入＝消费额×客户数

可变成本＝总收入×可变成本率

毛利润＝总收入－总成本

利润净现值＝毛利率/贴现率

客户时间价值＝累计利润净现值/第一年客户数

表4-1中显示了这家零售公司在3年内对一组人数为10 000人的顾客统计的数据。第一年代表获得顾客的那一年，第二年则是指次年。在未办理"会员打折卡"之前，许多顾客就购买了，所以这里第一年的顾客数实际是以前几年间得到的，这是客户价值表的构造方式。

(二) 顾客终身价值的计算方法

顾客终身价值的计算很简单,就是将每年的利润净现值的累计数除以客户组的原始人数。客户时间价值的净现值代表在一定年限后,企业预期从每个新顾客身上获得的平均利润。顾客终身价值的计算的具体步骤如下所示。

1. 挑选顾客

从企业的数据库中选出一组在过去一段时间里购买企业产品或服务的顾客,这组客户的数量可以根据客户群的规模来决定,可以是几百人,也可以更多。

2. 计算保持率

在所选择的顾客群中确定有多少人在一年后仍继续购买企业的产品,以计算出保持率。如果数据足够多,还可以计算出第二年的保持率。如果数据不足,那就估计一下以后几年的保持率。一般来说不会出现50%的误差。如果企业所在的行业变化非常快,那么应该根据季度或半年的数据,而不是年度数据来计算顾客的时间价值。

3. 顾客成本估计

为了获得顾客,就需要对广告、直接邮件和促销活动进行投入,这些投入就构成了获得顾客的成本,可以估计或者根据以往的经验测算。

4. 计算消费额

计算所选择的顾客一年内的平均消费值,进而算出他们的消费额。

5. 确定贴现率

确定企业的贴现率,并根据风险因素调整贴现率。

6. 制作顾客时间价值表

将这些数据录入一张表中,计算出企业的顾客在3年或更多年内的顾客时间价值。

7. 进行假设分析和结果预测

进行一些假设分析,根据建立长期顾客价值这一目标,测试一下需要花多少成本、需要做多少建立关系方面的努力。在具体实施之前,预测一下每一个重大的营销策略可能会带来的结果。

8. 保存好顾客时间价值分析表

在对一些营销策略进行了测试后,可以把结果与分析表中的数据进行对照,以提高预测能力。

计算单个顾客的时间价值:顾客时间价值总是针对某一组或某一类顾客来计算的,因为顾客时间价值中包括了类似保持率和介绍率等因素,不可能挑出某一位顾客并保证这位顾客明年继续是企业的顾客,但可以挑出1 000位顾客,然后根据保持率的趋势推测出他们中的600位明年将继续购买本公司产品。

要确定某个单个顾客的时间价值,首先要将顾客归入一组顾客中,确定这组顾客的时间价值,而其作为一组顾客的单个成员,企业也就知道了该顾客的时间价值。当然具体的数值可能会由于单个顾客所带来的获利率和消费额的不同而有所不同。

三、基于顾客终身价值分析的数据库营销策略

企业建立与顾客之间的良好关系将会对以下5个方面产生影响。

(一) 提高顾客保持率

保持率(Retention Rate)是指企业继续保持与老顾客交易关系的比例,也可理解为顾客忠诚度。与顾客之间建立良好的关系能够提高顾客的忠诚度,进而提高顾客的保持率,而保持率的提高则能够降低企业为顾客服务的成本,增加企业从每个顾客身上获得的收入。

估计保持率能提高多少是有必要的。决定保持率的因素部分是可控的,而有些因素是不可控的:竞争对手所采取的营销策略的优势,市场上该产品的拥有量,宏观经济因素,如经济的繁荣、利率变动等。

(二) 提高顾客介绍率

顾客介绍率(Reference Rate)又称顾客推荐率,是指顾客消费产品或服务后介绍他人消费的比例。企业与顾客建立起长期稳定的关系,能够使顾客对企业的产品和服务更加忠诚,并促使顾客把企业的产品介绍给他们的朋友、同事和亲属。介绍率是制订营销计划时需要考虑的一个目标。如果营销计划的实施确实实现了预定的介绍率目标,增加了新顾客,那在数据库中是可以看到的。如果营销计划的实施低于预计的顾客介绍率目标,那么该营销计划就需要优化。

要把这些新顾客作为单独的一类放在顾客价值表中,因为与普通的新顾客相比,那些被介绍来的顾客更忠诚,有着更高的保持率和更高的消费额,他们是更好的顾客。把这些顾客单独列出来是为了要追踪他们,记录他们的购买习惯,并制订出特别的计划来提高这类顾客的数量。

(三) 预测顾客的消费额

根据数据库营销理论,忠诚的顾客会比新顾客购买更多的商品,而随着一些顾客的离去,留下的都是更忠诚的顾客,所以预测今后的平均年销售额将会上升是完全合理的。如果企业在数据库中持续关注顾客的消费额,就能很容易地证明,忠诚的顾客倾向于每年购买更多的产品,每次购物时购买更多的商品,并且倾向于购买价格较高的商品。

利用数据库营销能够让现有顾客购买更多的产品或购买价值更高的产品。

(四) 降低营销成本

除了产品的生产成本和订单的履行成本之外,降低营销成本同样可以提高顾客的价值。而精准的数据库营销要比粗放的广告宣传更能节约成本。一旦企业把顾客信息记录在数据库里,就可以制订出有针对性的营销方案,从而降低营销成本。

第二节 顾客生命周期管理

在第一节中,我们就提到"顾客价值是企业从与其具有长期稳定关系的并愿意为企业提供的产品和服务承担合适价格的顾客中获得的利润,也即顾客为企业的利润贡献"。其中"长期的稳定关系"就表现为顾客的时间性,即顾客生命周期(CLV),包括 5 个阶段:获取、提升、成熟、衰退和离网。而顾客生命周期管理(CLM)是指包含顾客获取、保留、提升价值、离网管理的整个周期管理,其包含顾客关系管理(CRM),但范围更大。

一、顾客生命周期管理的意义

企业总需要获取新的顾客,以扩大销售,最终目的是获取更多的利润,因此企业进入市场,首先需要发现并且获取目标潜在顾客。在获得新顾客后,需要不断维护顾客,企业希望顾客可以继续购买该品牌或产品,并将新顾客逐步培养成高价值顾客,这个阶段也就是"顾客提升"阶段。然而现代企业多采用多产品甚至多品牌的生产经营模式,目的是为了能够尽可能多地获得相关市场份额,而为了使已有顾客的价值进一步提升,企业一方面会想方设法充实生产线,开发能够不断满足顾客需求变化的新产品,并希望通过一些营销技巧,实现顾客价值的提升,同时为确保能与高价值顾客或已有顾客保持长期稳定的关系,则需要开发不同的营销项目,以提升顾客的忠诚度。这个阶段的顾客便处于"成熟"期。最理想的状态是企业的顾客能够长期处于该阶段,然而随着市场不断成熟,竞争进入白热化的状态,难免会有一部分顾客开始倾向于使用其他公司的品牌或产品,此时,企业面临的最重要的问题则是:如何延长顾客的"生命周期"。随着竞争者的增加,甚至替代产品的出现,必然会有一部分顾客逐渐流失到竞争对手那边,当企业面临顾客离网阶段时,首先要考虑的则是如何赢回顾客,尤其是那些流失的高价值顾客。任何存在竞争的市场中,顾客流失是企业无法避免的问题,企业永远都需要补充新鲜的顾客血液,以弥补顾客流失所带来的损失。因而在"获取"与"流失"之间,顾客生命周期管理就是在不断平衡二者之间的力量,维护企业与顾客之间的稳定关系。

二、顾客获取策略

在获取新顾客时要考虑5个关键方面:产品、价格、诱因、表述和目标受众。然而这5个关键要素,无论是在进行顾客获取、优化还是保持时,都是需要考虑的。

第一是合适的产品或服务。产品或服务是为了满足企业的目标消费者的需要或需求。事实上,如果企业直接询问消费者他们需要什么产品,大概消费者也无法告诉企业他们需要的产品或服务,因为消费者对于他们想要什么并没有清晰的概念,只有企业直接把产品呈现在他们面前。这也是为什么要把产品设计得吸引人并且实用是如此重要。如果乔布斯当初没有发明苹果一系列的高科技产品,大概也不会有人想到他们需要这些产品,例如,不会有人会想到其实可以用 iPod 来听音乐,因为人们只会说:"目前这样挺好呀。"而当年亨利福特设计出汽车时,所有人都认为这个产品不会受欢迎。因为在当时,如果问到消费者他们需要什么时,消费者只会说他们需要一所更好的房子,而根本不会有人认为他们需要汽车,这就是企业在设计产品时需要想到的问题。因此,企业的想法要先于消费者能想到的,企业可能最终呈现给他们的产品是超乎消费者想象的。

第二是合适的价格。合适的价格要从两个维度考虑,一方面从消费者的角度考虑,另一方面是从企业的角度考虑。如果从企业的角度考虑,他们则会希望价格越高越好,因为企业最终的目的是获得更多的利润。但问题是行业越来越成熟,消费者越来越精明,企业如果想要获得成功,就要用心了解他们的顾客。同时要通过理性的判断,制订合适的价格,这个价格能获得一定利润,并且相对于营销成本的投入,这个价格还有利可图,同时也需要是消费者可以接受的,否则企业业务注定会失败。

第三个需要考虑的是有吸引力的诱因。这需要考虑产品、服务以及提供给消费者的利益，什么能够刺激消费者购买；另外什么条件能促使消费者购买，是服务承诺，还是免费试用品？或者是通过抽奖、竞赛的方式？

第四个方面是合适的表述。表达要清楚和真实，要讲明产品的特性和优点。企业需要提供给消费者利益才能够卖出产品，而不仅仅是为消费者生产某种产品。所以当企业在开发任何营销项目时，都要考虑为什么消费者愿意购买这个产品。

顾客获取的最后一个要素就是寻找合适的人。众所周知，这是十分重要的一点。如果企业没有选对目标受众，那么营销项目注定失败。因此在企业开发一个营销活动的时候，要从以下几个方面仔细研究企业的数据库：谁可能是我的顾客；他们可能会从我这里买什么产品；他们为何会对我的沟通产生响应；我如何保持这些顾客，并且让他们增加购买；我还要去哪里寻找我的目标受众；我如何有效地将其他产品也销售给他们。而有一种有效的方式可以去了解企业的目标顾客，就是企业可以成为他们，从目标顾客的角度出发。因此，企业首先要成为企业的顾客，了解企业的顾客，更要"爱上"企业的顾客。

（一）设定目标——顾客获取时的投资回报计算

通过下面的案例，我们会了解如何为顾客获取项目建立一个工作表格。从而进一步了解在进行顾客获取时，我们要如何确定各项指标，保证营销项目的投资可以获得回报。

现在只讨论某个关于单产品诱因的公司，也就是该公司只提供一种产品进行销售。因此对顾客数据的分析就变得十分简单了。这虽然不是最佳的业务模式，但对于许多小型商家来说，则是很普遍的。

我们假设该公司刚刚起步，没有任何顾客基础，只销售一种产品。这家公司销售的是教育类产品，名字是"教孩子学几何"，产品套装包括一本教材、一个游戏掌机和一套软件，用来教低龄儿童学习几何。除此之外，还包括一本手册，指导家长如何教孩子学几何。首先考虑该产品的目标市场，是6岁左右孩子的父母、祖父母还是幼儿园等？这就是在将产品与目标市场进行匹配。

现在，我们再进一步了解产品详情。产品利用动画人物教孩子学习几何，使课程变得更加有趣。因为该公司希望开发比较有质感的产品，因此聘请了一位资深专家帮助开发产品，因此每卖出一本书，就要支付这位老师专利特许使用费。但这些费用处于投资的考虑，无须提前支付，而是销售后再付清。同时成本还包括书本印刷费用以及游戏机制作费用。那么这个产品的成本包括哪些方面？在我们设计直邮活动时，必须要考虑获得利润所需的成本投资。

我们再来关注利润数值方面的情况，也就是营销活动中所涉及的各个方面。在做任何营销活动时，都要考虑以下所有问题。

首先，要考虑销售价格应该是多少，还有产品的成本，并且要考虑佣金或专利特许使用费。

处理成本，也就是当产品从仓库的货架上取下来一直到寄出，这其中还有人力的投入，那么就需要对这些成本进行精确计算，这也就是所谓的处理费用。

另外还需要制订邮寄货物所需的费用，也就是邮费。通常这部分会把处理和邮寄费用都计算在内，例如，一个商品的实际价格是31元，需要在商品上注明处理和邮寄费用分别收取了多少钱。商家则经常通过提高邮寄和处理费用来间接提高商品价格，获得更多利润，如实际邮寄成本只是5元，但是却收取了10元的费用。但这部分费用又不能过高而导致消费者放弃购买。

同时还要考虑一些相关的费用成本,如赠品的成本,还有一些与产品相关的成本。

运营业务所需的费用,包括行政费用,如房租、水电费等。

还要考虑顾客退货的问题,需要估算大概有多少产品可能会被退货,退款多少。在这个例子中,估计退货、退款、撤销订单的比例为10%。但这个百分比根据不同的行业也会有所不同。例如,服饰行业退货率就很高;若是销售文具等,基本没有退货率,因此你需要了解每个行业的退货率。但通常如果产品质量过硬,价格合理,则退货率应该比较低;反之亦然。

另外还要考虑因退货引起的一些处理费用,也就是商品重新被放回到仓库货架上的费用,这个叫做重置费用。这部分费用包括两部分,顾客之前付的邮费和处理费,以及企业额外要支付的将退货物品重新放回货架所需的处理费用。

$$退货重新更换费 = 商品成本 \times 预计退货百分比$$

这个公式在任何直复营销活动中都是通用的。

此外,还需要考虑有些人购买了产品却不付款的情况,称之为坏账。美国有一个很大的非营利组织——美国退休人员组织(AARP),这是一个在美国非常有影响力的协会。任何年龄在55岁以上的美国人都可以入会,入会后即可买到低价的处方药,这些药品每月会寄给顾客,顾客可以货到付款。然而这个协会的坏账率仅有1.25%,坏账也全部是由会员顾客去世产生的,然而即便这种情况,一般也会由他们在世的配偶完成付款。众所周知的美国《读者文摘》杂志,他们除了印刷杂志,还制作CD、书籍等产品,这些产品会每月邮寄给顾客。由于所有产品都是自动邮寄给顾客的,因而在邮寄前无法预估会有多少顾客拖欠付款。《读者文摘》花了几年时间才意识到坏账的问题,是因为这些情况没有及时反映到数据库中。因此,对于坏账一定要十分警觉。

最终要能计算出营销投资与订单转换所获得的利润是否平衡,也就是营销所需转化的最少订单量(以千人计)。这是非常重要的指标,通过对此进行计算,企业能够衡量业务或营销活动是否值得尝试,营销投资是否有效。

最终就形成了一张顾客获取的营销投资回报表,如表4-2所示。

表4-2 顾客获取的营销投资回报表

序号	项目(编号)		成本(美元)
1	商品(服务)售价		2 500
2	完成订单成本	商品本身成本(2a)	600
		佣金或版税(或专利许可费)(2b)	70
		订单处理成本(2c)	60
		邮资和运费(2d)	100
		处理费(2e)	30
		其他成本(2f)	0
	总计——完成订单的全部成本		860
3	行政日常开销成本(包括租金、水电费、维保费用等)		250
4	预计退货、退款、撤销订单所占百分比		10%
5	处理退货的成本	退货邮资和处理费	150
		退货重新更换费(#4×#2a)	60

续 表

序号	项目(编号)	成本(美元)
6	退货损失(#4×#5)	21
7	预计坏账率	10%
8	坏账损失(#1×#7)	250
9	可变成本总额(#2+#3+#6+#8)	1 381
10	除去可变成本后的单位利润(#1−#9)	1 119
11	收益系数(100%−#4)	90%
12	每个订单的单位利润(#10×#11)	1 007
13	退货商品所减少的完成订单成本额(退货冲减)(#2a×10%)	60
14	每个订单的净利润(#12+#13)	1 067
15	每千人营销成本	6 000
16	若保证营销效果,每千人所需转换的最少订单量(#15÷#14)	5.62

工作表中有一些关键点是需要牢记的。为了分析,首先要知道销售价格,这点非常重要;另一个关键点是完成订单所需成本,还要知道退货成本,同时要注意坏账,因为这可能成为企业亏损的最主要原因。

(二) 顾客获取时的营销策略制订

有了理性的判断,接下来就要确定顾客获取时所采取的营销策略了。

首先要确定目标。目标是依据之前的营销投资回报表制订的,因此该表是营销活动最基本的依据。

其次是确定目标受众,这点在任何营销活动中都是最重要的。

要了解目标受众及他们的需求,营销要能够有效表现出受众的需求。乔布斯和他的苹果产品就说明了这个问题,需求是需要创造的。

之后要开发主要"卖点",也就是诉求点。营销活动要告知受众该产品一个最重要的利益点,原则是尽量使之简单。

通常还要设计辅助卖点,支持顾客购买你的产品的原因。了解竞争情况,在市场中还有哪些竞争者。所谓知己知彼,才能百战不殆。了解当前受众对产品或服务的理解。还有你期望受众如何理解你的产品。

下面就是受众能够对诱因立即产生行动的原因。

此外,还需要考虑宣传语气和信息的风格等。

企业要善于权衡从新老顾客身上获得的价值。获得一个新顾客所花费的成本远远大于维持一个老顾客的成本。但有些企业仍不惜代价获取新顾客,这是有必要的,例如,移动通信、信用卡公司愿意为获得一个新顾客承担昂贵的获取成本(获得一个新顾客所需的营销成本),这是因为无论是移动 SIM 卡还是信用卡,消费者使用的时间都比较长,因此,顾客的保持率也会比较高,因此他们认为这种投资是值得的。如果企业在合适的时机,对合适的受众进行合适的营销,就会收到很好的效益。

三、顾客保留和提升策略

企业要利用顾客数据的原因是他们想要一次又一次地把产品卖给顾客,这就是企业获得利润的机会。获得新顾客,除了投入高成本,还存在一定的风险,因为新顾客很有可能只会购买一次企业的产品,而不再是该企业的顾客。我们始终强调获得一个新顾客的成本是维护老顾客成本的5倍。同时,老顾客再次购买产品的可能性也是新顾客的5倍。因此将产品卖给已有顾客则更为明智。

顾客保留和顾客获得一样,要考虑5个方面的内容:合适的产品、合适的价格、合适的主题、合适的表达以及合适的人群。合适的人群与合适的产品以及诱因三者要匹配。

在顾客获取时所做的营销投资回报表同样适用于保留和提升顾客。

企业希望保持维护已有顾客,首先需要衡量顾客价值。通过分析数据库和顾客价值,可以使已有顾客付出更多,并且尽可能成为企业的忠诚顾客。因此企业考虑的是长期价值而非短期价值。挖掘新顾客属于短期效应的范畴。

(一) 交叉销售和向上销售

在进行顾客优化时,首先要了解顾客之前都做了什么,也就是记录顾客之前的购买行为。

在考虑顾客细分时,可以按照顾客购买的产品进行细分。之前的"儿童学几何"产品案例,假设这是一家新公司,没有顾客基础。那么现在再用另一种方式来分析他们的业务,假设这家公司已经拥有自己的顾客基础,他们在数据库中记录过顾客购买产品的情况,因此合理的情况是要向已有顾客销售其余的产品。

对于企业来说,有多种方式可以从已有顾客身上获得更多利润。因此,从已有顾客增加收入通常会使用的方法是下次顾客再购买时能花更多的钱、购买更多产品,如再次销售、交叉销售以及向上销售。

1. 交差销售

交叉销售是一种发现顾客多种需求并满足其多种需求的营销方式,从横向角度开发产品市场的营销方式。交叉销售的核心是向一位顾客销售多种相关的服务或产品。这一位顾客必须是你能够追踪并了解的单位顾客,而这里的相关因素可以有多种参数,例如,因为销售场地相关,因为品牌相关,因为服务提供商相关等。例如,一个高尔夫俱乐部会员卡的购买者,可能也是一个轿车购买者,并且是一位健康服务购买者。如果了解这个顾客的消费属性和兴趣爱好,我们就可以有更多的客观参考因素来判断这样一个事实。所有这些参考因素必须要有数据库来进行存储和分类。

交叉销售在银行业和保险业的作用最明显,因为这些行业中产品具有特殊性,因为消费者在购买这些产品或服务时必须提交真实的个人资料,这些数据一方面可以用来进一步分析顾客的需求(数据库营销的基本材料),作为市场调研的基础,从而为顾客提供更多更好的服务,另一方面也可以在保护用户个人隐私的前提下将这些用户资源与其他具有互补型的企业互为开展营销。如果数据充分利用起来,至少可以做如下的工作:①完善本企业的产品附加性服务;②开拓新顾客资料调查;③与其他企业交换顾客资料;④进行本企业的新业务拓展和顾客关系维护;⑤为顾客提供个性化服务。

顾客每一次购买都是与企业一次交换,也是一次与企业的和金钱无关的在理念、情感的交流。对于一个银行或者保险机构来说,顾客购买他们服务的数量越多,他们留住顾客的希望越大。如果顾客在银行只有一个支票账户,银行留住顾客的概率是1∶1,如果顾客在银行只有一个存款账户,留住顾客的概率是1∶2,如果顾客同时拥有这两个账户,则银行留住顾客的概率会增大到10∶1,如果顾客享受到3种服务,概率将会增大到18∶1,一旦银行让顾客享受4种或者4种以上的服务,则银行留住顾客的概率将会增大到100∶1。

在其他行业和销售领域,交叉销售同样可以适用,而且现在有了数据库的支持,这样做会使精确性提高,而且实现手段更加多样化。

交叉销售对数据库的依赖性很强,而且非常频繁地使用数据库营销的各种手段和方法。由于每个商家的顾客具有分散性,要实现对顾客的有效沟通,必须采用独特的媒体,而不是大众媒体。在传统的营销方法中,针对这种策略所采用的是直邮,而在互联网上更多采用的是电子邮件和定向广告。

由于互联网的迅速发展,现在又出现了所谓的交叉互联网营销。交叉互联网营销是指交叉营销思想在互联网营销中的应用。由于互联网营销的天然优势,开展交叉营销具有更大的发展空间,因为网站本身就是一个有效的营销工具,网站的注册用户资料也是非常有价值的营销资源。两个公司/网站之间开展交叉营销可以有多种形式,通常以不同层次的网站合作为前提,如网站交换广告、交换链接、内容共享、利用各自注册用户资料互为推广等。

2. 向上销售

向上销售可能更好的理解应该是追加销售,是指向顾客销售某一特定产品或服务的升级品、附加品或者其他用以加强其原有功能或者用途的产品或服务,向上销售是从纵向角度开发产品市场的一种方式。这里的特定产品或者服务必须具有可延展性,追加的销售标的与原产品或者服务相关甚至相同,有补充或者加强或者升级的作用。

向上销售基于顾客终身价值(Life Time Value)理念,从长远来看,一个顾客的价值是他终生购买量的折现价值,企业要留住顾客,并不断实现他们的产品购买。大多数消费品都面临一个问题,就是顾客在多品牌选择面前,往往会有一种品牌转换的习惯。所以要实现向上销售必须保证沟通,并不断建立品牌转换壁垒,使顾客不愿意或者不能转换购买选择。

企业的产品策略会根据顾客需求而不断升级,这些产品与原来的产品有很大的相关度,企业也可以运用向上销售策略向顾客销售这些升级或者附加产品。

向上销售的宗旨和一对一营销是相通的,因为一对一营销的宗旨就是提供每个顾客以个性化服务,把注意力集中到每个顾客身上,以获取最大价值。对于用数据库营销手段来实现向上销售的企业来说,他们的名录(List)来源主要是企业内部的顾客数据库,相关的促销信息也要根据数据库实现定制化。

向上销售的过程似乎是企业向顾客撒圈套的过程。如果顾客购买了苹果计算机,顾客会收到来自苹果的问候信和他们根据顾客的计算机进行的有关推荐产品和相关软件介绍的信息。通过与顾客的不断沟通,苹果会了解顾客对什么感兴趣,并根据顾客的计算机配置和使用情况,向顾客推荐相关的产品信息。由于顾客与苹果有持续的沟通,顾客会对他们产生一种信赖(除非是硬件专家)。当然购买也会通过他们来进行。虽然说企业在向顾客撒圈套,但是我们应该记住,这种圈套是顾客愿意接受的,因为企业充当了咨询指导师的角色,省去了顾客的很多麻烦。

向上销售的贯彻,在很大程度上依靠企业顾客数据的完整和及时性,同时与顾客关系维护是一体的。向上销售非常频繁地使用数据库营销的各种手段和方法,如直邮、电话、电子邮件和定向广告等。向上销售的过程也是顾客关系维护的过程,顾客关系维护为向上销售提供了良好的基础,因为学习关系可以不断加深双方了解和信任程度,而沟通成本也会不断降低。

交叉销售和向上销售是数据库营销的两项重要的功能,两者分别用来开发新顾客和保留老顾客,如果企业在数据库完善的情况下实施了这两项措施,就可以知道企业的顾客购买了企业多少种产品,企业的顾客购买了多少次企业的产品。

数据库营销的两种方式:交叉销售和向上销售不仅是一种最大化策略,更重要的是体现了一种营销哲学,即充分利用一切可能的资源来开展营销,这些资源包括自己现有的、可以开发或正在开发的,也包括合作伙伴的,而且可以在很大合作范围内与合作伙伴开展交叉营销,从最简单的交换链接、用户资源共享,直到战略联盟甚至资本合作。

接下来的一些例子,用来说明不同的行业,可以使用交叉或向上销售技巧来销售相关产品。

如汽车经销商和他们销售的产品。如汽车配件、汽车维护、修理和保养,还有为家庭其他成员或其他目的购买新车。还有银行,可以提供给已有顾客其他账户、贷款和投资等。还有销售男士套装的公司,可以为已有顾客扩大销售范围,如其他套装、其他服装,再或者衬衣、大衣、配饰等。

(二) 基于数据库的企业合作,优化数据库

企业可以通过与第三方公司共享名录,获得更多利润。因此,交换或共享数据库十分有利。企业的顾客数据库是企业最重要的资产。在寻找新顾客时,会有成本投入,因此企业会想要维护顾客,让他们继续成为该企业的顾客。因为所有的业务都是关于企业顾客以及他们会从企业这里购买什么,因此顾客数据非常有价值。如果数据库使用得当,就可获得更多利益。

交换顾客资料的契约一般是容易在许多非竞争企业之间达成的,基于数据库,可以实现跨行业的交叉销售。数据的来源行业与目标受众必须有一定的关联度。这样才能使一定的沟通信息可以发挥作用。例如,一家家具公司从房地产商那里获得购房者的数据,可以通过这些名录向这些顾客提供有关的促销信息,并从中获得相当数量的顾客。实际上,从非竞争企业那获取潜在顾客资料也是很多营销人员在做市场调查时普遍应用的一种方法。

再例如,男士套装零售店可能不会销售汽车配件,但是购买男士套装的人可能有车或开车,他们一定不会去男士套装店买汽车配件。但如果男士套装店和汽车经销商合作,销售或交换他们的顾客名录,同样也可以获得利润。这就是数据和数据库的魅力所在。因此我们要考虑如何利用数据和利用数据库做些什么,但有时可能也用不上,但通常是有效的方法。

(三) 提升顾客忠诚度的技巧

"顾客保持"是指留住顾客并且使顾客继续购买。通常是提供给顾客更多的诱因。但"顾客忠诚度"则是使顾客永远留在该品牌或产品上。"忠诚度"不是给顾客提供其他的产品诱因以让其购买。顾客忠诚度是指顾客对某一特定产品或服务产生了好感,形成了偏好,进而重复购买的一种趋向。

顾客购买某些产品,如果只是为了企业提供的奖励,就不是忠诚顾客。顾客的忠诚是信任,一旦对公司或产品有了信任,就会主动地购买产品。"顾客忠诚度"从20世纪80年代开始,一直被不停地进行挖掘和创新。莱希赫尔德(Frederick F. Reichheld)在20世纪90年代提出,保持顾客获得的利润比获得一个新顾客所带来的利润要高。同时他还经过计算,发现更

换新顾客的成本比保持老顾客的成本高出 5 倍,并且每年大多数公司会流失 20%～25% 的顾客。

与老顾客相比,新顾客更容易流失。如果有顾客一直留在一个品牌或产品,那么一定有原因,或者他们喜欢这个产品或品牌。因此老顾客不容易更换品牌,他们更愿意花更多的钱或全价购买该产品,因为他们对产品非常满意。他们通常单次购买额度也会比较高,这些顾客会成为企业进行向上销售或交叉销售的目标客户,可能会给他们的朋友或家人一起购买;同时,老顾客的维护服务成本也较低。因此维护老顾客,培养他们的忠诚度,就等于业务与利润增长。关键问题是,如果企业保持和发展忠诚顾客,他们保持的时间更长,花的钱更多,那么是否会产生更多的价值?

企业不会轻易让高价值且忠诚度高的顾客流失,因为这些顾客是企业利润最大的来源。所以,很多企业都会实施"忠诚度奖励"的计划,对顾客的频繁购买进行奖励。例如,购买 9 次后,可在第 10 次享受折扣。

顾客忠诚度方案有时很简单,有时很复杂,有的是利用提供更高级别的顾客服务的方式来告诉顾客,忠诚会有回报。

20 世纪 50、60 年代,美国的一些早期顾客忠诚度项目是,消费者如果在某产品上消费了一定金额,就会获得一定的优惠累积印章。当这些印章积攒到一定数量,就可以换取一些免费商品。类似的还有收集兑换盒盖或标签。

但是到了 20 世纪 90 年代,美国航空公司开发了常旅顾客忠诚度项目,这也是第一家做"忠诚度项目"的航空公司。

起初,他们的项目结果很失败。最初项目主要是针对他们最有价值的旅客,原本这些最有价值的旅客消费额数最高,而项目却是给这些高价值旅客提供折扣机票,因此美国航空公司从这些高价值顾客身上获得的利润反而减少了。项目失败后,他们又希望增加高价值旅客的飞行次数。而他们的高价值顾客通常是商务人士,一年会乘坐飞机多次,这些人根本不愿再增加无谓的出行,因此免费机票对他们完全没有任何诱惑力。这就是企业不考虑目标受众的后果。

美国航空公司认为他们需要重新改进这个项目。首先是取消针对最有价值顾客的折扣机票。因为这些人乘坐飞机主要是因为出公差,因此机票价格并非他们关心的头等大事,而是能让他们有与众不同的感觉。因此美航为这部分乘客设立了专门的 VIP 候机室,并提供全方位的优质服务,因此候机也变成了超凡的个人体验。之后美航开始关注那些可能会带来更多收益的有潜力的顾客,在 RFM 模型分级中,也就是那些处于中间位置的顾客,目的是让他们为航空公司带来更多利润,使得他们增加出差以及休闲飞行的机会。

1. 事件驱动

可以利用一些特殊事件来驱动交易的完成。例如,一些品牌会在顾客生日之际,寄送生日贺卡,并为过生日的顾客提供一些特殊折扣。企业并非通过广告的形式对产品或品牌进行广而告之的行为,而是针对顾客,量身开发一种特殊礼遇,这样顾客会感到自己备受重视,因此更心甘情愿留在该品牌或产品上,继续购买。

随着数据库系统的发展,以及互联网的普及,事件触发驱动还更广泛地应用在电子商务领域。例如,某顾客曾在去年在某电商网站购买过一个生日卡送给朋友,在今年的同样时间,该网站可能会通过后台数据库系统,自动发送电子邮件提醒该顾客为朋友购买生日礼物。

2. 会员积分方案

积分十分诱人,因此经常被企业用来提升顾客的忠诚度。会员积分管理指的是,某个企业仅为消费者对自己的产品和服务的消费行为和推荐行为提供积分,在一定时间段内,根据消费者的积分额度,提供不同级别的奖励。积分营销的最原始目标是培养顾客忠诚度,利用积分回馈提高顾客的黏性。但要注意,积分方案越简洁,顾客的忠诚度越高。

在会员积分管理计划中,是否能够建立一个有诱惑力且适合目标消费群体的奖励平台,成为计划成败的关键因素之一。很多超市和百货商店发放给顾客的各种优惠卡、折扣卡都属于这种独立积分计划。目前全球超过70%的主要积分发起方采用全部或部分外包模式,以提升计划的有效性和执行力。而在中国,虽然积分回馈对提高会员黏性的作用日益突现,但同时也被公认为是企业内部最复杂、最吃力不讨好的工作,这些都可以归结为积分营销与技术结合上创新的缺失。其实,在市场经济和商业竞争中,积分这一事物并不算新鲜。从20世纪80年代起,国外就出现了以提高顾客忠诚度为目的的积分计划。近几年,积分已迅速普及到电信、金融、酒店、餐饮、零售等各行各业。系统性地、有计划地提高用户忠诚度已成为服务性企业具有战略意义的营销手段之一。

当顾客成为企业的会员后,无论在商品交易价格或者某项特色服务上,都享有比普通消费者更高一层的服务待遇,而这个强烈对比,无形中刺激了相当一部分顾客的加入,由此也促进了销售的实际增长,当然成为会员的这部分顾客群也产生了自有的优越感,在日常的人际交流中又会成为商场的免费宣传窗口,提高会员的数量。这种由顾客以口碑推荐所带来的销售也叫做链式销售,由会员进行链式销售可以为企业建立和维护大量长久稳定的基本顾客,获得稳固忠实的顾客群。

飞行积分计划是航空公司为回报顾客长期支持的一项激励计划。通过乘坐某航空公司航班,乘客所累积的飞行里程可兑换免费里程。实际上,这类飞行积分计划是航空公司用于吸引现有顾客的方式,争取成为他们日后出行的首选。留住现有顾客显然比开发新顾客的成本低。光顾次数越多,回报就越大。此类积分计划始于1981年,由美国航空公司开展的一项称为"AAdvantage"的计划。其目的很简单,即回报乘坐公司航班的顾客,同时提高顾客的忠诚度。美航基于其顾客数据库开展这一计划。他们对乘客的飞行里程进行统计,所得总里程参加一个名为"一里换一里"的回馈活动。为了向商旅人士提供最周到的服务,美航在该计划中还与赫兹租车公司和凯悦酒店集团携手合作。结果,这项活动立刻见到成效,取得了巨大成功。随后,一些酒店企业加入此类计划。最初他们仅以"合作伙伴"角色参与航空公司的计划。但后来考虑与航空公司合作的成本颇高,多数连锁酒店也着手开展了自己的入住积分计划。虽然多数酒店如今都拥有自己的入住积分计划,但他们依然与所有大型航空公司保持合作关系,这样可以进一步提高客流。

(四)针对高价值顾客的差异化营销

考虑一下美航的顾客忠诚度项目,如果将美国航空公司的顾客放置在RFM模型中,那么哪些顾客是忠诚度项目的目标顾客呢?模型中最低端的顾客,显然企业不会花很多金钱、时间去做忠诚度项目。而针对最有价值顾客,则可以为这些人提供一些特殊的优质服务等方式,因为他们会一直留在购买产品,为企业带来更多利益,他们是品牌的忠诚顾客。而对于接近最顶端的顾客,目标则是考虑如何让他们提高消费额度,并最终成为最有价值的顾客。处于模型中端的这部分顾客则是关注重点,可以给他们提供一些礼品或折扣,让他们增加乘飞机的次数。而针对接近最底端的顾客,也可以做一些事情让他们继续成为美航的顾客。因此通过这样的分析,可以针对不同的顾客采取不同的方式。显然一些顾客更有价值,而并非所有顾客都需要平等对待,但事实却是很多公司都用同等方式对待他们的顾客。一旦涉及顾客问题,营销人员就不能再"民主平等"了。一些顾客需要被优待,而一些顾客则要被放弃,这才是有效的营销。

分析顾客数据库时,关键是如何确定哪些是最有价值的顾客,如何以不同的方式对待不同的顾客。这时,RFM模型就非常有效了,可以用来对顾客进行评分。这样可以确定哪部分顾客应该让他们继续购买,需要接触几次才能让这部分顾客继续购买。通常企业需要对老顾客进行持续营销,从而获得与一个新顾客的利润持平的收益,同时"辞退"那些表现差的顾客。有了RFM模型,就可以判断这些顾客是谁,在底端的那些人就有可能是价值低的顾客。通过评分可以知道哪些人不愿支付,哪些人通常会比较晚支付,而哪些人退货多,哪些人投诉多,哪些总是霸占着电话销售人员浪费时间的人,哪些是只买便宜东西的人,还有谁是只买打折产品的人。对于买便宜货或只买打折品的人,虽然不是优质顾客,但他们依然在为公司创造利润。并非所有顾客都是最理想的顾客,所以需要识别谁是价值高的顾客。这些信息可以帮助企业全面了解顾客,划分高价值顾客、低价值顾客和一般价值顾客。

四、顾客挽留和赢回策略

当前经济发展水平开始呈现饱和的趋势,各种行业内外竞争不断加剧,企业顾客流失逐步加大,因此做好顾客生命周期管理则显得尤为重要。

格里芬(Griffin)和罗温斯坦(Lowenstein)在2001年的研究结果显示,向流失的顾客再次销售成功的可能性是20%~40%,而向崭新顾客销售成功的可能性仅5%~20%。每一年平均每家企业流失20%~40%的顾客。由此可见,赢回流失的顾客的价值对企业至关重要。

为什么会出现"顾客流失"?可能是由多种原因造成的。有时仅仅是一个销售环节出现差错,顾客就流失了;有时是顾客的需求出现了新的变化,而企业不再能够满足他们的需求了。但并非企业无法再将那些失去的顾客吸引回来,只要开发有效的顾客赢回项目,许多流失的顾客很可能更愿意再次成为企业的顾客。而在此时,"顾客倾听"就显得格外重要了。

(一)高危顾客预警

越早识别顾客的流失或者顾客的不满,留住顾客并恢复顾客满意的可能性就越大。在顾客维护阶段,有的顾客已经不经常使用企业的产品或服务了,因此企业应当注重信息的收集与分析,特别是顾客的反馈,以便采取事前预警措施。例如,在顾客初次使用产品或服务的一段时间内(依据再次消费所需要时间来确定,一般是一个消费周期的时间),对顾客进行产品或服务满意度调查。

另外还要对顾客数据库进行分析,依据顾客购买的产品或服务的类别来对顾客进行分类,并记录购买的时间和产品或服务,追踪每个消费者的行为,及时发现顾客是否处于流失或即将流失状态。在数据库中,还需要记录顾客对企业的投诉或抱怨信息。这样,企业依据顾客的满意程度就可以预见哪些顾客可能流失。

同时,在顾客数据库中设立预警机制,及时发现处于即将流失或已经流失状态的顾客。某一时间内的顾客是否处于即将流失或已经流失的状态,可依据数据库中的顾客消费历史,以及本企业产品消费特征和消费周期来确定。

(二)顾客挽留

一旦发现某些顾客有离开产品或品牌的可能,例如,数据库信息显示,该顾客有一段时间未使用企业的产品或服务;或者,顾客对近一段时间内的营销沟通都无任何反馈。那么企业就需要进行一系列的顾客挽留沟通,尽量使顾客再次处于活跃状态。例如,企业可以向这些高危顾客发送"提醒邮件",提醒他们继续购买产品或使用服务;通过电话营销人员,与这些顾客进行一对一沟通,了解顾客的需求,以及对当前产品或服务的不满;或者提供某种优惠或奖励,以激励他们再次购买。

(三)赢回高价值顾客

1. 对流失顾客进行分类与细分

无论是顾客挽留还是赢回那些已经流失的顾客,首先要了解究竟是哪些顾客发生流失,以及什么原因导致顾客的流失。

格里芬对顾客流失原因分析的结论是:14%的顾客是因为顾客抱怨没有得到妥善的处理而离开;9%的顾客是因为投向了企业的竞争对手而离开,如竞争对手提供更多的价值,更低的价格,更多的性能或更好的质量等;9%顾客的离开主要是因为企业重新定位,使得原来的顾客不再属于服务的对象,企业因此有计划终止与顾客的关系;68%的顾客离开没有任何特别的理由,是一种自然的情形。例如,由于消费者地理位置变化(居住地迁移,工作地点变化)或者由于顾客的消费生命周期发生变化而不再需求了。

赢回流失顾客不应该针对所有失去的顾客,因为不是所有顾客对企业都具有相同的价值。企业可以通过打电话询问顾客以及与一线服务人员交流等方式,了解是否有顾客抱怨。顾客赢回主要针对两类目标顾客:可通过协调解决或避免抱怨的那些顾客,以及由竞争者争取过去的顾客。同时,结合顾客价值的分析,再将顾客进行进一步细分。

2. 了解流失顾客的需求

一旦对流失的顾客进行分类和细分,确定哪些顾客最有可能赢回,接下来就是研究这些顾客目前的需求是什么。时过境迁,顾客当前的需求大多已经不是企业的历史数据所体现的需求。只有明白目标顾客当前的需求,才能采取针对措施去满足,才有可能赢回这些顾客。企业通常可以通过对流失顾客的购买历史来推测顾客目前的需求,或者通过顾客满意度调查与沟通来了解,如通过信函、电话和电子邮件等方式。总之,要让顾客知道你的交流是个性化的,是针对他的购买历史、购买的产品和服务来进行的。

3. 精心设计赢回策略

一旦了解了顾客流失动机和当前需求,就要采用具体的策略,赢回顾客。

可通过顾客满意度调查和与顾客的双向交流来了解流失顾客的真实需求,在了解流失原因的过程中给予顾客表达真实需求和意愿的机会,并表明改善服务的意愿及拟采取的措施,表达希望重新能为他提供服务,感谢其参与交流。由于社交互联网的普及,也使得这种双向沟通增加了新的可实现的渠道。

提供个性化的服务,让顾客感觉到他对于企业的重要性。个性化服务有利于塑造顾客的上帝地位,缩短企业与顾客之间的距离。

同时要善用促销手段,通过积极的促销来吸引与激励即将流失或已经流失的顾客常常是很有效的。促销手段使顾客对产品或服务产生黏性,增强顾客的转换成本,提高顾客忠诚度。

例如,在折扣方面,分阶段地给顾客折扣,而不是一次性地给;在赠送礼品方面,采用积分的方法等。

加大品牌建设力度,提升品牌并维持好品牌的声誉,通过品牌效应的无形力量来吸引流失顾客,并增强顾客的转换成本。

还有一点很重要,就是时刻了解竞争对手的动态,随时弥补自身企业与竞争者之间的不足与差距。

4. 在赢回后保持联络和激励

在赢回流失顾客后,要再次感谢顾客,并为顾客提供需要的信息,利用此机会证明企业已经对过去的失误进行了纠正。同时,强调企业为顾客带来的先前没有特别价值。要保持同这些顾客的联络,为这些顾客提建议提供方便,以便能及时觉察顾客是否再次处于危机状态。此外,保持持续性的激励也很重要,因为顾客回流的初始阶段是不稳定的,可能再次流失,所以要阶段性地进行激励,如采取赠送小礼品、购物券等促销手段。

5. 测量、评估和持续改进

开发顾客赢回项目时,可先尝试性地使用一种或多种方法对小部分流失顾客进行赢回效果测试,仔细地评估投资回报,以及顾客满意程度。再对不足采取纠正措施,进行推广实施,并确保持续地改进。

这里要强调的是任何企业都会流失顾客,因此,也会一直希望获得新顾客。在过去几年经济低迷时期,美国许多公司都停止了获取新顾客,只对已有顾客进行营销,他们已经意识到已有顾客的价值,但他们忽略了顾客总会流失,而你必须要获得新顾客以弥补这些损失。因此除了保持已有顾客,还要考虑获得新顾客。因此在进行具体营销分析时,这个问题要考虑到。

第三节 企业结盟策略

市场营销结盟是企业为了实现其长期的、整体的销售目标,而与其他企业结成的联合开拓市场、联合使用商标品牌、互相推荐产品、互相推荐顾客等营销资源共享关系。

市场营销结盟的本质是企业之间优势资源的共享。就数据库营销而言,共享包括顾客数据库的部分共享或全部共享,甚至顾客的共享。

一、企业结盟的必要性

最简单的企业结盟的动力是源于这样一个信念:$1+1>2$,即相信联合起来的力量大于各自的力量之和。在现实条件下,企业结盟策略的必然性和必要性主要基于如下几个方面的战略考虑。

(一) 市场经济的深化

市场竞争日益全球化和白热化,世界成为一个统一的大市场,资源在国际空前自由地流动。而且消费者的主权意识日益增强,每个人都渴望以最低的价格得到最好的产品和服务。这样,为了避免对整个行业的消耗性的无序竞争,企业采用结盟的方式可以使销售利润得以保证。

20世纪末、21世纪初的中国彩电业的"价格战"是中国市场经济深化后的一个结果,这种无序竞争让企业的产品销售毫无利润可言,损坏了整个中国的彩电行业。

(二) 互相学习

市场营销结盟能够成功地实现了两个公司之间的营销策略的学习和互补。在这种"利己不损人"的学习中,结盟的双方取得了共同进步。同时,战略结盟有效地利用了双方的优势资源,使得每个公司资源效益得以更大化地实现。

(三) 能力互补

自20世纪90年代以来,企业面临着日益激烈的竞争,不得不将资源集中于公司最具竞争优势的领域。但是,单项核心能力并不能保证公司在全球市场上提供最具竞争力的产品,因为如今的产品要依赖各方面的关键技术,以至于没有哪家公司能在所有领域保持竞争优势。这样,与他人合作,融合各自的核心能力发挥综合效应,就成为必然的选择。现在我们购买的IBM计算机,可能采用的是Intel的芯片、中国台湾的主板、韩国的显示器和日本的硬盘。

就我们的数据库营销而言,各个企业的核心能力肯定有差别,例如,有的企业数据库软件设计是强项,而有的企业在顾客关系、顾客资源调查方面是强项。企业间的市场营销结盟可以让企业互相取长补短,用联想集团董事长柳传志的话说就是"瞎子背瘸子"。例如,日本的本田公司拥有一流的汽车生产制造技术,而英国的罗弗公司却拥有较强的生产能力,并熟悉欧洲市场。双方通过联盟合作,从而实现了双方的优势互补。

(四) 分担风险

高度不确定的顾客需求和越来越快的技术更新速度使得企业在竞争中支付着日益高昂的成本。尽管如此,企业却必须不断开发新产品,以满足市场上新的潜在需求。在品牌经营尤为重要的行业,人们不得不为创建和维持品牌支付巨额成本。现代企业越来越需要合作伙伴同舟共济了。企业结盟可以降低风险是众所周知的,因为结盟后大家便在同一条风险船上了。

(五) 实现企业资源的共享

格兰特(R. M. Gromt)等人的研究认为,任何企业不可能在所有资源类型中都拥有绝对优势,即使同一资源在不同企业中也表现出极强的比较优势,从而构成了企业资源互补融合的基础。特别是已经固化在企业组织内部的某些资源,不可完全流动交易,如营销渠道、市场经验、顾客数据库资料等无形资源,不便通过市场交易直接获取,要获取对方的这些独特的资源必须通过与之建立起合作关系,以实现双方的共享和互补。例如,美国葛兰素公司推出新药善胃得时,他在美国市场上缺乏行销能力,通过与罗氏药厂建立合作关系,葛兰素很快就拥有了一只1 100人的销售大军。

数据库营销过程中的企业资源共享主要包括顾客数据库资源共享和顾客群资源共享两种形式,第一种形式是顾客资料的共享,这一点很好理解;第二种形式实际上是顾客的多种需求的共享,例如,卖计算机或计算机耗材的企业可以在卖硬件的同时帮助销售软件公司的产品,反过来也一样,这就是两个企业享用同一个顾客群。

二、市场营销结盟的操作方式

战略结盟实质上是一种资源的共享机制,它通过资源利用率的提高,使结盟双方均获得收益。这种资源的共享利用贯穿于市场营销各个环节之中,它有以下几种方式。

(一)品牌战略结盟

品牌结盟是处于市场营销结盟高端的一种方式。我们知道品牌是现代企业最宝贵的无形资产,具有极高的共享价值。日益风靡大陆的特许加盟制就是品牌结盟的典型。柯达在中国之所以取得惊人的扩张速度,很大程度上归功于其特许加盟的经营方式:只要符合基本条件,任何店铺都可以申请加盟"柯达彩扩冲印点",柯达统一配置设备、供应相纸和装修店面。而之前富士则对冲印点的控制很严,许多都是自己投资开设,且对店铺面积、运作流程、工艺等要求高度统一,导致富士在大陆的铺开速度受阻,一度将中国市场领导者的桂冠让给柯达。

品牌结盟可以很快地提升市场份额,是很多大企业首选的一种营销策略,也是很多外国企业进入一个陌生的市场环境后为打开销售局面而采取的一种常见的策略。

(二)销售渠道结盟

销售渠道结盟实际上是任何企业间的市场营销结盟的一个必需的环节。销售渠道是营销低端的重要组成部分,渠道竞争已逐渐成为企业竞争的焦点。世界经济一体化使市场空间空前广阔,单个企业要凭自身力量在全球范围内建立完整的分销体系是不经济也不可能的。为此,制药行业许多跨国公司委托在国外关键市场拥有卓越经销系统的竞争对手销售产品。在美国,默克公司销售日本山之内公司的Gaster,利利公司经销腾泽公司的头孢唑啉钠;而在日本,武田公司销售拜耳公司的销苯吡啶,腾泽公司经销史克公司的西咪替丁。

销售渠道结盟可以节省企业建立销售渠道的成本,它的实质是各个不同的企业共用一条渠道,就像一列火车载着不同的旅客(产品或服务)到达不同的或相同的目的地(消费者)一样。

(三)促销结盟

促销结盟是在销售实践比较常见的方式,也是企业结盟中比较容易操作的一种市场营销结盟。促销结盟包括广告、营业推广和推销等各方面,一般发生在不同类、无竞争性的产品之间。小天鹅与碧浪结成广告同盟,每一袋碧浪洗衣粉上都有"小天鹅指定推荐"标志。一家酒店和航空公司结盟,凡在酒店消费达一定限额的顾客可获得一张该航空公司的免费机票;反之,在航空公司累积飞行达一定里程的顾客也可免费入住该酒店。此案例成功的关键在于经常飞行的消费者往往也是酒店的频繁光顾者。目标顾客群重合度高的促销结盟最为有效。

促销结盟发生在竞争的企业间的情况不多,但是并不是不可能发生。因为存在这样的情况,即两个企业联合起来与其他同类企业竞争,一般情况是"弱弱结盟"反对占市场份额优势的企业。

(四)价格策略结盟

价格策略结盟一般是由"强强结盟"产生的,而且通常是发生在同类型企业之间的。寡头垄断行业的价格结盟最有利可图。将定价统一规范在一定界限之内,既可避免无谓的恶性竞争、省却博弈的烦恼,又可提高行业进入壁垒,有效防止新竞争者的加入。虽然会对消费者的利益稍有损伤,但从行业前途来看,这也未必不是一种两全其美的良策。

(五)垂直关系结盟

垂直关系结盟指营销上下游环节不同企业的结盟。制造商与代理商(或经销商)的结盟、广告主与广告公司的结盟、企业与供应商或顾客的结盟均在此列。这类结盟的特征是结盟主体处在价值链的不同环节上,代表垂直一体化的一种形式。垂直关系结盟提供了直复营销的结构雏形,它与直复营销的区别只是一体化程度的差别。

零售业巨子西尔斯与众多供应商结盟。它委托许多中小厂家生产各种类别的产品,然后都采用西尔斯品牌销售。在这个结盟中,西尔斯以低廉的成本树立起自己的品牌,而供应商们赢得了稳定而可观的销售额,在激烈的竞争中得以生存。

上面5种市场营销结盟方式在现在的实际营销中是经常见到的,企业在数据库营销中具体选用哪种或哪几种方式要具体情况具体分析。一般来说,互补性强、企业文化差异较小、综合实力相当的企业间的结盟成功的概率大些。

三、促销结盟策略

前面我们总结了营销结盟的5种主要方式,现在我们集中关注营销结盟的第三种方式——促销结盟。在中国,促销结盟是企业间应用最广泛的结盟方式之一。促销结盟可以分为3种情况。

(一)非竞争企业之间的促销结盟

非竞争企业之间的促销结盟是促销结盟的主要形式。2002年8月16日至9月30日,北京四通电脑有限公司为庆祝其全线新品上市,与国内门户网站新浪网联手展开"用四通自由盘,做自由人,天下任你'游'"的全国性大型促销活动。四通电脑向广大消费者全面展示和介绍四通新产品和新浪网付费信箱,同时新浪网则利用自己的网络资源优势为四通新产品和此次活动作宣传。非竞争企业之间的促销结盟很灵活,而且容易取得成功,这是因为促销结盟企业间的利益冲突小,共同利益很明显。

(二)竞争企业之间的促销结盟

竞争企业联合起来举行展销会是这种促销结盟的一个最明显、最直接的例子。企业之间存在直接的竞争关系,争夺共同的顾客,但联合促销仍然可以互惠互利,实现共赢。

实践中,企业往往比较重视行业内部同类企业之间的竞争,而忽视行业之间的竞争。事实上,竞争不仅存在于企业之间,也存在于不同的行业之间。不同的行业之间竞争的结果是,如果某一个行业更能赢得消费者,建立起属于自己的忠诚的顾客队伍,在竞争中取得优势,参与该行业经营的企业就能赢得更大的发展空间。而如果某一行业在竞争中处于劣势,参与该行业经营的企业就可能面临生存危机。很明显的两个例子是移动通信行业与邮政行业的竞争,互联网行业(其电子邮件业务)与邮政行业的竞争,这两个竞争让全世界邮政行业的所有企业都面临生存危机。

同行业之间促销结盟可以共同提升服务方式和服务态度,树立良好的行业形象,在提高整个行业地位、扩大整个行业市场份额的前提下,实现企业本身的良好成长。"万家乐"热水器和"神州"热水器在以前就联合进行过广告促销,"万家乐"的广告词是"万家乐崛起于神州",而"神州"热水器的广告词则是"款款神州,万家追求"。同行结盟还可以联合起来一致对外,阻止新的竞争者进入。2002年9月12日,四川的锦江宾馆、九寨沟国际大酒店、重庆宾馆、都江堰金叶宾馆、绵阳富乐山大酒店等10家著名酒店宾馆为对付越来越多的进入西南地区的"洋品牌"连锁酒店,在蓉城宣布,结成促销结盟,共享顾客资源,提供一致优惠。

(三)混合形式的促销结盟

企业之间的促销结盟可能不止上面的一种形式,可以同时出现其中的两种,共享多方资源,实现多赢。

促销结盟的基本特点是企业间的资源共享、能力互补、取长补短,我们可以把其成功带来的效果总结如下。

1. 降低营销成本

这一点是很显然的。促销结盟投入的费用是由各方共同分担的,相当于对方为你进行一定程度的免费促销。企业"无偿"地使用了对方的营销资源,减少了促销费用的支出,降低了营销成本。促销结盟能够降低成本的最终的理论基础是互补的产品或服务能够同时满足顾客的多种需求。

2. 扩大准顾客资源

一方面,促销结盟的企业可将仅属于对方的消费者一定程度上成为自己的消费者,这是促销结盟后立即可看到的效果;另一方面,促销结盟的促销活动比独自单干的促销活动更能给潜在顾客留下深刻影响,从而迅速地扩大产品或服务的准顾客群体。娃哈哈和豪杰解霸的结盟不仅是为了进一步扩大各自品牌的影响,更需要借对方的优势来扩大准顾客群,以打造更多的市场空间。

3. 扩大品牌影响

能够建立起这个优势的原因同知名品牌集团能够迅速推出新类型的产品或服务的原因是一样的。我们知道,现在的家电企业集团以前的产品都是单一的,但是现在他们都能迅速地进入一个新的产品领域,关键的一点就是其品牌的影响力。因为,我们一般的消费者都会认为,海尔的冰箱质量好,其新开发的彩电肯定也不会差。促销结盟的这个优势依据的原理和上面的原理是一样的。而且即使是知名名牌、强势品牌,也不可能人人都熟悉它、喜欢它,品牌的知名度、美誉度和忠诚度不同的顾客会有不同的印象、感受和评价。在促销结盟中,可通过共享对方的品牌影响、宣传能力等资源优势来提高品牌的知名度,提升品牌的美誉度,加强品牌的忠诚度,从而扩大品牌影响力。

4. 迅速推广新产品

企业在推出新产品时的市场导入期,成本相对较高,而购买力弱,市场知晓度低。企业为了迅速推广新产品,借促销结盟的力量能取得良好的效果。促销结盟能迅速打响产品的知名度,扩大销量,甚至掀起一阵产品的销售旋风。促销结盟能取得这个优势主要是因为"老大带小弟原理"的作用,也和企业用明星做宣传的道理是一样的,实践也证明,促销结盟是企业推广新产品的一支利剑。

第四节　一对一策略

一对一策略或者说一对一的营销方式是随着互动时代的到来应运而生的。因为每个企业都必须学会如何区别对待不同的顾客。所以,一对一这种新的竞争形式产生了。利用一对一策略,我们可以更有效地挖掘顾客的资料与偏好,建立数据库,分析归纳之后,整理出攻无不克的市场策略。

传统营销方式是在一段特定销售期内,将某种产品一次性地向尽可能多的顾客推销,而采用一对一方式的营销商则通过数据库和互动式交流一次向一位顾客提供尽可能多的产品及相应服务。并在顾客惠顾的整个时期中坚持这种服务。

一对一策略根植于这样的思想:与每一个顾客建立学习型关系,尤其是你的那些"金牌顾客"。什么是学习型关系呢?就是每当与顾客打一次交道,企业就多一分见识,长一分头脑。顾客提出需求,你去改进产品或者服务,这样周而复始的过程自然提高了你的产品或服务令这位顾客满意的能力。最终,哪怕你的竞争对手也愿意这样与顾客打交道,也愿意对产品或服务做出调整,你的顾客也不会轻易转移了,因为:顾客除非再给你的竞争对手上一遍同样的"课"(而你已经从顾客那里学到了这些"课程"的内容,并已经做了改进),否则他是不会得到同样高质量的产品或服务的。

从实践来看,一对一营销并非那种只有大企业才能实行的战略,对于新创企业和中小型企业而言,实行起来更容易成功,因为这些企业没有大企业那种传统思想束缚。

一、一对一营销的4个步骤

要使一对一营销真正运作起来,有4个阶段至关重要:识别;区分;互动;定制。

(一) 识别

要推行一对一营销,首先要识别出企业能为之服务的顾客。启动"一对一营销"之前,企业必须与大量的顾客进行直接接触,至少要和那些对于企业最有价值的"金牌顾客"打成一片。深入了解有关顾客需求的点点滴滴的信息是十分重要的:不仅仅是他们叫什么名字,他们住在哪里,他们的电话号码是什么,还应该有他们的习惯、爱好等信息。而且不是一时一事、发张问卷就完事,而是通过每一次接触、每一种渠道、每一处地点、本公司的每一个部门来了解这些信息,只要顾客可能对你的任何一种产品或服务产生购买欲望。只要对最终用户做到这样就可以了吗?不是,同样的原则完全可以应用到你的销售伙伴、分销链上的其他环节。我们还要对上述顾客的资料和对待策略进行阶段性动态更新。因为顾客的信息、采购计划(Wallet)与现有顾客份额(SOW)都随时间的改变而改变。

（二）区分

经济学上有一个著名的 80：20 原理：一家企业 80％的利润来自于其 20％的顾客。一对一营销理念正是基于这种原理，第一次明确地提出要对顾客进行区分。也就是说，企业要想生存和发展，就必须将那些对其最有价值、能为其带来最大利润的顾客区分出来，这才是企业要服务的核心对象。

在识别出企业的潜在顾客后，接下来就要对这些顾客进行区分。企业面对的顾客可以划分为 3 类：最有价值顾客、最具增长性顾客（能转化为最有价值顾客）、负值顾客（不能给企业带来价值的顾客）。作为企业，就是要服务最有价值顾客，极力将最具增长性顾客转化为最有价值顾客，剔除负值顾客。

（三）互动

与顾客互动要求企业不仅了解目标顾客群的全貌，而且应当对每一个顾客都要了解，这种了解是通过双向的交流与沟通。就像交朋友一样，认识之后，持续的交往与交流才能让这种关系得以保持并加深。事实上，目前的技术手段可以让我们充分做到这一点。互联网、呼叫中心及其他 IT 技术平台都使我们很容易地做到与"顾客互动"。与顾客互动最关键的一点是让顾客参与你的销售、生产及服务的过程。

（四）定制

想把顾客锁定在这种学习型关系中，企业就必须因人制宜地"个性化"自己的产品或服务。这可能会涉及大量的顾客化工作，而且调整点往往并非在于顾客直接需要的产品，而是这种产品"周边"的某些服务，诸如提交发票的方式、产品的包装样式等。如何调整和改进？不要闭门造车，而是要去学习，调动销售、营销以及企业中的其他部门去向顾客"学习"。一句话，针对顾客的个性化需求进行产品和服务的量身定制。

定制化一般有下面几种具体实施：捆绑销售、配置、包装、送货和后勤、辅助服务、服务方式、支付方式、预先授权、简化服务。

二、步骤的细化

下面（略）给出了一对一营销前三个重要阶段的细化——关键活动。对于大多数企业来说，这些活动都不难开展起来。当然，如果企业处在社会供应链的上游，即距离最终用户较远，而且对于识别最终用户存在困难，我们建议企业向更下游的企业寻求帮助。但无论如何，与最终顾客打交道都会有益于企业的一对一营销的开展。

三、评估当前境况

在考虑实施一对一策略之前，首先应该完成评估的工作，下面的基本面调查、流程调查测试两块内容给出了企业必须回答的问题。

由谁来进行评估呢？主要有以下人选：全体高级管理人员、部分中层管理人员和部门经理、分销渠道伙伴、与顾客直接打交道的一线员工(销售与服务人员、呼叫系统的接线员、零售服务员等)以及一些顾客代表等。

通过不同群体的评估才可能给出一个比较全面的结果。对不同群体的评估就结果进行比较时,应注意按照评估者在企业内地位高低的反序来衡量这些评估结果的价值大小。实际上,最好的建议最有可能来自倾听你的顾客的评价。为求更精确起见,基本面调查的测试宜在更大的范围内进行,以保证测试的覆盖面;流程调查测试则是从文化和组织两个角度来分析一个企业是如何进行自我评估的。

(一) 基本面调查

请全体高级管理人员、部分中层管理人员和分支机构经理来做以下的测试,不妨也邀请一组顾客代表来参加。倾听他们的意见,比较不同顾客的意见有什么不同,必将大有收获。注意:如果对于识别最终用户有难度,最好是与供应链上靠近最终用户一端的更下游企业建立良好关系,相对来说识别这些企业难度小一些。可以尝试请这些合作伙伴来完成这个测试和后文的流程调查测试。但务必记住的是,企业迟早要关注最终用户的需求,哪怕在具体业务中总是通过下游的合作伙伴来建立起与最终顾客的关系。评估的具体内容体现在以下的问题中。

① 企业是否成功地进行了顾客的识别?
② 企业是否建立了"顾客金字塔"?
③ 企业是否能与顾客保持紧密的互动?
④ 企业能够灵活地调整自己的产品或服务吗?

(二) 流程调查测试

下面这个测试的目的是从文化与组织的两方面来对企业进行自我评价。
① 企业能否对顾客的购买行为作出准确预测?
② 企业的业务是以顾客为中心的吗?
③ 企业是否了解竞争公司是如何营销的?
④ 企业有没有提供一些可以便捷顾客联系企业的技术工具?
⑤ 公司是否定期更新顾客数据库?
⑥ 企业是否能有效地把顾客信息与自己积累的与顾客打交道的经验结合起来?
⑦ 企业怎样对顾客进行全面了解?
⑧ 企业是否了解顾客与合作伙伴之间的关系?
⑨ 企业是否重视顾客意见吗?
⑩ 企业能否采取个性化的营销策略?

一旦完成了对实施一对一营销的可行性评估之后,下一步就应该考虑:结合企业的具体情况,有哪些事项是与一对一营销最相关的,如何设定这些事项的优先顺序。例如,网站在增进与顾客关系方面处在什么地位?你能否与相关企业结盟,从而更好地完成产品的顾客化工作?这种情况下,如果只把精力放在设计网页上,恐怕只能解决表面上的问题。

在这里,让我们比较一下传统的营销与一对一营销。衡量传统的营销成功的尺度是市场份额(Market Share),一次拿一种产品来衡量;而衡量一对一营销商的成功与否是要看顾客份额(Share of Customer),一次拿一位顾客来衡量。传统的营销商设法为自己的产品找到更多的用户,而一对一营销商则尽力为自己的用户提供更多的产品和服务。传统的营销公司经营产品,它的经理们负责确保这些产品每季度的销售额;而一对一营销商经营顾客关系,它的经理们负责的是,随着时间的推移,不断提高这些顾客的期望值。一对一营销最大的特点是它注重顾客的额外价值和终生价值。唐·佩珀斯认为决定一个企业成功与否的关键不是"市场份额",而是在于"顾客份额"。所谓顾客份额,说的再通俗一点就是一个顾客的钱袋份额,即企业在一个顾客的同类消费中所占的份额大小。占据了顾客份额的企业也就是真正地得到了顾客的芳心,拥有了顾客的忠诚度,由此不管市场风云如何变幻,企业也可以在某种程度上立于不败之地。我们现在都知道了,平均起来,留住一个老顾客的价值是开发一个新顾客价值的五倍。

要实现从传统的营销方式转入一对一方式困难重重,但我们可以试着从以下的步骤开始。在企业的顾客价值体系中,可以设想为那些占据高价值地位的顾客群设置一道围栏。在围栏的左边,企业仍沿用通常的方式营销企业的产品;在围栏的右边,即在企业最有价值的顾客圈子里,企业可以着手实施一对一的营销方式。为每一位顾客安排一名顾客关系经理直接负责,将其纳入一个顾客管理组织架构之中,并建立起一套评估标准以判断围栏这一经营是否成功。

要真正实现由传统营销方式向一对一营销方式的过渡,只需将假想中的围栏逐步向左移动。这样,围栏左侧内的顾客越来越多地与企业建立起个别管理的顾客关系。

如投资顾问业、人寿保险业,其业务员或代理员都是一个一个地寻找潜在的顾客,使他们成为企业的顾客,并且长期向顾客提供服务,如人寿保险的顾客,要增加某种险种或更改期限,都是跟特定的推销员联系的,他们充当着企业的忠实顾问。

一对一策略是一种追求完美营销的策略,它只有在数据库的支持下才能真正使得一个企业可以逐一地跟踪它的顾客,并把他们区分开来。互动技术(包括网站、呼叫中心和销售团队自动化工具)提供了顾客与公司的自动连接,使公司可以及时收到来自每个不同顾客的反馈信息,包括产品和服务规范。而批量订制技术使得一家公司可以将产品组装流程数字化,从而在实际中大批量地生产同一产品的各组型号。

数据库营销的一对一策略的实质是一次只专注于一个顾客,而不是到潜在的顾客"市场"进行抽样调查以决定一般顾客的市场需求。一对一策略主要依赖以下3种类型的计算机技术——数据库(Database)、互动交流(Interactivity)和批量订制(Mass Customization)。

思 考 题

1. 谈谈了解顾客的价值对于企业发展的意义?
2. 提高顾客价值的方式都有哪些?
3. 谈谈顾客生命周期价值管理对于企业的意义?
4. 谈谈获取顾客的计算和信息策略?
5. 如何优化顾客?
6. 如何对顾客进行挽留和赢回?

第五章 直邮营销

第一节 直邮营销概述

一、直邮的定义

直邮的发轫可以上溯到古老的埃及。公元前 1000 年,在古埃及首都散发的用芦苇纤维制作,内容为一个织布匠悬赏捉拿一个逃跑奴隶的"广告传单",这被人认为是直邮的最早雏形。1498 年,阿尔定出版社的创始人阿尔达斯·马努蒂厄斯(Aldus Manutius)在意大利威尼斯出版了第一个印有价目表的目录。这普遍被认为是最早有记载的邮购活动。1667 年,威廉·卢卡斯(William Lucas)在英国出版了第一个园艺目录。后来,邮购活动在美国、意大利、英国等地有了一定的发展。一般认为,直复营销的起源以 1872 年美国人蒙哥马利创办的第一家邮购商店为准。

作为一种最古老的直复营销媒体,直邮曾经是直复营销的主要工具。但是,由于消费者需求和生活方式、媒体技术和市场竞争的影响,直邮在中国的认知度还比较低,对直邮的研究还缺少系统性,因此直邮的定义也比较多,不同的组织和个人从不同的角度对直邮做出了解释。

美国直复营销协会(ADMA)对直邮的定义是:"将广告主所选定的对象,将印就的印刷品,用邮寄的方法传达广告主所要传达的信息的一种手段。"这个定义是从直邮的广告功能对直邮进行定义的,按照这个定义,直邮应该称为直邮广告(Direct Mail Advertising)。

菲利普·科特勒对直邮(Direct Mail Marketing)的定义是:把信函、样品、彩页以及其他"空中推销员"(Salespeople on Wings)按邮寄名单寄给可能成为客户的人。该定义把直邮作为一种营销手段,可直译为"直邮营销",所谓的"空中营销员"指的就是包括信函、样品、彩页在内的直邮产品。

中国直邮协会对直邮的定义是:广告主通过分析消费者需求,将相关信息以邮寄方式传递给目标受众的一种精准媒介形式。直邮一般指直接邮寄广告(直接邮寄信件),是基于广告目的的商业信函,如企业邮寄的信件、明信片,直接发放的宣传单页、商品目录等,被视为与大众媒体相对的一种精准的分众传播媒体。

2009 年 3 月,在山东召开的"直邮服务中小企业研讨会"上,中国邮政把直邮定义为:直邮是企事业单位、政府、非营利组织等为实现信息告知、形象宣传、情感维护、企业营销等目的,选定目标对象,设计、制作宣传品,并用邮寄的方法递送到目标群体的整个过程。

直邮有广义和狭义的区分,广义的直邮认为直邮就是通过邮寄或赠送的方式主动把非个人信息传递给受众,不强调其受众是否经过筛选;狭义的直邮认为直邮是通过收集、整理、筛选潜在客户名单,确定符合条件的客户群,然后利用产品目录、传单、邮寄、杂志等媒体形式,主动将有针对性的信息直接传递给特定客户,希望通过其中的内容和信息,吸引顾客的回复,或者激起他们的购买欲望和行动。

二、直邮产品

在国际上,根据数据的精确程度,直邮产品可以分为无名址直邮、马赛克增强型无名址直邮、分类无名址直邮、家庭无名址直邮、精准名址直邮,如表 5-1 所示。其中无名址直邮是不分区域、不分人群的直邮方式,目标性不强;马赛克增强型无名址直邮是分区域但不分人群的直邮方式,目标锁定某一区域,区域的选择可以根据地区生活习惯、地区经济发展程度等来确定;分类无名址直邮是分人群但不分区域的直邮方式,目标锁定某一人群,人群的选择可以根据性别、年龄、收入、职业等来确定;家庭无名址直邮是把家庭看作一个整体,根据家庭的收入、构成等来确定寄递目标;精准名址直邮以单个的"人"作为营销目标,通过分析个人收入、支出信息,找到合适的目标客户。另外通过对直邮产品进行分类,对不同种类的直邮产品收取不同的费用,以满足不同客户的需要。

表 5-1 直邮产品分类表

直邮产品分类	客户锁定标准	精准程度	价 格
无名址直邮	没有细分客户	低	低
马赛克增强型无名址直邮	按区域属性	较低	较低
分类无名址直邮	按人群属性	一般	一般
家庭无名址直邮	家庭	较高	较高
精准名址直邮	个人	高	高

第二节 直邮的特点和功能

一、直邮的特点

第一,营销渠道就是销售场所。传统销售是通过商店将商品销售出去,这种销售方式坐门等客,缺少与客户的信息交流。直邮将信息交流与销售活动统一起来,进行广告的同时也销售商品。

第二,生产商将节省的流通环节的费用让渡给了消费者。传统的商品流通渠道是:生产商—代理商—批发商—零售商—消费者。商品要经过如上环节才能最终到达消费者手中,商品在以上环节中,每道环节都要加价一定幅度,这些流通环节的费用要占商品零售价格的30%~50%。直邮节省了流通环节的费用,可以保证在生产商利润的前提下,最大限度地让利消费者。

第三，直邮更强调与顾客建立并维持良好的关系。与传统营销相比，直邮能使营销人员与顾客之间建立起直接的联系，并能了解每一位顾客的偏好和购买习惯，有针对性地开展一对一的营销，更具有人情味。由于注重与顾客保持良好关系，使顾客感到被重视，产生优越感。

第四，直邮具有效果反馈功能。直邮具有效果反馈的功能，并且下一次营销计划的制订以上一次营销活动的效果为基础。通过直邮营销人员能清楚地判定何种广告具有效果，何种广告效果甚微，从而制订正确的广告计划。

第五，直邮营销具有隐蔽性。直邮营销通过秘密方式进行，十分隐蔽，不易被竞争对手察觉，广告和销售是同时进行的，即使竞争对手掌握了自己的营销策略也为时已晚。传统市场营销的营销战略、战术都通过大众传播媒体实施，不具有隐蔽性。

第六，直邮效果具有可测性。直邮比较重视与消费者的沟通艺术和心理因素。通过精心设计和传递信息来获得消费者的反应，更注重形象的设计、邮件的技巧及各种直接的、一对一的目标性沟通渠道的选择，从而实现企业的利润目标。由于直邮在实施前就能预测其效果，故具有很高的效率，可避免无谓的浪费。

二、直邮的功能

直邮作为一种营销手段，除了具有一般广告手段的告知、诱导和说服功能外，还具有以下功能。

1. 降低营销成本，提高营销效率

由于直邮能够准确找出某种产品的目标消费者，因此企业可以避免昂贵的广告宣传费，或降低成本，或用大量促销费用直接让利于消费者，增强企业的竞争力。精确信息传递，不但可以减少信息传递过程中的客观挥发，而且避免信息的浪费；一对一的交流减少了其他竞争者广告的干扰，使得顾客的注意力集中在此一点，使广告效果达到最大化。

2. 支援人员的推销活动

在人员推销促销日益受重视的今天，直邮扮演着极重要的角色。在上门访谈前先发出一封内有参考数据的直邮广告，让消费者对推销员的拜访有个准备，同时也可对产品有个大致的了解，提高人员推销的效率；在促销活动的现场，派发各种产品目录单价格表、优惠券等，与现场销售人员相互配合，可以产生良好的销售效果。

3. 开展售后服务，提高客户忠诚度

通过查看消费记录，企业可以了解客户的消费情况和能力，对于购买或消费的顾客，可以发出兼具售后服务与感谢功能的直邮信函。这类直邮信函不但可以抓住固定顾客，并能够使顾客产生好感。同时还可以把企业的新产品、新活动最快最准确地传递到这些客户手中，从而建立与其之间持续的消费往来，提高客户的忠诚度。

4. 广告媒体的组合

无论是制造商促销新产品，还是商店要实施大减价活动，其宣传使用的广告媒体通常不止一个，都是通过几种媒体组合进行广告宣传，配合使用，使各媒体的效果取长补短，达到相辅相成的效果。

报纸和电视等强势大众传播媒体影响面虽很大，却使人觉得生硬而不会产生强烈印象，如果配合以直邮这种可接近顾客、让顾客亲手拿来的媒体，就可以产生一个更有效的媒体组合效果。

5. 拍卖展示活动的邀请

银行的分支、支行,百货公司,超级市场及高档消费场所新开业时为了争取自己所在区域的顾客,都会热心地开展公共关系活动,都可以以邮寄方式给自己的目标客户群发送宣传数据。

三、直邮与其他媒体的区别

(1)直邮看起来更正式、更重要。人们往往很重视写在书面上的东西,因为写出来的或是打印出来的东西看起来更正式、更重要。

(2)信封尺寸、形状、材质的不同都能传达出不同的信息。例如,两种制作成本不同的直邮产品,一种一看便知其粗糙低廉,另一种一看就知其精致奢侈。从外观上,就能直接感受到直邮针对的目标人群以及相应的产品等。其他媒体很难达到这种效果。因此,直邮通常用于与重要顾客的沟通。

(3)直邮的实物特征还表现在能带给收件人视觉、嗅觉、味觉的直观体验。例如,以味道取胜的产品的销售,如香水、咖啡等,可以直接将味道融入直邮纸张中,给顾客带来独特的产品体验,促进产品销售。

(4)直邮套装中可以附带产品小样、试用品等,如清洁产品、化妆品等。消费者不需要到店面,就能够获取试用品,以确定产品是否适合自己,加强了客户体验。

(5)直邮的实物特性,使其具有可保留性。如果顾客现在无暇阅读,直邮可以保证顾客在空闲时去阅读该信息。广告、促销电话、广播等传递的信息是不具备这种优势的。这种可保留性,在收到直邮后,可以将直邮展示给亲朋好友看。这对 B2B 营销的企业来说很重要,因为企业决策涉及多方参与,直邮有利于各个相关部门负责人阅读信息,以便进一步形成决策。

(6)直邮的实物特性使其获取客户的渠道更灵活。直邮有可能去获得更广泛的顾客。如果某地有一家饭店或商店,完全可以运用直邮与店铺附近的潜在消费者联系,促使他们来店消费。但是,一般不可能得到商圈内每一个人的电子邮箱,并通过电子邮件传递信息。

另外在特殊情况下,直邮的实物特征使其可以作为(法律)凭证,这也是直邮业务发展的基础之一。

第三节 直邮营销方法和技巧

一、直邮邮包

直邮邮包是直邮营销者与目标市场成员沟通发盘信息的载体。具体形式千差万别,但是邮包内容在结构上基本一致。一个标准直邮邮包通常包括以下几个部件。

(1)外包装信封,这是收件人首先能够看到的,因此外包装信封的设计要尽量能够引起收件人足够的兴趣,以求其打开邮件进行进一步阅读。科学的直邮营销活动,其外包装信封的设计与确定,都应该经过版式试验,经过实际检验,选择最为有效的外包装信封。

（2）致函，这是直邮邮包中最重要的部分，它提出发盘、传递销售信息并且敦促阅读者立即采取行动，即立即回应，包括询问或订购。在致函中，主推销概念需要明确表达并重点突出，以引起顾客的注意。一旦致函引起了顾客的注意，它就需要通过说明该产品的利益以及这些利益为何和如何得到可靠的传递。

（3）小册子，通常是一个小本的印刷物，可以被折叠、装订或包折。小册子一般包括图案与图片、标题和文案3个部分。图片和图案要色彩优美；标题要能够吸引人的视线；文案表述清楚该发盘的内容。小册子是对顾客参与和回应该发盘的非常重要的诱惑。

（4）回应工具，这是为准顾客对直邮发盘做出回应提供便利的措施，包括用于订购或问询的反馈单、用于公司开发新准顾客之用的抽奖券等物品、应有回信地址并且邮资已付的回函信封。

（5）其他内插物，这些各式各样的内插物，主旨是增加回应率和顾客测试。内插物是一种散页广告，具有灵活性特点，内插物也是顾客测试的良好工具，企业可以根据需要任意构思和增减。

二、直邮投放频次与时机

由于直邮邮件单件成本较高，所以要努力以最少的邮件获得最大的销售收益。一般情况下，直邮投放的频次越多，产生的总回应次数就越多，直邮成本也就越高；反之，投放频次越少，直邮成本越低，但产生的总回应次数也越少。因此，对于某项发盘，总会存在一个最佳的直邮投放频次，这个最佳频次可以确保以最小的直邮成本获取最大的收益。

直邮者掌握该最佳频次的最佳途径就是实验。投放频次与回应率之间的关系一般是遵从收益递减规律的：随着投放频次的增加，每增加一次直邮投放所带来的回应率是递减的。因此，理想的直邮投放频次是在每增加一次直邮激发所产生的边际收益高于其边际成本的那一点。除了要决定直邮的频次，各频次之间的时间间隔选择也很重要，这就是所谓的时机选择问题。直邮的频次和时机的决策，需要通过实验记录和计算，此决策在于以最小的开支获得最大的回应。

三、直邮文案的撰写

直邮文案是直邮作品中用以表达主题和创意的语言和图像符号，直邮文案不仅是直邮策划与创意的物化，而且是直邮的核心和灵魂的集中表达。直邮文案包括了信封上的文案、直邮致函的文案、直邮中宣传册的文案。直邮文案撰写的时候要遵循以下几条原则。

1. 了解目标受众

一个保险公司在保险营销的信函中这样写道："我们不想打扰您，但我们有必要提醒您：您可能每年多支付了超过300元的汽车保险。作为3年来没有发生事故的汽车车主，您有资格享受我们公司特别优惠的保险费率。"这封信是为了吸引新客户，不能寄给老客户，否则老客户就会觉得他们车险的价格高了，这就要求整个营销团队都必须了解其目标受众。

2. 要强调重点

在直邮营销中，我们不能什么都强调，什么都强调的潜台词就是什么都没强调。因此一定要强调卖点，不要把所有的特征都体现出来，要给客户选择判断的权利。

3. 明确告诉目标受众要求他们做什么

直邮营销时，信函要尽量简短，但一定要非常清楚，告诉收件人怎么去做。调查发现，建议越具体，收件人越有可能采取更具体的行动。我们就是要说服收件人去行动。要号召收件人进行行动，要告诉他们，如果现在不采取行动，他们会损失什么；然后再告诉他们该怎么做，如拿起卡片，拿起电话，或者上互联网查看产品信息，或者把反馈寄给公司。

4. 要有强有力的开头

直邮营销中首先要引起收件人注意，吸引他们继续读下去。所以信封上的内容要非常有趣，要吸引收件人打开信封。一般的致函包括开头、主体、结束。致函的第一句就要抓住收件人的注意力，否则会影响整体效果。

5. 营造紧迫感

我们不希望收件人看到直邮说很有趣但不采取行动，我们需要他们采取行动，这就要营造紧迫感，告诉他们不要错过这个机会。例如，东欧国家有许多历史古迹，这些历史古迹可能不会保留很长时间了，旅行社进行营销时，应该告诉受众需要抓紧时间，否则就看不到了。直邮营销中设计的诱因也是有期限的，要让受众觉得不响应的风险要比响应的风险大。例如，告诉受众假期的礼物每年都销售得非常好，如果你不作出响应，可能就买不到了，这就是紧迫感。

6. 使用强有力的有诱惑力的词语

免费、容易、免费赠送、立刻、surprise、第一时间提供、产品从不在商店里销售、优惠截止期限、不要错过……这些词汇可以促使收件人快速做出决定。

7. 强有力的结尾或附言

一般人阅读信件时，通常是先看开头，再看结尾，然后才看主体，有的时候也可能是先看结尾，再从头看信。因此直邮的结尾和开头同样重要。在结尾的时候需要重申产品能带给受众什么好处，需要收件人怎么做。

一个卖卫星电视的直邮信件的附言是这样的："抓紧时间，3天之内打进电话，您就可以获得1年的免费服务。"如果收件人一开始就看到附言，就会知道这个优惠是有时间限制的，就会有一种急迫感。

另外，写附言时避免犯一些错误。很多行业有法律上的规定，附言中的对收件人的承诺一定要遵守这些规定。例如，如果银行的宣传说有权利对存款的利率、期限进行变动，这是法律所不允许的，一般是做不到的，如果收件人一开始就看到这个不符合法律的规定，可能就不会再去看。而如果最后看到这个信息，可能就不再理会这封信。所以在直邮的附言中一定不要写这种消极的负面的信息。

四、直邮文案中图形和文字的选择

为了提升直邮营销效果，不仅仅要使邮件看着漂亮，更重要的是要使信件有效地传递信息。这就要求直邮信件要方便阅读，要能体现重点。因此在直邮文案的设计中要注意图形和文字的选择与搭配。

下面是一些专家对直邮的研究结果。

1. 人物图片最吸引人

德国的一个教授几年中对上千人进行测试，不同的年龄段，不同的性别。发现70%～

80%的人遵循以下阅读和观看模式:图片最吸引人注意,其次是大号的字体即大字标题,然后是正文。所以了解了这些规律,设计就变得容易。在设计一个产品目录时,想要更好地吸引受众,可以遵循这种模式。

下面这张图片(图 5-1)中,什么部分首先吸引了你的眼球呢?经过调查,人物的图片比产品或物体照片更吸引人的眼球。在销售衣服的商店里,经常用一个模特代替衣架来展示服装,就是这个道理。

图 5-1 欢乐缤纷盛大开幕

2. 暖色调比冷色调或中性色更吸引人眼球

人们看书的时候一般是从左到右读,一页一页读,但是看直邮时,人们是随便翻,所以一定要吸引收件人的注意。研究发现,右上角一般是人们最先看到的,其次是左上角,右上角图片的注意力比左上角的图片注意力高 20%。研究人员还发现,暖色调(黄色、红色、橙色、粉色等)更加吸引人,冷色调或中性色(绿色、蓝色、灰色、米色)对人的吸引要稍差。

不同的颜色表明不同的信息。人们通常认为颜色是用来装饰的,所以把所有的颜色都用成暖色也是错误的,要记住:所有的东西都强调了,意味着什么也没有强调。

3. 白底黑字最容易理解

通常大部分的文本用白纸黑字,更容易让人理解。不同的颜色对读者理解文本会有差异性。研究表明,白底黑字的理解程度最好。不同颜色文本的理解程度如表 5-2 所示。

表 5-2 文本颜色对理解的影响

理解程度 文本颜色	好	一般	差
黑色	70%	19%	11%
深紫	51%	13%	36%
法国蓝	29%	22%	49%
橄榄绿	10%	13%	77%
暖红色	10%	9%	81%

尤其要注意的一点是,不要在黑色背景上写字。在背景中的各种颜色是为了吸引人的注意,浅色的背景上的文本会好理解。不同的色调会产生理解上不同的差异,如表 5-3 所示。

表 5-3 文本背景对理解的影响

理解程度 文本背景	好	一般	差
白底黑字	70%	19%	11%
黑底白字	0%	12%	88%
紫底白字	2%	16%	82%
蓝底白字	0%	4%	96%

很多公司使用黑色的背景搭配反白的文字(即黑底白字)吸引人注意。但是一定要注意的是,只有短标题或非常短的文案才可以用反白文字,如果长文本的黑色背景会令人的眼睛不适应,不要把这种搭配用在文案的主体部分。

4. 插图必须有助于销售

插图的使用可以证明所说的内容是真实的,例如,美容手术前后效果的对比,减肥前后疗效的对比,通过图片的注释来对比说明,加强效果的传输。

另外插图的使用是让人更好地去理解产品,而不是让人疑惑。因此,在使用插图的时候一定要强调图文的相关性,图文必须相匹配,插图的使用要能够支持并增强信息的效果。

因此,在直邮设计中,要使用最恰当的图片,因为人们首先看到的是图片,必须首先能够引起人的兴趣,对产品或服务提供有力的支持,进而通过文字进行具体的表现。如果从图片中看到了感兴趣的东西,而从文字中找不到任何的相关内容,就会产生偏差。

五、直邮的诱因设计

在设计直邮时,要想方设法让收件人在收到直邮后进行咨询并消费,这就是直邮设计的诱因,简单来说,诱因就是导致收件人响应、回电、点击和购买的原因。

诱因涉及两方面的权利和义务:一是收件人如何响应,他的权利是什么,义务是什么;二是企业如何做,企业的义务是什么,权利或者说利益是什么。例如,某银行说,如果收件人在该银行开一个定期存款账户的话,该银行就给 50 元的奖励。也就是说,如果收件人做出这样的响应,该银行就付给收件人 50 元作为奖励。收件人的权利是得到银行给的 50 元的奖励,而要得到这个权利,收件必须在该银行存入一笔定期存款;银行的义务是给开设定期账户的收件人

50元的奖励,而得到的权利或者说利益是获得一个新客户,获得一笔定期存款。

恰当的诱因一定是包含了对企业和收件人两方面的限制,尤其是对收件人的限制,实际生活中我们也经常见到这样的诱因。例如,移动电话公司推出的交话费赠话费的优惠,客户预缴100元话费,就能额外得到100元话费,但是这些预缴的以及额外赠送的话费每月只能使用20元,也就是说,客户必须还要再继续使用至少10个月的服务,这就是诱因中对客户的限制。

如果缺少对双方尤其是对收件人的限制,诱因就会失效。例如,在上面的例子中,如果客户没有将钱直接存入这家银行的义务,也许客户就会拿着这50元离开,再找一家银行再赚50元。在生活中我们也经常见到设计失败的诱因。例如,很多银行在推销信用卡的时候,经常会提供这样的诱因:只要客户填写了申请表,就能免费得到一个杯子或者一把伞之类的礼品。这样的诱因设计就缺少对客户的限制,因为客户填写申请表之后,有可能通不过银行的审查,或者有的客户通过审查,但是拿到信用卡后不开卡,结果就造成一部分死卡,没有给银行带来新的客户。

常见的诱因一般有以下4种形式。

1. 产品或服务带给客户的利益

诱因的表现形式之一就是产品或服务本身带给客户的利益。在这个物质极大丰富的时代,随着人们收入水平的提高,人们对商品价格越来越不敏感,很多人购买产品往往不是因为产品价格,而是因为产品能带给他们一种与众不同的感受,能带给使用者一种看不到的利益,尤其在销售一些高档产品的时候,这样的诱因更有效,如在购买汽车、手表、名牌服装等方面。

有一个企业生产打高尔夫球专用的手套,这是一个新产品,以前从没有过这样的手套。很多企业都生产高尔夫手套,这些手套的作用就是能戴上打球就行了,没有什么新鲜的,但这个打高尔夫球专用手套是与众不同的,它是专门为一些做过骨科手术的病患者设计的。戴上这个手套,即使有关节炎也没关系,照样可以打高尔夫球。而且该企业还承诺,如果不满意可以无条件退货、退款。商品特征指的是产品的物理属性,而利益是产品能给客户带来什么好处。这个手套就是高尔夫厂家设计的特殊手套,给客户带来的利益是关节炎患者戴上了手套就能够正常地打高尔夫,而没有关节炎的高尔夫球手带上这个手套后能打得更好。这是一副手套带来的区别,这就是一个很好的诱因。另外这家公司还提供了一个认证,关节炎基金的认证,通过认证告诉客户可以放心大胆地使用产品。

产品带给客户的利益以及产品的认证信息构成了产品销售的基本诱因,这个诱因通常人们认识不到,我们可以称之为"软诱因",它虽然无声无息,但是体现了甲产品和乙产品的区别,构成了产品销售的基础。

2. 价格和付款条件

诱因的第二个表现形式就是价格和付款条件。对大部分人来说这是诱因中最熟悉的一部分。大家经常看到商家写上一个"sale",其实就是打折。企业其实不喜欢打折,因为打折使企业的利润减少。有的时候企业必须限制自己的销售量,限制打折量,如果每件产品都打折,那利润从何而来?

价格和付款条件的差异相比于产品带给消费者的利益更加直接和明显,称之为"硬诱因",常见的形式有以下几种。

(1)直接打折

折价是短期激励的工具,是最原始但效果最好的一种诱因,操作得当可以起到增加老客户的购买量、吸引新客户购买、短期内大量增加销量等作用。但打折也有不可避免的副作用。

不能根本解决销售不畅的问题,折价只能达到短期内增长销量的目的。如果时机选择不当,可能会出现销量增加而利润下降的现象。

容易造成虚假的市场繁荣,误导企业的正确营销决策。批发商、消费者的过量购买,会影响以后的销售。

容易引发价格战。

新产品特别是知名度不高的产品,在直邮中采用打折的诱因,其效果很不明显,因此打折的诱因适合于那些品牌成熟度高、购买频率高、季节性强的产品。

(2) 延期付款或者分期付款

延期付款或者分期付款对很多消费者都非常重要,在购买家电、汽车、住房等高价值产品时,很多消费者很难尽快把钱凑齐,这时他们最喜欢的付款方式就是刷信用卡,通过信用卡实现延期付款或者分期付款。

信用卡于1915年起源于美国。最早发行信用卡的机构并不是银行,而是一些百货商店、饮食业、娱乐业和汽油公司。据说有一天,美国商人弗兰克·麦克纳马拉在纽约一家饭店招待客人用餐,就餐后发现他的钱包忘记带在身边,因而深感难堪,不得不打电话叫妻子带现金来饭店结账。于是麦克纳马拉产生了创建信用卡公司的想法。1950年春,麦克纳马拉与他的好友施奈德合作投资1万美元,在纽约创立了"大来俱乐部"(Diners Club),即大来信用卡公司的前身。大来俱乐部为会员们提供一种能够证明身份和支付能力的卡片,会员凭卡片可以记账消费。这种无须银行办理的信用卡的性质仍属于商业信用卡。1952年,美国加利福尼亚州的富兰克林国民银行作为金融机构首先发行了银行信用卡。1959年,美国的美洲银行在加利福尼亚州发行了美洲银行卡。此后,许多银行加入了发卡银行的行列。到了20世纪60年代,银行信用卡很快受到社会各界的普遍欢迎,并得到迅速发展。

人们之所以喜欢用信用卡消费,或者说直邮之所以把"可以刷信用卡"作为一种诱因,是因为信用卡和其他银行卡一样,免去了消费者携带大量现金的烦恼;信用卡具有不少于1个月的免息期,消费者可以利用信用卡作为一种理财的手段;信用卡可以作为一种应急筹款渠道,当消费者急需购买某商品而资金不够时,信用卡可以进行透支,虽然有利息,但是因为资金使用时间短,给消费者带来的压力并不大。

(3) 返送优惠券

"买100送50""买100返100"这种诱因其实大多数消费者已经见多不怪。所谓返送优惠券其实是企业"放长线钓大鱼",是企业为消费者设置的连环套,通过返券这种活动不断刺激消费者的欲望,使其走进企业设置的循环购物套路。

返券是针对消费者心理的一种"诱导",企业抓住消费者意欲满足打折需求的心理,在无形中会使消费者产生一种循环式消费的可能。假设以消费者购买300元或以上物品得到120元"返券"为前提,而返券不能参加下一次返券的消费优惠活动,因此实际上而言,消费者在最大的程度上是打了7.1折(300/420=0.71),但是实际上并不是这样的。例如,我买了一双650元的鞋子,得到了240元的返券,我又用这些返券加上60元钱,买了300元的衣服。这样我总共得到的商品价值是650+300=950元,而付出的钱是650+60=710元,710/950=0.74,也就是打了7.4折。而消费者碰到的往往不可能是理想的状态,肯定会有额外的消费。

返券常用的方法有两种:针对某种产品的返券优惠,可以对返券产品类别以及返券最低消费额进行限制,如购某品牌商品满500元返250元代金券,限送250元。不限产品的返券优惠,但是设定整体消费最低额度,如买300元送120元,买600元送250元,原本已经花了200

多元或 500 多元的消费者就有可能因为更多的优惠而再次购物,提高企业的销售额。

(4) 提供赠品

一个慈善机构在直邮中提出一个诱因,如果捐赠超过 1 000 元,将会得到一个泰迪熊。用激励的方式是为获得更多的捐赠,更多的销售,所以激励必须以促进这个协会募捐为目的。除了赠送礼品外,还有其他形式的激励,如送奖金。杂货店可以在直邮中告诉收件人,如果星期二来店消费,就可以得到双倍的积分,如果购买特殊的商品,超过一定量的时候也可以得到双倍的积分。

(5) 提供抽奖

有个公司在电视上做了一个广告,为了让目标受众都看到这个广告,该公司设计了一个像六合彩一样的大奖。这是一个非常有名的设计师设计的,该广告说如果你幸运的话,你就获得 1 万美元的奖金,但是你必须每天都得看电视,因为广告中每天告诉你一个密码,这样就把广告的诱因和目标紧紧捆绑在一起。设计抽奖的时候,要考虑不同的收件人,要防止只是某些人抽中了大奖,而其他人买了很多产品却没有中奖,这时就有设置"托儿"的嫌疑。

抽奖一定得是钱吗?有一种叫做梦想的抽奖形式,也一样很成功,抽中的不是钱,而是一个梦想。有些人做梦都想做点事,可是力量不够,所以如果通过抽奖的方式抽中了,他就可以实现这个梦想。有的人天天想打篮球,甚至希望让姚明做他队里的队员,抽奖就可以设置为"和姚明一起打半场的篮球";有的人喜欢网球,每年都举行网球世界大赛,网球大赛在哪举行都是一票难求,针对这些人抽奖的奖品可以设置成"某次网球赛的门票"。如果企业知道收件人的梦想是什么,能通过抽奖帮他们实现梦想,那这些收件人收到直邮后就会去响应、去购买。

六、直邮营销的诉求形式

直邮营销的诉求形式和一般的广告诉求形式类似,一般分为感性诉求和理性诉求。

(一) 感性诉求

感性诉求是将营销的重点以情绪沟通的方式进行表现,突出创意内容在格调、意境、心理情绪感受方面的优势,从情感和外在形式上达到消费者的创意方式。

1. 感性诉求的表现形式

感性诉求不注重商品的具体功能以及价格优势,而是运用能够牵动受众情绪的艺术形式,对受众展开情感攻势。感性诉求不能虚假做作,情感内容要真诚,在整个过程中没有太多的"因为""所以",没有过多的说明和鼓动,只是和受众交流,向受众提示。在创意中,感性诉求的表现主要有以下几种。

(1) 亲热感

这种情感往往发生于有关家庭、朋友和恋人的关系体验。在这些体验中,我们会感到温暖、真诚、安慰和友爱等。在广告创意中,我们通常以故事情节来展现这种情感,这种情节多以互助、关怀、家庭生活为题材。

案例

充满情感的儿童鞋广告

某儿童鞋的广告作品是一则非常杰出的运用情感因素的经典作品,画面中一只红润的、胖乎乎的儿童的小脚放在一双母亲的手中,呈现了一种生命的稚嫩,让人感动,具有极大的视觉冲击力。

画面初看似乎与鞋无关,但小脚在母亲的手心中的感觉确实人人都可以意会的。母亲的手心,不但体现了母亲的爱心,还体现了一种母爱的温柔和舒适感,这对年轻的母亲极具感染力和诱惑力。该广告正是抓住母爱这一情感因素,点明主题:穿上凯兹牌儿童鞋后会有柔软舒适的感觉。

(2) 幽默感

幽默使人产生兴奋、愉快等情感体验,它的成功运用会促进受众产生对广告商品的积极认识,在取悦受众的同时传递广告诉求。不同文化背景的人对幽默的内容及方式会有不同的反应。幽默式创意需要从目标受众的文化层面以及价值观念入手,去寻找最能引发特定受众群体共鸣的幽默内容。

案例

衣物柔顺剂广告

图5-2是一则衣物柔顺剂的广告。该广告是一个摔跤图,没有文案。按照常理来说,比赛选手的脸部表情应该是狰狞而紧张的。可是这位选手的表情却是那种婴儿般满足舒服的微笑。为什么呢?原来他的对手使用了右下角这个产品。所以衣服特别的舒服柔软,连对手都忍不住靠着他不放了。该广告幽默利用得恰到好处,使人们对该产品印象加深,而且连对手都可以吸引了,更能激发人们尝试购买使用的欲望。

图5-2 衣物柔顺剂广告

(3) 害怕感

通过特定的广告引起消费者惧怕的情感体验,如惊恐、厌恶和不适等,广告试图通过这样的表现,使消费者按照广告传播要求,改变态度和行为,常见的一些交通安全广告、吸烟有害健康的公益广告就是采用这样的诉求方式的。

案例

禁烟广告

图5-3是一则公益广告。一大一小两双死尸的脚一下子出现在面前,会让人深深地恐惧。

黑暗的画面显得阴郁沉重,让人喘不过气来。这一切让人产生欲望继续看下去,原来是禁烟广告。它表明吸烟不仅是谋杀自己,同时也是谋杀自己的孩子。这种合理夸张的想象将禁烟理念深植在我们的心中,令人难以忘怀。

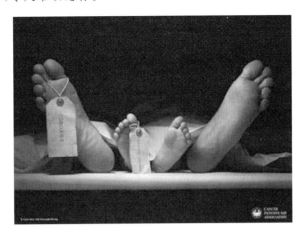

图 5-3　禁烟广告

2. 感性诉求的使用时机

(1) 产品缺少特性时

有些产品本身没有什么特性,如果只是在广告中强调产品所能满足的具体需要,无法吸引消费者去购买,所以要通过广告激发产品所能满足的社会性动机或情感,赋予广告产品一定的附加价值,没有特性就用广告造出特性来。

(2) 产品特性不足以吸引消费者时

有些产品有特性,但这种特性构不成消费者购买该产品的强大动力,这时不如在产品特性的基础上引申该产品所能满足的社会性情感,进而触发消费者的购买动机。

例如,在洗发水广告中,不仅要说明它可以去污,去头屑,增加亮泽,还要说明用后显得健康,有朝气,令朋友或其他人更喜欢。(我爱闻、我爱摸)

(3) 产品特性太多无所适从时

有时太多的特性也会使创意者无所适从,这时候,不妨抛开一切特性,着重强调产品的情感色彩,从而吸引消费者进行购买。

(二) 理性诉求

理性诉求是指通过真实、准确地传达企业产品或服务的客观情况,使受众通过判断、推理等思维过程,理智地做出购买决定的创意方式。

1. 理性诉求的使用时机

理性诉求更多地运用于消费者需要深思熟虑才能决定购买的商品,或者一些性能比较复杂的商品。当企业要实现以下营销目标的时候可以使用理性诉求的创意方式。

(1) 改变消费者对广告品牌的某种错误观念

当消费者收到某种外来宣传的影响,对广告品牌产生偏颇的认识时,需要通过理性诉求广告澄清事实,以使消费者对广告品牌产生正确的认识。

案例

百事可乐的理性诉求广告

百事可乐公司在台湾的一次市场调查中发现,可乐类饮料销售量下降,其中主要原因是消费者认为可乐饮料是化学原料制成的,褐色的饮料颜色是色素造成的。这种认识对百事可乐极为不利。针对消费者的这种错误认识,百事可乐推出两则卡通饮料广告。

一则广告的诉求重点是可乐是天然原料制成的。在这个广告的画面上,有一些树,树上长着一些褐色的果子,这些果子落到地上,变成一瓶瓶可乐。广告文案大意是:口渴的人都信赖清凉舒畅的百事可乐,它由可乐子、香草豆、蔗糖、焦糖和纯净水等天然原料做成,在您需要时,带给您欢乐、舒畅。

另一则广告诉求重点是可乐为什么是褐色的。在这个广告的画面上也有几棵树,树上分别长着颜色不同的果子,有黄色的、红色的、绿色的,还有褐色的。突然褐色的果子落到地上,渐渐变成一瓶瓶可乐。广告文案大意是:我是可乐子,我生长在可乐树上,是新鲜天然的果子。

(2) 提高对广告品牌有利特性的重要评价

任何产品都不能十全十美,或多或少有些缺陷,但是为了提高广告品牌的竞争力,我们可以在广告中通过理性诉求手法,强化产品的优势,淡化其劣势。

1981年美国面临能源危机,由于汽油短缺,不但价格上涨,而且消费者排队才能购买到汽油。在这种情况下,消费者对汽车的需求大幅下降。本田斯维克牌汽车推出了"每加仑54公里"的广告,想向消费者说明斯维克汽车的省油特性,收到了非常好的效果。

而美国凯迪拉克汽车面对石油危机采取了与本田不同的策略。因为凯迪拉克不省油,每加仑汽油只能行驶29公里,在这点上根本与本田无法竞争,但是他们发现消费者在面对石油危机时,更关心的是如何解决排队加油的问题。于是凯迪拉克强调油箱公里数即油箱大小的重要性,提出油箱公里数应是选择汽车的重要标准,同时说明凯迪拉克汽车每箱油能行驶725公里,可以减少消费者排队加油次数。该广告在一定程度上提高了凯迪拉克汽车的销售量。

2. 理性诉求的表现形式

(1) 信息展示

该形式主要针对那些敏感型消费者采用的方法。这类消费者遇事心有戒备,对广告宣传心有疑虑,只有用客观报道性的信息才能使他们消除疑虑。在运用信息展示方法表示理性诉求时,应不加任何修饰地、朴实无华地介绍商品功能、特点,力求给受众一种真实的、不浮夸的印象。

(2) 实证演示

实证演示是通过现实的表演示范画面,向消费者展示商品的功能和使用知识的一种理性诉求方式。在针对消费者使用新产品的多种顾虑以及对高技术产品的安全性存在疑问时,实证演示是最有效的、最具说服力和营销力的广告表现形式。

(3) 比较

比较式诉求的核心是通过对自身优点的阐述来营造自己产品优于其他产品的印象。这种方式容易激化竞争,引发争议,另外如果是新产品和已有产品的对比,也会引起消费者对原有产品忠诚度的下降,从而对新产品的质量质疑,影响营销效果。

第四节 直邮的发展

一、国际直邮的发展

目前美国引领了国际直邮产业的发展,北美和欧洲的直邮市场发展水平也比较高,而非洲、亚洲的直邮发展尚处于起步阶段,各地区发展程度如图 5-4 所示。

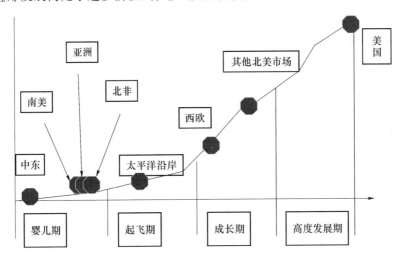

图 5-4　国际直邮市场发展现状

国际上直邮信件占邮件的份额也在逐步扩大。据万国邮联统计,2006 年广告邮件在国内邮件总量中占据了至少 37.6% 的份额,与 2003 年相比,上涨 31.4%。以致万国邮联执行主席 Raquel Ferrari 认为"传统信件会大量消失",结果导致"所有的信件都变成直复营销的媒介"。同时直邮作为一种分众传媒已经得到世界广告业和传媒业的认同,直邮在世界范围也得到了长足的发展,对大众媒体提出了强有力的挑战,美国直邮协会主席 John Greco 认为:"传统的大众媒体很快就支离破碎"这种媒体破灭的结果就是"所有的营销都变成直复营销"。

二、美国直邮的发展

在美国直邮是一个社会化的概念,很多公司和企业都自己设计与打印直邮邮件,通过邮政渠道邮寄。邮政也从设计、打印、邮寄、资费等很多方面帮助公司与企业提升直邮对企业的作用,降低直邮的成本,增加邮件量。

广告预测公司 Universal McCann 统计,2008 年直邮在整个媒体中占 21.6% 的市场份额。如果把电视分得更细,如网络电视、地方电视等,那么直邮占的比例是最大的。

1997—2007 年,直邮从占不到 20%,发展到 21% 多。而在过去 10 年报纸广告受到的挑战最大,从 1997 年的 22.2% 下降到不到 16%。关键的是,在过去的 10 年里直邮发展很快。另外也应看到,网络也是一支重要的广告力量,虽然 2007 年它只占 4.3%,但是,过去 10 年由

0.3%发展到4.3%,这是一个很快的发展,而且根据预测,有越来越多的广告用在互联网和其他电子媒体上。由于技术的发展,公交车上的广告、广告牌上的广告也变得越来越先进,广告牌上可以看到有移动的录像等。还有一些趋势,在大楼上面也有广告,在迈哈顿火车站的楼梯上有广告,在机场的用餐所用的桌子上会有广告,在飞机上的小桌板上也会有广告。另外,通过移动设备做广告发展也很快。

三、法国直邮的发展

在法国,直接邮件是一个成长的市场,人均每年收到的有址邮件80件,无址邮件300件。邮寄的直接邮件88%来自于企业和行政部门,12%来自于住户。收到的邮件,67%的邮件是由个人收到的,33%的邮件是由企业和政府收到的。

2005年法国广告费用的分配为:报刊为14%,电视为13.1%,户外广告为3.1%,广播为4.5%,直接营销为32.2%,促销为15.5%,大型活动为8.1%,公共关系为5.4%,黄页为3.5%,互联网为0.6%。其中直接营销费用的分配为:报刊为7%,电视为12.5%,互联网为2%,电话为7%,无址邮件为25%,分类目录册为3%,有址邮件为35%,广播为7.5%。

四、英国和澳大利亚直邮的发展

英国和澳大利亚的直邮发展相对滞后,但直复营销市场在不断增长。2007年,英国互联网拥有16%的市场占有率,广告费增长达到40%,而直邮只有11%的市场占有率,广告费增长为-7%。2007年澳大利亚互联网拥有11%的市场占有率,广告费增长达到20%,而直邮只有3%的市场占有率,广告费增长也只有8%。

五、中国直邮的发展

截至目前,中国直邮的发展大致经历了4个阶段。

(一) 第一阶段:起步期(1970—1998年)

中国当代直邮起步于20世纪70年代末期。随着商品经济的逐渐活跃,中国东南沿海地区,尤其是以浙江温州为代表的个体经济迅速发展。地处浙江温州的苍南县金乡镇作为中国最早的直邮发源地,经过改革开放后几十年的发展,不仅带动了邮政包裹、汇兑、储蓄、报刊等业务的发展,成为浙江省第一个收入超百万元的邮政农村支局,同时也带动平阳、永嘉、乐清等地的商家加入使用直邮营销的队伍中,推动了整个温州地区直邮营销活动的跨越式发展。苍南县的直邮信函邮寄量在1988年达到最高峰的4 800万件。

但是在其后一个相当长的时间里,由于处于长期的自然垄断地位,邮电合营时期的邮政对市场的反应相对迟钝,缺乏开拓市场的动力,只是被动接收企业邮寄的直接邮件,按照相关业务处理规定,进行分拣和投递。期间,国内只有部分无力承担高额广告费用的个体和私营企业使用直接邮件,进行对外的广告宣传和产品销售。

1995年后,由于长期看好中国巨大的市场潜力,以德国贝塔斯曼出版集团为代表的部分国外发达国家的直邮营销公司进入中国,带来了崭新的营销理念和运作方式。1995年2月,经上海市外经贸委批准,德国贝塔斯曼股份公司与上海市新闻出版局直属的中国科技图书公司合资建立了"上海贝塔斯曼文化实业有限公司"。凭着与中国官方的良好关系,贝塔斯曼在中国的图书期刊市场长驱直入,在中国获得了经营图书俱乐部许可证,通过直邮营销方式,建立了高达150万人的全国性书友会,直接开展图书报刊的发行邮购零售业务。业务开展的高峰期,贝塔斯曼每年邮寄的直接邮件高达近1000万件。随后,美国《读者文摘》等期刊也陆续开始在中国试水直邮营销活动。跨国公司在进入中国,并取得较好营销业绩的同时,也为国内培养了一批人员,开始了解和使用直邮营销,进行相应的市场拓展。这一时期,尽管中国直邮营销呈现出自然发展的态势,但已经为下步的快速发展奠定了基础。

(二)第二阶段:快速增长期(1999—2002年)

以1999年邮政和电信正式分开运营为标志,中国邮政开始独立运营之后,直邮营销才逐步得到重视,并取得了较快发展。中国的直邮信函量从1999年的70.44亿件增长到2002年的106亿件,年平均增长速度为14.296%;由此带来的邮政直邮收入也从1999年的40.7亿元增长到2002年的54.33亿元,年平均增长速度为9.2%。

但是,在快速发展期内,也存在一定问题。主要是:真正基于数据库的直邮所占比例偏低,无名址直投广告所占的比例偏大。该阶段主要是起到了在市场拓展初期的气氛营造作用,对中国直邮产业的形成提供了初步条件。

(三)第三阶段:扎实发展期(2003—2013年)

2002年以后,中国直邮业务发展呈现出平稳发展态势。到2008年,中国邮政直邮收入为75.6亿元,比2002年增长39%。虽然直接邮件收入呈现平稳发展,但其中基于数据库的直邮所占的比例不断提高,尤其是在经济发达的省市得到快速发展。上海和广东等地的直接邮件业务量和收入连续多年以20%以上的速度增长,成为中国直邮发展最为成熟和发达的地区。

这一阶段的主要特征如下所示。

(1)中国邮政主动收缩了在无名址直投广告等低效业务的投入力度,转而通过建立全国性地址库和名址库的方式,着力开发高效的基于数据库的直邮业务;通过出面筹备并成立中国直邮协会等方式,与跨国和国内直邮营销公司一起,研究探索符合中国国情的直邮营销模式。

(2)电子邮件和手机短信的快速普及和应用,对民用信函和部分账单直邮产生较大冲击,这也是该阶段直接邮件业务量下滑的原因之一。

(3)国内从事直邮营销的公司数量不断增加,并已经在部分领域取得较好效果,得到国内和部分跨国企业顾客的认可,例如,上海罗维互动营销服务有限公司,于2001年成立后,成为国内专业直复营销服务商之一,为各类企业提供目标客户信息,以及迅速接触到他们的通道(ROAD)与方法(WAY)等一整套专业直复营销解决方案。罗维提供的所有服务均建立在数据库资源、数据库技术和后勤服务的资源体系之上。

(4)跨国数据库营销公司由原来的试水中国变为规模性业务开拓,尤其以TNT公司最为明显。2005年8月,在欧洲开展直复营销25年历史的荷兰TNT公司(荷兰邮政的子公司)在中国上海成立了上海天地直复营销策划服务有限公司,其目的是"将欧美盛行的直复营销——一种对目标客户'精确打击'的营销模式——植入充满诱惑的中国",为企业提供量身定做的消费群数据解决方案,使企业得以进入其目标细分市场而进行营销。随后,该公司通过邮件、电话、Email、面对面采访等形式,向上海市民发出了700万份信息收集问卷,问卷内容涉及他们对金融、保险、汽车等行业的消费偏好,并已经成功拥有50万名提供了翔实数据的成员。

(四)第四阶段:转型期(2013年至今)

由于受外部经济以及政府政策的影响,从2013年开始,中国的直邮业务增长乏力,甚至出现了负增长。在这个时期,中国的直邮企业开始探索直邮与网络、二维码、微信等新技术的整合营销,虽然直邮业务出现了下滑,但直复营销发展依然十分强劲。

六、中国直邮发展存在的问题与挑战

1. 没有形成有效的产业链条

直邮营销具有自身较为独特的产业链条,内部也具有较为明确的市场分工。一个完整的直邮营销活动往往需要营销策划、数据库提供、打印制作、邮寄服务、反馈信息整理、数据库更新和外围设备提供、直邮营销教育培训等多个环节之间密切协作方能完成。而直邮营销在当代中国只有20多年的时间,尤其是国外先进的依托数据库的直邮营销进入中国只有短短10年左右的时间,尚没有形成较为完整的产业链条。目前,国内专业从事数据库营销的策划机构只有区区数十家。数据库提供商也寥寥无几,大部分数据还要依靠企业自身的积累,对数据的细分程度还远远没有达到企业顾客的实际需求。加之,此前作为直邮营销的主导者的中国邮政,局限于自身的身份定位、业务定位,没有发挥应有的带动和引导作用,致使直邮营销在中国发展步伐缓慢,甚至在网络营销手段的直接冲击下,出现了不进则退的苗头。

2. 缺乏准确的、可有效利用的数据库资源

准确、有效的数据库资源是直邮营销的基础和核心性因素。据统计,一个准确、有效的客户名单所发挥的作用大约占影响直邮营销活动所有因素的作用的40%以上。而在中国,主要有两个因素阻碍了直邮营销数据库的开发和利用。一是缺乏企业顾客需求的有力拉动。直邮营销在中国才刚刚起步,大部分直邮营销的潜在企业顾客没有充分认识直邮营销在针对性、精确测量客户反馈和详细排他性推荐方面的优势。同时,由于大部分企业还仍然使用传统营销手段,甚至是纯粹的推销手段进行市场的拓展。因此,对需要进行精细化操作的直邮营销的需求不够迫切。二是缺乏有效的市场化手段和整合机制,致使现有数据库内容庞杂、散乱,不完全具备为企业顾客提供精细化营销、一对一营销的条件。

3. 先期较高的营销成本阻碍了企业顾客的使用热情

直邮营销的基本步骤包括以下5个方面:产品(服务)的市场定位策划、数据结构设计和数据收集、设计和执行营销过程、评估营销效果、整理反馈信息并修改更新数据库。在这个过程中,数据结构设计和数据收集是必不可少的阶段。这就要求企业顾客在见到实际营销效果之前,必须进行一个相对较长时间的前期投入,建立一个适合企业自身的包括客户姓名、性别、地址、联系方式、消费偏好、最近购买情况、购买频率和购买金额等信息在内的数据库系统。在营销近视化、企业治理结构很不稳定的中国市场上,很少有企业愿意为今后的长期收益进行一个较长时间的数据积累。

4. 电子通信手段对直邮营销具有一定的替代作用

电子邮件、手机短信等现代通信手段对直邮营销产生较大的替代作用。根据中国互联网络信息中心(CNNIC)发布的《第33次中国互联网络发展状况统计报告》显示,截至2013年年底,我国网民人数达到了6.18亿,互联网普及率达到45.8%。根据艾瑞咨询的统计,2010年中国个人电子邮箱用户规模达2.59亿,同比增长18.8%,邮箱用户占网民总数的比例为56.7%。"用户到用户"的电子邮件每天的平均发送量将超过360亿封,电子邮件在未来一段时间内将是人们进行信息交流的主要媒介之一。

同时,据工信部统计数据,2014年1月底中国移动通讯用户达12.35亿,其中4.19亿(33.94%)为3G用户,8.38亿(67.80%)为移动互联网接入用户。2014年1月底移动通讯用户数占全国人口的90.8%(用户密度)。中国手机用户每月发送735.6亿条短信,平均每天每部电话发送1.93亿条短信,手机上网每天使用的流量超过了130 000 TB。

作为直复营销手段的电子邮件、手机短信具有使用快捷、到达迅速的特点,对以直邮信函为主要载体的直邮营销产生较大冲击。尤其是电子邮件以其低成本、快回复、易测试等优点,得到企业顾客的青睐,其正处于高速发展期。

5. 电视和报纸等主流媒体的大众广告效应对企业顾客仍然具有较高吸引力

目前,中国大多数企业仍然采取"大规模媒体广告轰炸＋全面铺货＋地面人员推销"的模式进行产品销售和市场拓展,并在快速消费品等领域取得较好效果。这一示范效益也影响着很多并不适合以上模式的企业,对上述模式乐此不疲。很多企业在跟风运作过程中,宁可投入几百万元的广告费博得眼前的热闹,却不知道如果把同样的资金投入建立"自己"的客户数据库,将会建立起企业长远发展的巨大优势。

思 考 题

1. 直邮产品是如何分类的?
2. 直邮具有哪些特点?
3. 直邮有什么功能?
4. 直邮和其他媒体的区别表现在哪些方面?
5. 直邮文案撰写需要遵循什么原则?
6. 常见的诱因有哪些形式?
7. 请解释直邮营销的两种诉求形式。

第六章 电话营销

第一节 电话营销概述

一、什么是电话营销

电话营销是电话与营销的产物,电话营销(Telemarketing)是一个较新的概念,出现于20世纪80年代的美国。随着消费者为主导的市场形成,以及电话、传真等通信手段的普及,很多企业开始尝试这种新型的市场手法。电话营销不等于随机地打出大量电话,靠碰运气去推销出几样产品。这样的电话往往会引起消费者的反感,结果适得其反。

电话营销的定义为:通过使用电话、传真等通信技术来实现有计划、有组织,并且高效率地扩大顾客群、提高顾客满意度、维护顾客等市场行为的手法。成功的电话营销应该使通话双方都能体会到电话营销的价值。

与电话营销相关的词汇很多,如直接销售、数据库营销、一对一营销、呼叫中心、客户服务中心等都是其涵盖的内容。这些技术侧重的方面各有不同,但目的都是一样的,既充分利用当今先进的通信计算机技术,又为企业创造商机,增加收益。

电话营销是企业整体营销规划的一个重要组成部分,电话营销的目标在于以一种能够满足顾客需要的经济有效的方式到达顾客,而它的对象是公司现有或潜在的目标市场成员,通过与他们的沟通,可以达到维持与客户良好的关系,而且还可以树立良好的企业形象。电话营销作为直复营销的一种方式,还可以作为其他直复营销的一种支持工具,如直邮、目录、印刷媒介广告、广播电视广告、一线推销等。电话营销包括所有利用电话进行营销的形式,而非单指电话销售。它不仅是销售和客户服务的重要组成部分,也可以作为其他直销活动的补充。

二、电话营销的特点和优势

(一)电话营销的特点

从广义上来说,电话营销具有以下7个特点。

1. 互动性

现在是多媒体的时代,多媒体的一个关键词是交互式(Intractive),即双方能够相互进行沟通。仔细想一想,其他的媒体如电视、收音机、报纸等,都只是将新闻及数据单方面地传给对方,现在能够与对方进行沟通的一般性通信工具之一是电话。电话能够在短时间内直接听到客户的意见,是非常重要的商务工具。通过双方向沟通,企业可通讯时了解消费者的需求、意见,从而提供针对性的服务,并为今后的业务提供参考。

如宾馆、饭店的预约中心,不必只单纯地等待客户打电话来预约(Inbound),如果去积极主动给客户打电话(Outbound),就有可能取得更多的预约,从而增加收益。又因为电话营销是一种交互式的沟通,在接客户电话(Inbound)时,不仅仅局限于满足客户的预约要求,同时也可以考虑进行些交叉销售(推销要求以外的相关产品)和增值销售(推销更高价位的产品)。这样可以扩大营业额,增加企业效益。

2. 个性化

现在的消费者要求个性化的服务。电话营销可以直接了解客户的需求,根据客户需求,提供有针对性的产品及服务。例如,可根据客户反映的情况如何,以决定是否改变措辞,甚至更改拟推销的商品或价格,以博得客户的认可,因而有可能得到更好的效果,又可将对方的反应加以分析,据以收集有关企业目标的最新情报。

3. 即时性和快捷性

在电话中,对方的反应是即时的,与电子邮件、直邮都有较大的不同,电话营销可以瞬间与受信人通话联系,直接快速地了解目标客户的信息。

4. 灵活性和融通性

通过打电话,时常可测试出对方所希望的价格或特殊需求,又与广告或DM(直邮)不同,即使更改也不会增加新的制作费或印刷费,具有较大的灵活性和融通性。

5. 经济性

电话营销的成本较低,相对于一对一交流沟通的访问(挨户登门)推销,成本有显著的差距。

6. 规模化生产性

被训练和管理的业务电话营销人员可发挥高度的生产性。据某权威调查机构统计,每一位受过专业训练的业务电话营销人员其工作能力为:

① 每一小时可与 5~7 名商业界人士通话;
② 每一小时可与 8~15 名一般消费者人士通话。

7. 普遍性

目前中国的电话装机率很高,是非常普遍的通信方式,可以大量、随时随地进行电话沟通。而由于电话营销是凭着声音与客户进行交谈,因此,从狭义上看,其具有一些自身的特点,这些特点也决定着电话营销员能否获得成功。

(1) 电话营销只靠声音传递讯息

电话营销人员只能靠"听觉"去"看到"准客户的所有反应并判断销售方向是否正确,同样地,准客户在电话中也无法看到电话销售人员的肢体语言、面部表情,准客户只能借着他所听到的声音及其所传递的讯息来判断自己是否喜欢这个销售人员,是否可以信赖这个人,并决定是否继续这个通话过程。

(2) 电话营销人员必须在极短的时间内引起准客户的兴趣

在电话销售的过程中,如果没有办法让准客户在 20～30 s 内感到有兴趣,准客户可能随时终止通话,因为他们不喜欢浪费时间去听一些和自己无关的事情,除非这通电话让他们产生某种好处。

(3) 电话营销是一种你来我往的过程

最好的销售过程是电话销售人员说 1/3 的时间,而让准客户说 2/3 的时间,如此做可以维持良好的双向沟通模式。

(4) 电话营销是感性的销售而非全然的理性销售

电话营销是感性销售的行业,销售人员必须在"感性面"多下功夫,先打动客户的心再辅以理性的资料以强化感性销售层面。

(二) 电话营销的优势

1. 及时把握客户的需求

现在是多媒体时代,而多媒体的特点就是交互式,即双方能够进行相互沟通。电视、杂志等只能提供单方面的信息和数据,而能够与对方进行沟通的最简单方便的工具就是电话。电话能够在短时间内直接听到客户的要求和意见,通过双方的沟通,企业可以提供针对性的服务。不管你是打电话给客户向他介绍产品,还是客户打电话向你投诉,都能及时地把握客户的需求,同时让他们得到更好的产品和服务。

2. 保持与客户的关系

通过电话营销可以建立并维持客户关系营销体系,但在建立客户关系时不能急于见效,应有长期的构想。制订严谨的计划和实施方案,不断听取客户的意见,提供更优质的服务,进而争取更多的终身顾客。电话营销能建立客户对你的忠诚,相信你不只是想赢得客户,你还想维持与客户的关系。要知道,赢得一个新客户的成本是留住一个老客户的成本的七倍,所以我们更要通过电话将现有客户留住,与他们建立长久合作的关系。

3. 增加收益

电话营销可以扩大企业的销售量,缩小企业的运营支出,增加企业的收入。通过电话的定期联系,在人力、成本力上是上门访问所无法比拟的。这样的联系可以密切企业和消费者的关系,增强客户对企业的忠诚度,让客户更加喜爱企业的产品。电话营销起初只不过是一个构想而已,后来在 1962 年福特汽车公司为要推广 2.3 万辆新车,以购买的可行性较高的准客户为电话营销争取的目标,而付诸实现此次打电话招揽生意。此次活动打了多达 2 000 万通电话,实可谓电话营销的先行者。

4. 增强企业商业运营的保密度

电话营销是一对一式的销售,不易被对手觉察,它的保密性较好。

三、电话营销的流程

电话营销作为一种营销模式,既与其他营销模式有相近之处,又有自己的一些独到之处。无论接听模式还是外呼模式,其基本的过程都是一致的。

(一) 准备阶段

准备阶段是指电话销售人员进入销售状态前的准备工作,销售人员要打开记录客户信息的记事本或计算机,打开公司的促销资料;对于主动外呼的电话销售员,要准备好客户清单,仔细观察每位客户的特点,必要时上网查询一下背景资料。

这些准备工作做好后,还有一个很重要的工作,就是思想状态的准备。电话销售人员与客户互动时主要依靠声音,销售人员的其他感官如眼睛还可能受到其他事物的影响,很容易走神,稍微不注意,与客户的语言沟通就可能出现差错。因此,电话销售人员一定要注意力集中,如 DELL 公司在日常工作中强调注意力一定要集中在客户身上,情绪要稳定,有的销售人员与客户沟通时,在旁边很大声地叫他的名字他都可能听不见。

电话销售的准备也体现在平时和上岗之前的培训中,除了销售技巧之外,电话销售人员还要熟悉自家产品的特性和竞争对手产品的特性,还有行业特点等,这对销售人员树立信心、提高成交率有很大的帮助。

(二) 开场

电话营销的开场就是电话接通后 10~30 s 内与客户之间最初的通话,包括问候语、互相介绍、说明来意等内容。需要注意的是,开场和开场白是不同的概念,开场是销售人员与客户的第一次接触的整个过程,而开场白是开场时说的话。开场不仅要说话,而且要通过饱满的情绪和态度去影响客户。开场留下的印象奠定了后面谈话的基调。面对面的销售或者周期较长的销售,销售人员有充足的时间给客户留下一个固定的印象,但是在时间较短的电话销售过程中,开场留下的印象很难被抹杀。对于主动呼叫客户的外呼业务模式而言,开场就更重要了,因为这决定了客户是否愿意与你继续沟通,销售人员很可能一句话没说对,甚至语气有点变化,都会导致客户直接拒绝。

开场如此重要,那么设计好的开场就很必要。开场是一个综合的内容,包括致电的时间、通话时的语速、语调、语气、内容、态度、情绪、自信心等。总体来说,开场归为两部分:一部分是共性的,整个团队都是用这种方式进行的,而开场白就是开场的话术,如介绍自己和公司,说明来意等,这些需要电话销售公司群策群力,精心设计,并根据形势,不断修正话术,与时俱进。另外一部分完全依靠销售人员自身的素质,同样的一句"我们公司获得了很多客户的好评",资深的销售人员的话就非常让人信服,而年轻的销售人员的话就可能让人怀疑。自信心和经验让销售人员在语气上会有些微小的差异,而这些都会让客户察觉并以此做出判断。

(三) 询问鉴别

开场之后,销售人员和客户开始深入沟通,这个阶段要增加对客户的了解,如客户到底想不想买,能不能买,是买一件还是要买好多,是否有能力接受更高档的产品……这个阶段对客户进行深入的了解,为后面的推荐和下单打好基础。

对于主动外呼客户的销售模式,开场无疑是关键,因为这决定了通话是否能继续。但对于接听客户呼入的模式,询问鉴别是最大的挑战,能否把意向变成真实的订单,能否扩大销售,都要根据客户情况及时调整,而如何知道客户的情况,就得靠询问和鉴别。

从技巧的角度来说,询问鉴别是电话销售中最难的一个部分。因为现在的客户见多识广、防御心理很强。如何不让客户反感,如何悄悄地了解客户的支付能力,如何知道客户对产品的喜好程度,并不是容易的事。另外,每位客户都不同,在沟通过程中如何根据客户的实际反应及时调整,也是一个学问。好多新销售人员就会一套打法,客户有变化就没法了,因此需要学习一些手段,同时经验的积累也是必经之路。

在询问鉴别阶段还有一个重要的任务,就是判断客户类型,重中之重是对客户的性格进行分类,知道客户是什么类型的人。

(四) 推荐产品或服务

对客户进行了询问和鉴别,知道了客户有什么需求,是什么样的人,销售人员此时就知道应该如何推荐合适的产品,同时还有用什么方式进行推荐。

其实有太多的客户他们并不知道自己需要什么,或者什么适合自己,毕竟客户不是专家,很多时候还要销售人员给予指导和帮助。这个指导和帮助的过程其实也是一个引导的过程,把客户向销售人员和公司期望的方向上引导。

推荐的基础是对客户的了解,了解了客户,在推荐的时候才会有的放矢。要做好推荐的工作,还要熟悉自己的产品和业务,从而为各种类型的客户提出合理的建议。

(五) 异议处理

异议就是客户对于销售的产品、销售的公司或者销售人员还有不接受的意见,表示不满意或者不采购的情况。消除客户异议的过程就是异议处理。

如何打消客户的疑虑并促使他最终决定购买是很关键的一步,但也是很艰难的一步。大家知道,要转变一个人的观念是很难的,异议处理的困难也是可想而知的。因此如何技巧地传递我们的概念,让客户逐渐接受,这是在沟通技巧上面的重要挑战。我们应该知道,结实的过程是因人而异的,这里又要提到询问鉴别的作用,了解了客户类型,如对于爽朗的人,你可以稍直接地对他的异议进行反驳,对于主要比较正的客户,你要循循善诱。

异议处理的另一个挑战是人们在拒绝时,给你的理由往往不是表面上的,真实的理由可能藏在后面。如果仅是对客户提出的表面的问题进行了解释,但是没有触动后面的问题,客户可能微微一笑,不置可否地就挂断电话。想了解客户真正的异议原因,必须要增添自己的修炼,做好各种分析和准备,深刻理解客户异议的源头,对客户的各种拒绝做出合理和合适的解释,让客户从内心深处接受我们。

(六) 请求订单

当客户逐渐接受了我们的产品,不买的异议也没有了,接下来要下订单了。从客户的角度来讲,大部分的客户都有那种再考虑一下或再比较一下的想法。所以下订单的事还得由销售人员主动提出来。做电话销售当然是为了成单,但是如果这种话直接对客户说出来,那么客户会认为我们唯利是图,会拒绝我们的请求。

所以如何自然地让客户很舒服地接受下单的请求也是一个技巧,请求订单和异议处理是紧密相连的,处理了异议就要请求下单,请求订单未果又要处理异议。

(七) 结束通话

在与客户的沟通结束后,如果客户已经准备下单,那么这是一次成功的通话。在结束通话之前,一定要迅速地问自己几个问题:客户的信息是否全部记录了;我是否能尽快再次找到客户;客户是否已经把我的信息完全记录下来了;是否能很快找到我,如果没有,一定要抓紧时间确认。在结束通话之前,如果时间不是特别紧张,适当地聊几句工作和业务之外的闲话将有助于增进感情,如"您平时工作忙吗""出差的机会多吗",在没有最后成交的情况下,结束通话之前一定要约定下次联系的时间和方式,便于继续跟进。

无论何种情况,结束通话的最后一句话一定要用一句祝福语,如"祝您周末愉快""希望您生意越做越大",这些祝福可以强烈地巩固你在客户心目中的良好形象,为后续工作打好基础,同时,当你传递了美好愿望给客户的同时,客户肯定也会对你回报以美好的祝福,销售人员自己也会得到很大的愉悦感。

(八) 后续跟进

这里所讲的后续跟进,主要是对那些没有在第一次通话或几次通话后成交的客户的继续推动。一般来说,涉及金额较高的、技术较复杂的采购决定,客户不会在第一次电话中就做决定。当第一次通话后,如果客户回电,这当然是好事,但是如果客户不回电,我们应不应该主动给客户致电呢?如果致电,什么时间合适呢?致电后还是没有结果,后面应该怎么做呢?如何控制局势与推动客户,最终促成订单呢?客户如果主动回电,后续跟进也是一个需要技巧的工作,后续跟进的工作往往从结束通话前就开始铺垫了。

(九) 订单执行

销售人员促成订单后,并不是一切就万事大吉,即使公司有完整的发货、物流等流程,销售人员也要尽可能地对售后的情况进行跟踪,及时与客户联系,确保客户及时收货,收货后正常使用。虽然销售人员与客户之间是明确的生意关系,但客户潜意识里还是喜欢那些不完全是冲着自己的钱的人,客户会把生意过后还认真服务的人看作真正的朋友。因此,注重售后服务,可以与客户建立真正的友谊,而一旦有了友谊,客户再有生意时就会第一个想到你。我们必须知道,回头客是成本最低,同时又是质量最高的客户。

第二节　如何利用电话产生销售

一、了解客户的需求

没有需求,就没有购买行为。不管你的商品说明技巧有多好,如果你无法把握住客户的需求,你就无法获得订单。因此,有效销售的前提条件是我们必须发掘客户需求,甚至引导出客户的潜在需求,帮助客户建立需求,并使客户需求明确化。

(一) 了解客户需求的基本流程

(1) 了解客户以往的购买经历,调出客户数据库来分析客户档案,这是我们对客户已经掌握的信息,要充分利用起来。

(2) 发现客户的问题与不满,通过分析客户的过往情况,发掘出客户对我们产品或服务的意见或不满。

(3) 确认客户的期望,发现客户的问题和不满之后,总结出客户对我们产品或服务的期望度,然后找出与之匹配的产品或服务进行推销,完成对客户需求的了解。

（二）了解并理解客户

弄清你的客户最关心什么。如果想要让客户与你完成交易，那么你必须能够满足客户需求，而满足客户需求的关键，就是真正弄清楚他们的需求到底是什么。

那么，如何弄清客户的真实需求呢？可以动动脑筋。客户经常最关心哪些事情？你对这些事情是否有着比较全面和清醒的认识？如果在销售过程当中你能深入地了解客户最关心的是什么，他们最想要的是什么，并且能够想客户之所想，对客户关心的问题给予较圆满的答复，那么实现成交对于你来说将不再是难事。

以下我们来概括一下客户最关心和最需要的事情。

1. 体验到关心和尊重

在销售过程中得到应有的关心和礼貌的对待，这是客户从接听电话开始到整个沟通过程中都需要的最基本的要求。

2. 了解更多的相关信息

客户都想要从电话销售人员那里了解更多的产品和公司信息。如果他们认为自己掌握的信息不够充分和真实，那么他们就会对交易充满不安全感。所以，电话销售人员应该及时将各种情况向客户进行通报，以便客户更全面地了解你的产品和你所在的公司，从而增强他们对交易的信心。

3. 确定产品的质量和客户服务的水平

客户期待得到电话销售人员对产品质量和服务水平的承诺。他们想要知道一旦需要投诉或者产品发现质量问题，将如何与销售或服务人员及时取得联系，并且希望知道自己遭遇的问题能否及时有效地得到解决。

4. 电话销售人员的权限范围

在交易中客户经常会主动询问，与自己进行交流的销售人员具有怎样的权限范围。这类客户实际上是有着丰富采购经验的客户，他们往往希望与那些有更大决策权的相关人员直接进行沟通，目的是为了能够在成交过程中获得更大的利益。所以，面对这样的客户，如果在自己的权限范围内无法满足客户的相关要求，那么销售人员可以请求上司或其他领导的援助，他们的话往往更容易得到客户的信赖。

5. 确定自己的分量

客户还希望确定销售人员及其所代表的公司对与自己之间的交易是否重视。如果销售人员及时告知客户，他们之间的交易无论对销售人员自身的业绩来说，还是对整个公司的销售额和公司形象来说都是极其重要的，那么客户将会感到十分高兴。

6. 客户关心的其他问题

客户关心的其他问题包括交货、付款方式、投诉、进度、价格、售后服务等问题。这些问题都应及时、真实、准确地回馈客户，同时某些潜在的忧虑也应及时跟客户解释清楚。

7. 通过其他途径了解客户心理

当你从客户那里了解的信息不够全面和准确时，你可以考虑从其他途径着手行动。这样不仅可以拓宽了解客户信息的渠道，而且还不至于让客户因为不耐烦而产生愤怒等消极情绪。

如电话销售人员可以通过客户周围的朋友了解客户的相关信息。当然，首先要找到这些与客户联系紧密的人物，并已确保他们能够对你提供充分有效的客户信息。也可以通过客户以前的购买经历进行分析，了解客户在以往的购买经历中普遍关心哪些问题，哪些因素能引起客户的兴趣等。过去的购买经历往往能够透露客户不愿意透露的很多信息。

只要你认真研究揣摩,就不难发现客户最关心的问题有哪些。把这些问题及时有效地解决好,实现成交的机会就会大大增加。如果你不了解客户最关心的问题,那么你在整个推销活动中的所有努力可能都将归为无效,甚至会引起客户的厌烦,客户没有时间听你说一些他们并不关心的话题。

客户最关心什么?他们可能不会首先主动说出问题的答案,这就需要你通过恰当的方式加以积极引导了。如果你不能从客户口中得知他们最关心的问题,那么你不妨从客户的外围展开调查。这些来自间接调查的信息,往往能够对你通过直接询问获得的信息进行有效的补充。

二、激发客户兴趣

(一)让客户了解产品的竞争优势

面对市场上越来越多的同类产品,不了解具体情况的客户通常会认为你所销售的产品与其他厂家的产品大同小异。如果销售人员不能及时让客户了解自身产品的竞争优势,那么就很难引起客户的注意,更无法使客户对产品产生强烈兴趣。

让客户充分了解产品的竞争优势有三大原则。

① 及时。尽可能在最短时间内说明产品的优势。

② 有效。你所介绍的产品优势必须符合客户期望,直达客户内心。

③ 真实准确。要保证你所提供的产品信息真实可靠、数据准确。一旦你说了谎,那么后果将不堪设想。

(二)向客户请教对产品的意见

对于市场上的同类产品,不同的客户常常全因为其具体需求的不同对产品的兴趣点也各不相同。

面对这种情形,电话销售人员可以通过向客户真诚地请教,了解客户的需求。然后,根据客户提出的具体意见向客户推荐最符合其需求的产品。这种做法既可以有效摸清客户实际需求,帮助销售人员灵活巧妙地采取相应的应对措施,同时可以集中客户的注意力,让客户更积极地参与到销售活动当中。

(三)及时说明产品对客户的好处

客户在作出购买决定之前,可能会更多地考虑自己在这场交易中能够获得哪些益处。对于客户的这种心理,销售人员必须加以充分把握。所以,销售人员应该及时、巧妙地向客户说明这场交易他会得到哪些重大利益。这是激发客户兴趣的一个好方法。

(四)协助客户解决面临的难题

如果你的产品恰好有助于改善或有效解决客户正在面临的问题,那你就要抓住时机告诉客户你的产品所具有的这些优势,甚至可以用试用等方式让客户充分感受你的产品在解决难题过程中的种种优越之处。如果你的产品能够协助客户有效解决令他们感到困扰的难题,那么产品的竞争优势不用你来介绍客户就已经有了深切感受,这种很快见到实效的方式往往更能激发客户的热情。

三、建立信任和谐的沟通氛围

在与客户展开沟通的过程当中,如果能够营造一种有利于拉近双方心理距离的沟通氛围,那么对于销售人员实现与客户进一步的交流与沟通当然会起到非常积极的作用。但是良好沟通氛围的创造并非易事,销售人员必须要在充分了解客户需求和心理特点的基础上展开,切勿自作聪明。如果销售人员只是一厢情愿地按照自己的意愿进行,而忽视了客户的意见,最终很可能起到相反的效果。

一些人认为,保持沟通环境的安静和合适就可以营造良好的沟通氛围了。客观环境的安静和舒适确实可以使客户更加集中精力地参与到整个销售活动中,不过,仅仅如此还不足以达到有效促进客户做出成交决定的目的。如果销售人员能够通过自己的切实努力主动创造出一种轻松愉悦的沟通氛围,让客户在整个销售过程中都感到轻松和愉快,那么客户的种种反对意见往往会同时得以消除,这样一来,实现成交将不再是难题。销售人员可以从以下几方面努力。

(一)用热忱的态度与话语营造良好氛围

要想营造良好的通话氛围,销售人员必须要在整个沟通过程当中充满了热忱,如果销售人员连最基本的沟通热忱都没有,那么客户也不会对这样的通话产生任何兴趣。充满热忱的态度与话语还可以让对方充分感受到你的自信以及你对客户的重视和关注。客户在做出购买决定之前是需要从销售人员那里获取足够多的自信与关爱的,而热忱的态度与话语恰恰能帮助销售人员将这些有效地传递给客户。

(二)根据客户需求调整沟通方式

在电话营销中,创造良好沟通氛围的关键在于客户的态度,要想使客户愿意与你保持友好沟通,销售人员就必须做到使客户满意。这需要销售人员首先要认清自己在沟通中所处的地位,有些销售人员把自己视为沟通活动的导演加主角,客户只处于附属地位,客户要说什么,想做什么,几乎都要受他们的摆布,之后还将这种摆布美其名曰"引导"。

客户其实十分讨厌这种分工,他们不喜欢像洋娃娃一样被随意摆布,他们也不愿意强迫自己适应销售人员开展的各种推销,销售人员应该认识到,在沟通过程中,客户才是真正的主角,只有他们愿意,这场沟通才可能继续下去;只有他们的需求能够得到满足,最终才可能实现交易的成功;只有他们感觉产品放心和舒适,才能与你建立持久的联系。

所以,销售人员应该根据不同的客户特点适应客户,而不应该让客户迁就你;应随时关注客户的需求和态度,并尽可能地使他们感到满意,而不是完全按照你的意愿告诉客户下一步该干什么,不该干什么,这需要销售人员在沟通过程中既要仔细观察,又要不断进行换位思考。假设,如果自己站在客户的立场上,会关注哪些事情,喜欢什么样的方式与人交流,希望得到怎样的尊重与关爱等。

(三) 有意弱化商业氛围

在分析这一问题之前,首先看看下面这个例子。

一位销售代表电话拜访一位潜在客户,他拨通了那家公司的负责人的电话,之后开始介绍自己:"对不起,打扰您一下,我是 M 公司的销售代表,今天专门打电话给您……""哦。"负责人不置可否地答应了一声,然后销售代表又说:"我们公司新推出一种产品,今天特地来为您介绍……""啊!又是搞推销的……"

上面这种情景相信很多从事过销售工作的人都不会感到陌生,这种情景不会给销售人员带来任何美好的回味,相反,大多数销售人员从中感受到的都是郁闷和烦恼,因为无数次销售失败的经历都是由此开始的。

"推销味道"浓厚的开场白首先会使客户心里产生排斥,甚至厌恶情绪。这是因为大多数客户都对商业性质过于浓厚的活动在内心深处感到警惕、防范以及厌烦,他们会害怕自己的利益受到损失,或者不愿被打扰。客户的这些想法都会导致沟通过程中出现障碍和隔阂。如何解决这一问题呢?

销售沟通的最高境界就是在客户不知不觉的情况下成功地推销自己的产品,也就是说,要使客户意识不到你们之间的买卖关系。

在商业竞争日渐激烈的形势下,许多不规范的追求短期利益的销售人员对企业及很多消费者都造成了很不好的负面影响,在客户心中留下"销售员不值得信赖"或"他们总是纠缠不放"的恶劣印象。所以在任何一次销售沟通的过程中,尤其是与客户进行一对一的沟通过程中,销售人员要尽量弱化商业氛围,不要让客户感觉到明显的浓厚的商业气氛,包括不要使用那些商业性质明显的销售语言和相关的销售举动,例如:

"请您赶快签下订单吧……"

"这种商品的价格已经很便宜……"

"我们公司只对交易额达到 10 万元以上的客户进行优惠……"

销售人员最好将整个沟通氛围营造成一种家庭成员或者朋友似的聚会,当然,良好沟通氛围的营造有很多途径和方法,这需要销售人员根据不同的客户需求和所销售产品的具体特点来定。如果销售人员能用心观察客户在沟通过程中的反应,认真学习和不断总结经验,畅通的沟通氛围就会得以实现。

四、引导并发掘客户需求

在电话营销过程中,电话营销员要会巧妙引导,激发出客户的需求,那么,电话营销员该如何引导并发掘客户需求呢?我们先看一个网络服务器供应商的案例,案例中电话营销员王力,通过对话,引导并发掘客户需求。

案例

电话营销人员:您好,请问是新概念润滑油有限公司吗?你们的网站好像反应很慢,谁是网络管理员,请帮忙转一下电话。

前台:我们网站的速度好像还可以呀。

电话营销人员:你们使用的是内部局域网吗?

前台：是呀！

电话营销人员：所以,使用内部局域网访问自己的网站会比从外面访问快,我们现在已经等了3分钟,第一个页面还没有完全打开,你们有网管吗？

前台：您等一下,我给您转过去。

电话营销人员：您等一下,请问,你们网管怎么称呼？

前台：有两个呢,我也不知道谁在,一个是小刘,一个是王芳,我给您转过去吧。

电话营销人员：谢谢！（等待）

客户：您好！您找谁？

电话营销人员：我是长城服务器公司客户顾问,我刚才访问了贵公司的网站,想了解一下有关你们服务器的情况,您看都5分钟了,网页还没有完全显示呢！您贵姓？

客户：我是王芳,您刚才说我们网站反应速度很慢,我这里看还可以呀！

电话营销人员：你们使用的是内部局域网,是吗？如果是,您是无法发现这个问题的,如果可以用拨号上网的话,您就可以发现这个问题了。

客户：您怎么称呼？您是要购买我们的润滑油吗？

电话营销人员：我是长城服务器公司的客户顾问,我叫王力,三横一竖的王,力量的力。我平时用到过你们的润滑油,今天想登录你们网站了解一下你们公司一些产品的技术指标,结果发现你们的网站怎么这么慢,是不是中病毒了？

客户：不会呀！我们装有防毒软件。

电话营销人员：以前有过同样的情况发生吗？

客户：好像没有,不过我是新来的,主要负责的是小刘,他今天不在。

电话营销人员：没有关系,你们的网站在哪里托管呢？

客户：好像是西城计算机局网络中心。

电话营销人员：哦,用的是什么服务器？

客户：我也不知道。

电话营销人员：没有关系,我在这里看到的情况,应该是你们的服务器响应越来越慢了,有可能是该升级服务器了。不过,没有关系,小刘何时来？

客户：他明天才来呢,不过我们上周已经讨论过是否要更换服务器这个问题了,因为我们公司希望利用网络来管理全国300多个经销商,同时也希望自己的网站能成为一个非常有效的宣传渠道！

电话营销人员：太好了,我看,我还是过来一次吧,也有机会了解一下我用的润滑油的情况;另外,咱们也可以聊聊有关网络服务器的事情。

客户：那您明天就过来吧,小刘肯定来,而且不会有什么事情,我们网管现在没有什么具体的事情。

从案例中,我们可以看出,探询客户需求的关键是提出高质量的问题。除非我们能够提出高质量的问题,否则我们不会知道客户的需求。探询客户需求的一个重要方法是提出高质量的问题。可惜的是有不少电话销售人员不会提问题,也没有意识到去提问题,他们只会介绍产品。这里,我们探讨在电话营销中如何通过提问来引导并发掘客户需求。

（一）获取客户基本信息的询问

当发掘客户需求时,究竟要探询什么？首先,我们应该获得客户的一些基本信息。客户的需求是如何产生的？客户的需求源于他自身所处的工作环境，所以，在探询客户需求的时候，电话销售人员应当更多地知道客户所拥有的与企业的产品应用有关的环境和信息，以便更好地理解客户的需求。例如，假如电话销售人员销售计算机，他就应当向客户了解如下情况。

- 您的公司有多少台计算机？
- 您的业务主要包括哪些方面？
- 您主要负责哪些方面？
- 计算机出现故障的情况如何？
- 您花很多时间来解决这些问题吗？
- ……

（二）引发现有问题的询问

客户需求的产生是由于自身有需要解决的问题，或者有需要弥补的差距。当获得了客户的相关基本信息之后，我们需要知道客户现在对企业产品应用方面的态度，尤其是不满的地方，这样有助于将来进一步激发客户的明确需求。

- 对现有系统您最不满意的地方在哪里？
- 哪些事情使您很头疼？
- 哪些事情占用了您太多的时间？
- ……

（三）激发需求的询问

当我们发现了客户对现状的不满之后，通过提出激发需求的问题，可以将客户的这些不满扩大成更大的不满意，从而引起客户的高度重视，以提高客户解决这类问题的紧迫性。

- 这些问题对您有什么影响？
- 您的老板如何看待这一问题？
- ……

（四）引导客户解决问题的询问

当客户已经意识到现在所面临的问题的严重性后，通过引导客户解决问题的询问，让客户看到解决这些问题后可以给他带来的积极影响，从而促使客户下决心行动。

- 这些问题解决以后对您有什么有利的地方？
- 您为什么要解决这些问题？
- ……

需要说明的是，以上 4 种类型的问题的作用主要在于激发客户的需求，让其从潜在的需求转变为明确的需求。正像前面已经提到过的，如果销售人员试图在电话中激发客户的需求，那将是一个很大的挑战，还可能是一个长期的过程。如果电话销售人员所销售的产品比较复杂，我们还是建议他们先将主要精力放在客户关系的建立上，等到信任关系建立起来以后，再来激发客户的需求，这样不至于遭遇客户的拒绝。

（五）探询客户具体需求的询问

当客户表达的是明确的需求时，电话销售人员就要花时间尽可能多地了解客户的更加具体的需求,同时也要知道需求产生的原因,以便有针对性地介绍企业的产品。
- 我想更多地了解您的需要,您能告诉我理想中的新计算机是什么样子吗?
- 对于我们台式计算机的主要特点,如可靠性、稳定性、易服务性、可管理性,您最感兴趣的是哪一点?为什么?
- 除了这一点外,您还对哪些方面感兴趣?
- 您用这台计算机做些什么工作呢?
- 您已经有了产品配置呢,还是需要我为您推荐呢?
- 您希望得到一台什么样的计算机?这对您为什么很重要?
- 您准备如何使用这台计算机?
- 请告诉我您要的配置好吗?(听上去很直接,但这对于那些很清楚自己要什么的客户是很奏效的,因为他们可能就是想听听价格而已)

……

(六) 引导客户往下走的询问

在销售中,需要引导客户在销售的阳光大道上不断前进。从最初接触客户,到与客户达成合作协议,有时候一个电话就可以,而有时候可能要持续1个月。在这个过程中,电话销售人员得引导客户一步步往前走,不能被动等客户作决策,要记住我们要帮助客户作决策。

- 您下一步有何打算?
- 如果您感到 ABC 公司的计算机不仅能节省您的支出,而且能提高您的效率,那么还要多久您才能作出决定?
- 您对 ABC 公司的计算机最感兴趣的地方是什么?
- 是什么原因妨碍您作出决定?
- 如果 ABC 公司的计算机可以满足您的要求,我们现在可以谈谈具体的细节问题吗?
- 为了得到您的同意,我还要做些什么?为了得到其他人的同意,我又要做些什么?
- 对于 ABC 公司计算机的主要优点:按需配置、可靠性、性价比(其他),您最感兴趣的是什么呢?它可以帮您解决什么问题?解决这些问题很紧迫吗?为什么?
- 可以请教一下,除了我们以外,还有谁在与您联系?您认为他们哪一方面做得更好?
- 您认为我们现在离合作还有多远?

……

(七) 与决策相关的询问

- 除了您作决策以外,还有谁参与决策过程?
- 您下一步准备做什么?
- 什么对您来说是最重要的?
- 除了与您谈以外,还需要与谁谈?
- 做这样的决策需要多长时间?
- 您希望分批送货还是一次性送货?

……

以上这些问题都是在探询客户需求并发掘出客户需求时可能问到的问题种类,具体还需要根据不同的情况灵活运用。

第三节　如何接听电话

一、接听电话的流程

① 左手持话筒，右手拿笔。
② 电话铃声响过两声之后接电话（不超过三声）。
③ 报出公司或部门名称（您好，这里是×××，请问有什么可以帮到您呢）。
④ 确定来电者的身份。
⑤ 听清楚来电的目的。
⑥ 注意声音和表情。
⑦ 复诵来电要点（会面时间、地点、联系电话等方面的信息进行核查校对）。
⑧ 最后道谢（祝您愉快）。
⑨ 让客户先挂机。

二、接听销售电话的原则

很多人会觉得接听电话更容易些，而对于打出电话却有些心理上的恐惧。而事实上，接听电话看上去简单，但对电话营销人员的要求却很高。接听电话的难度一点不比打出电话的难度小。以下是接听电话的几个基本原则。

（一）保持姿态端正

如果你在打电话过程中吸烟、喝茶、吃零食、打哈欠……客户多半能够从你的声音中听出来。如果你打电话的时候，弓着腰躺在椅子上，对方听你的声音就是懒散的、无精打采的，若坐姿端正，你所发出的声音也会亲切悦耳，充满活力。因此，打电话时，即使看不见对方，也要抱着"对方正在看着我"的心态去应对，尽可能注意自己的姿势。

（二）三声之内迅速接听

如果电话离自己很远，听到电话铃响，附近又没有其他人，你需要用最快的速度拿起听筒，最好在三声之内接听。电话铃响一声大约 3 s，若长时间无人接电话，让对方久等是很不礼貌的。对方在等待时心里会十分急躁，容易形成不好的印象。这样的态度是每个人都应该拥有的，如果电话铃响了五声才拿起话筒，应该先向对方道歉："抱歉，让您久等了。"

（三）重要的第一声

设想一下，拿起电话后，听到对方一句直愣愣的问话："你是谁呀？"会不会让你感到唐突和生硬？有的人接电话时习惯以"喂，喂"或者"你找谁呀"作为"见面礼"，一张嘴就毫不客气地查一查对方的"户口"，一个劲儿地问人家"你找谁""你是谁"或者"有什么事儿呀"，这些行为都会令客户反感。正确的方式应是提供对方所要得到的信息，继而是文雅的问话，如："我可以知道您的姓名吗?"或者"请问您贵姓?"

在电话中注意下自己的第一声,不仅会使客户对你的印象加分,而且也会使客户对你所在公司产生良好印象。例如,同样一句:"您好,这里××公司。"如果你的声音亲切、悦耳、吐字清晰,客户的感觉就会不同。因此,要记住,接电话时应有"我代表公司形象"的意识。注意控制自己说话的语气,永远不要说"喂"。

(四) 准确了解来电目的

接听电话时,一定要准确了解对方来电的目的,不可敷衍,即使对方要找的人不在,切忌只说"不在"就把电话挂了。准确了解就是要尽可能问清事由,抓住客户所反映问题的关键并认真记录下来,力求全面准确,否则,了解不准、头绪不清,在处理问题时,还要打电话向客户再次了解,这样不仅会浪费双方的时间和精力,还会给客户留下"办事不力"的不良印象。

(五) 认真做好接听记录

5W1H是做好接听记录的高妙技巧。你要设法灵活运用5W1H技巧。所谓5W1H是指When(何时)、Who(何人)、Where(何地)、What(何事)、Why(为什么)、How(如何进行)。在工作中,这些资料都是十分重要的。电话记录既要简洁又要完备,有赖于5W1H技巧。

例如,小张在接听一位客户的电话后,作了记录,并给经理留言:刚才一位姓陈的先生来电,让你晚上8:30在和平桥那里等他。

这一接听记录显然存在不妥当之处。

一是来电人的情况不清楚。姓陈的先生?每个人都有很多同姓的朋友,那么究竟是哪位?Who无从知道。因此,最好记录全名、工作单位,或至少也要知道对方的联系方式,如电话号码。Where也不具体,是桥的哪一处,有没有具体的标志?在记录时,对方未说明,但记录者一定要记得询问,以免到时因记录不详细而误事。What和Why更是无从知晓,不知这关键的两点,经理怎么去判断约会的意义?以上许多必要的内容都未记录下来,对经理来说,这个记录毫无用处。一个没用的记录又怎会对工作有所帮助?

二是留言没有具体时间。很多事情都是有时效性的,过了时效也就没有意义了,如客户投诉处理。因此,记录时一定要标明具体时间,一定要在日期后加上几时几分。

三是留言人是谁不清楚。小张?如果同一办公室有两位小张,万一什么问题,不知道该问谁。

在接听电话做记录时,一定要将以下内容记录完全。

- 致给:也就是来电人所要找的人。
- 来自:来电人的全名、联系方式。
- 内容:来电人需转告什么样的信息。
- 记录对方全名。
- 日期和具体时间:不仅要日期,同时也应写明留言的具体时间。

(六) 别让客户久候

需要客户等待时,你要给予说明并表示歉意,"对不起,请稍候。"然后迅速完成接下来的事务。这种处理的过程要控制在半分钟之内,否则,对客户是非常不礼貌的。

（七）对客户一视同仁

无论大小客户都应一视同仁，不要在小客户面前"拿架子""打官腔"地问："谁呀""什么事呀"，然后"事不关己，高高挂起"。不让客户感到自己受到轻视，一视同仁的态度，容易为自己赢得铁杆客户。

（八）小心轻放电话

一般人很少注意到结束通话后放回电话的动作，往往在最后挂电话的动作中泄露了情绪，或许自己不觉得声音有多大，但经过电话线的传递，可能远比自己认为的声音大出了数倍。如果对方听到你放置话筒所产生的刺耳声音，首先让对方感到的是你对这次谈话或交谈者感到不满或不耐烦。于是，对之前谈话时你所表现出来的诚意及良好印象就会大打折扣。其次，会让对方觉得你在处理事情时较为粗枝大叶，你的信任度就会大为降低。

如果赶时间，这时挂断电话应用手指轻轻按断通话键，如此，可以避免因情绪焦急带来的令人不快的挂断声。这样可以降低话筒放回主机产生的声音，勿用手掌拍断电话或者将听筒重重地摔在话机上，以免引起对方误会，在电话旁竖立警示牌，提醒自己注意"小心轻放"，借以慢慢训练轻放的习惯。

（九）不宜率先提出中止通话的要求

万一自己正在开会、会客，不宜长谈，或另有其他电话要接，需要中止通话时，应说明原因，并告之客户"一有时间，我马上打电话给您"，免得让客户觉得你厚此薄彼。这样虽可能浪费一些时间，但却可赢得客户的无价的理解和信任。

有时候来电要找的人不在，如果你只说一句"他不在"或者"他不在，过会儿再打"，不等客户说什么，立刻就挂掉电话。这样突然而且是单方面地结束了对话会使客户对接听人和所在公司印象大打折扣。

假如换一种温和的方式问："你可以留下姓名和电话号码吗？有什么事我可以转告吗？"如此一来，客户肯定会感谢这种答复，也许会留下口信，或者决定过会儿再打。不管怎么说，双方都愿意怀着愉快的心情结束电话。

如果客户在电话中讲个没完没了，且毫无有用信息，如你非得让其"适可而止"，你可以先提出结束通话，但是话要说得委婉、含蓄，不要让对方感到难堪。例如，不宜说"你说完了没有？我还有别的事情呢"，而应当说，"好吧，我不再占用您的宝贵时间了""真不希望就此道别，不过很希望以后再有机会与您联络"。

三、陌生来电的销售案例分析

销售案例

某公司的销售人员小田在刚刚走进办公室的时候就听到了自己的手机在响，今天小田因为昨天有事睡晚了，所以早晨来公司的时间也比较晚，而今天早上公司销售部和往常一样正在举行例会。此时，小田已经开会迟到了。在这种情况下，小田在听到手机铃声响了很多声之后才拿起了电话，他一接通电话就听到对方说："您好，请问是××公司的田××吗？上次在展销会上你给我留了一份资料和你的名片，我今天打电话是想问问你们公司的印刷设备都有哪些机型？另外，我还想顺便问一下……"

客户正准备往下说，小田一边看着会议室的门，一边说："哦，这位先生，我现在不大方便接听您的电话，公司里的同事正在等着我开会，等下午有时间的时候我再给您打回去吧，怎么样？"客户从小田的话中明显地感受到了自己的电话不受人欢迎的气息，客户因此感到十分生气，于是他也立刻回答道："既然您这么忙，那就算了，我再找其他厂家联系吧。"

等下午的时候，小田突然想起这位客户，于是急忙翻出客户的电话打了过去："喂，您好我是××公司的田××，上午您给我打过电话，当时我正在开会，实在是不好意思，请问您找我有什么事呀？"

在听到小田这样说以后，客户冷冷地回答说："哦，我上午想问你的事已经有另外一个厂家的销售人员帮我解释清楚了，我已经打算从他们那里购买印刷设备了，我现在也很忙，再见。"紧接着，小田就听到了对方挂机的声音。

……

在上面的案例当中，销售人员小田在接到客户电话时，如果能够稍微仔细听一下，就不难发现，这位客户对本公司的印刷设备有一定的需求。而小田却忽略了这一点，而且很不礼貌地打断了客户的话，同时还急匆匆地告诉客户自己没有时间。要知道，对于销售人员来说，任何事情都没有与客户进行交易更重要，而这位客户的来电显然是一次非常重要的交易机会，很可惜的是，小田通过自己不恰当的接电话方式把这样的交易机会"成功"地推到了竞争对手那里，而这位客户也因为小田不礼貌的做法受到了伤害，更丧失了对其整个公司的信任。

第四节　电话营销素质培养

一、声音的训练

法国著名作家雨果曾说过，语言就是力量。在电话中，声音是你表达情感和沟通信息的唯一信使。美妙、悦耳的声音会给人带来如沐春光的感受和体验。所以，电话营销员要训练悦耳的声音，以下有8种训练方法。

1. 满怀热忱和活力

每一次电话中跟顾客沟通时，如果你充满热忱和活力，带给顾客的感觉是你积极正面，很重要。如果你垂头丧气，非常的沮丧，可能丧失顾客和你交流的机会。我们在打电话时要满腔热忱。

2. 变换说话语调

打电话的过程中，要注意不断地变换说话的语调。说话的语调不应是一味平铺直叙的，而要抑扬顿挫富有节奏。口头表达多样化是保持人们的兴趣和参与意识的好方法。

3. 善于停顿

很多人打电话，只顾自己说。可是他忘了一个很重要的规律：善用停顿。例如，就"张总，你看这件事……"和"张总，你看这件事怎么办"比较一下。前者可能因为委婉，张总就有回应，"王老师，我们一块去……""是不是去学校"。停顿就是创造想象的空间，善于使用停顿，你就能迅速地得到反馈的信息。常常给别人主动权，会给别人带来友好的感觉。有些人往往觉得自己口才非常好,说话很流利,滔滔不绝,结果他没有让自己有机会了解顾客的反应和感觉。有效的停顿能创造和顾客交流的空间。

4. 避免尖叫声

尖锐的声音给人不友好的感觉,在电话里避免传递这样的感觉,适时调整自己的呼吸及发音方式。

5. 避免用鼻音

电话营销的过程中,鼻音说话会让对方听不清,让顾客感觉你没有信心。所以电话营销的过程中,只有使自己的声音清晰,才能准确地把自己的信息有效地传递给对方。

6. 调节说话音量

电话营销过程中,要调节你的说话音量。假如你说话声音非常高,顾客说话的声音非常低,你就要配合顾客,让你听得清的同时,也让顾客感觉到你的用心。譬如你可以试探地问:"你听得清我说话吗?"或者在你无法听清对方的同时,你也可以提示他,"您能稍微大点声吗?我听不太清。"什么是最合适的音量呢?应该说是接电话的时候中等音量,打电话的时候稍微高一些。跟顾客解释的时候,音量尽量低一点。最好的音量就是跟顾客非常相似的音量。声音相差很大,你给顾客带来强势的感觉时,顾客会不满意摞掉你的电话。

7. 变换说话节奏

打电话的过程中,交换节奏是很有必要的。打电话跟唱歌虽然有本质的区别,但是打电话时也需要节奏感,声音会悦耳动听。

8. 控制说话速度

你跟顾客的交流如同两个齿轮的磨合,速度应是偕同,你才会和顾客有融洽的沟通。所以你说话的速度应契合顾客的速度。

以上介绍的 8 种训练悦耳声音的方法,可以把你的声音调节到最佳时段,它也是控制声音的调音台。只有不断变换你的声音,才能产生良好的效果。美妙悦耳的音质给客户舒服的感觉,同时能传递你的形象,所以电话营销员要随时保持声音的活力、热情和真挚。

二、语言运用与说话方式

(一)使用受人欢迎的说话方式

销售人员在电话营销的过程当中要想有效地达到说服客户、实现成交的目的,首先要得到客户的接纳与欢迎。如果客户对于你的电话来访十分讨厌,那么你的营销目的必定不会取得成功,而无数事实都表明,客户之所以对一些销售人员的电话来访十分讨厌,一方面是因为害怕被打扰,而另外一方面就是因为很多销售人员的说话方式不能引起客户的兴趣。可是,如何才能取得客户的接纳与欢迎呢?销售人员必须要掌握高超的说话技巧,知道哪种说话方式会更令客户感到开心。

那么在现实生活当中,那些成功的销售人员是如何赢得客户认可与欢迎的呢?他们受到客户欢迎的秘诀到底在哪里?我们发现,那些更容易获得客户欢迎的优秀销售人员在与客户说话的过程当中通常都具有以下几种特点。

1. 善于发现并适当地赞赏客户的优点

每个人都有其优缺点,然而,在现实生活当中,人们却总是很容易发现别人的缺点,而别人的优点通常很难看到。其实,就像一位哲人说过的那样:"生活当中并不缺少美,而是人们缺少一双善于发现美的眼睛。"销售人员在与客户进行交流的时候,首先就要有一双善于发现客户优点的眼睛,因为每一位客户都有着非常强的自尊心,而且他们总是希望别人能够尽可能地发现自己的优点,忽略自己的缺点,而当别人能够看到他们自身优点并通过充满赞赏的语气说出自己的优点时,客户便会感到非常满足,非常开心。

其实对于销售人员来说,客户身上的优点与缺点有哪些,或者孰多孰少并不重要。重要的是我们要以怎样的眼光看待客户的一些特点,同时又看我们在与客户进行交流的过程当中如何对客户的优点进行适度的赞赏。例如,有些销售人员埋怨某一客户"太过挑剔",而另外一些销售人员则会夸奖客户考虑问题真是周全;有些销售人员会说某些客户"说话过于粗鲁",而另外一些销售人员则认为这类客户"说话直截了当,非常率性";有些销售人会指责一些客户"什么都不懂,真是愚蠢",而另外一些销售人员则会说这类客户"勤学好问,非常谦虚认真"……

可见,相同的客户通过不同人的眼光去看就会有不同的特点,而每个人看待问题的眼光又将直接决定其在处理问题时的态度与言行。那些经常从积极的角度去分析客户的销售人员必定更善于发现客户身上的优点,这些销售人员在与客户交流的过程当中也能够由衷地对客户进行适度的赞赏。而那些不善于发现客户优点的销售人员则很难做到这一点。

当然了,任何事情都要有一个度,如果超过了一定的度,那么就会造成"过犹不及"的后果,赞赏客户的优点也一样。销售人员在对客户表示赞赏的时候,一定要结合客户本身的特点,切勿生搬硬套,那样会给客户留下"假惺惺""言不由衷",甚至"满嘴谎言"的印象,这将更会引起客户的反感。

2. 多使用亲切而温馨的用语

虽然销售人员刚一打通电话时,电话另一端的客户会以冷冰冰的声音来回应,但是在客户的潜意识里却是非常期望得到他人关心和体贴的,很希望别人能够注意到自己的感受,当客户感到孤独和压力太大的时候尤其如此。在这种情况下,销售人员在开展电话营销的过程当中,不妨先通过客户的声音及说话方式去努力了解客户当时的心理感受,并且要根据客户的心理感受去对客户进行适度的安抚和慰问。

在打电话给客户的时候,销售人员一定尽可能地使用一些充满亲切与温馨感受的话语与客户进行对话,如"您的声音听上去很累,工作再忙也要注意自己的身体""我有一个姐姐和您年龄相仿,而且你们都是爱家人胜过爱自己的人,不过应该多爱自己一点"等。

充满亲切而温馨感受的话语能够令客户感到放松和亲切,这有助于销售人员在最短时间内获得与客户之间的共鸣。多使用亲切而温馨的用语,会使客户感到自己受到你的关心和尊重,这样你与客户之间的心理距离会很快得到跨越性的接近,而一旦实现了心与心的亲近,那么你实际上就已经得到了客户的信任与欢迎,这也就意味着客户非常愿意与你展开进一步的交流与合作。

3. 不要忘记露出你的微笑

虽然客户并不能够通过长长的电话线看到你脸上的笑容,但是客户可以通过你的声音、你说话时的状态充分地感受到你是否在微笑,甚至还能够从你的声音里体会到你细微的面部表情。因此,我们在这里需要再次强调这一点,在开展电话营销的过程当中,千万不要忘记向电话另一端的客户露出你真诚、甜美和明朗的微笑。销售人员一定要学会用自己发自肺腑的微笑去感染客户,打消客户对我们的戒备与疑虑,并通过自己充满微笑的声音来打动客户。

(二)说话时要特别注意的细节

1. 语速不能太快,也不可太慢

如果销售人员在进行电话营销的过程中语速太快,客户不容易听清楚你要表达的内容,而太快还会给客户一种紧张感和压力感。可是,如果语速太慢,会给客户以啰唆、拖沓的感觉。而且语速太快或太慢都不容易激发客户参与到说话当中的积极性,这样将大大不利于电话营销人员与客户之间的电话沟通。

另外,在控制自身语速时,电话营销人员也要综合客户说话的节奏和速度来进行。如果客户说话滔滔不绝,极其爽快,而你却慢条斯理,你的反应难以跟上客户说话的节奏,那么也很容易引起客户的不愉快,但如果客户语速较慢,而你却一副想要一下子就把所有的话说完的架势,那也会引起客户的反感。

2. 改正自己说话时的不良口头语

电话营销人员一旦发现自己说话时经常会有一些并不能产生积极意义的口头语时,那就要尽可能地予以改正。我们这里所说的一些口头话是指,如"嗯""啊""哼"等通过鼻腔发出的声音,还有在语句停顿时的"吭、吭"声。这些声音听起来会让人感到十分难受,如果电话营销人员在说话时不断地发出这些声音,会让客户不自觉地对你的说话产生反感,进而让客户对这样的电话营销方式产生排斥心理。

还有一些电话营销人员会在说每一句话之前都习惯性地加一句"你知道吗""可是……""我不认为……"等。这些口头语都会让客户听起来感到不舒服,而且很多电话营销人员对自己的这些口头语都没有感觉,经常是完全不经过大脑脱口而出。

如果你是一个电话人员,建议你马上问问周围的同事、亲戚或朋友等人你是否在说话时经常用一些让人感到不舒服的口头语。或者不妨在接下来的一段时间录下你拨打或接听电话时的声音,然后找到一个安静的场所,自己静下心来听听自己的说话方式,多听几次你就会发现,自己说话原来有那么多让人难以忍受的问题存在,虽说这些问题都不大,但是听起来确实让人感到不舒服。

既然已经意识到自己说话时的这些问题,那么就要想办法尽快改掉:如每当发现自己想发出一些令人不悦的声音时,就要尽可能地把这些声音压制回去,虽然最初做起来会感觉很难,但是只要坚持下去,时间一久,你就会形成良好的语言习惯了,或者还可以用一些比较积极的措辞来替代自己的一些口头语。例如,当你想说"你知道吗"的时候,不妨用"可能您也知道……"来代替,"你知道吗"在客户看来有轻视其知识水平的意思,而"可能您也知道……"就会让客户感觉到你尊重他而且很有见识。

3. 让自己的声音变得美妙

不同的声音往往能够使相同的语言产生不同的效果——明朗坚定的声音能令客户感受到你的沉着与冷静,清晰悦耳的声音更能吸引客户的注意力;相反,过于尖锐或者过于混浊的声音都不会给客户留下良好的印象。而上一部分也提到了,人们的声音也可以通过必要的练习得到不断的完善,电话营销人员平时可以多利用摄像机、录音机和复读机等工具,有意识地练习自己的说话声音,一旦捕捉到自己声音的最佳状态,那么就要努力把这种状态保持下去,最后你就可以自然而然地使用这种美妙的声音与任何人进行交流了。

(三) 迂回的说辞往往更有说服力

1. 不要直接提出客户明显的偏见

很多客户在表示拒绝或对产品及服务提出意见时,往往带有浓厚的个人偏见,如"我听说你们这些电话销售人员很多都是骗人的""我可不愿意花钱买这种毫无用处的东西"等。面对客户的这种带有明显偏见的拒绝或指责,销售人员即使明知不对,也不要直接指出,因为这样会更加激怒客户,而且还容易给客户留下严厉拒绝的机会。

当发现客户对我们的产品及我们销售活动本身存在明显偏见的时候。销售人可以迅速改变话题,把客户的注意力转移到他们感兴趣的事情上,例如,询问"您好像很生气,是不是最近工作很忙呀"或者先顺应客户的话题,然后再伺机转移话题,如"您说的这种问题的确存在,不过我们公司毕竟是……"。

2. 避免对态度坚决的客户进行正面"强攻"

一些销售人员具有很强的耐性与韧性,虽然客户非常坚定地表示了拒绝,可是这些销售人员仍然在电话当中从各种角度佐证自身产品的优势,虽然这些销售人员的耐心与韧性非常值得肯定,但是他们所采取的方式却并不见得能够取得较好的效果——往往在面对销售人员如此强劲的攻势时,很多客户都不会就此"屈服",而是会以更加强硬的态度来表明自己的拒绝,"无论你怎么说,我都不会购买的,看咱们今天谁能耗过谁",这是很多客户在面对强势进攻时的真实想法。

因此,在面对态度坚决的客户时,销售人员应该避免从正面"强攻",而是要先把话题转移到成交之外的其他方面,再想办法借题发挥,最终达到说服客户的目的。例如,下面这位销售人员的做法:

客户:"对不起,我们公司最近的资金周转很困难,所以目前没有这方面的预算,请你以后不要打电话过来了!"

销售人员:"我知道,现在很多公司都面临资金周转的问题,而很多这样的问题都是因为产品销售渠道不畅通造成的……"

客户:"是啊,我们公司自己的产品都很难卖出去,又怎么会购置新的原材料?"

销售人员:"可是市场上还是有很多好产品供不应求啊,都是同行,为什么他们的产品那么旺销呢?关键还是质量过硬,而要想产品质量过硬,技术水平是一个重要方面,还有一个重要原因就是原材料的质量一定要好。"

三、情绪的控制与调整

在每天的生活中,我们绝大多数时候都在有意无意中受着情绪的控制。它既能使人精神焕发、充满激情、思维敏捷、干劲倍增,又能使人萎靡不振、情绪低落、思路阻塞、消极怠惰。心理学家把人的情绪分为积极情绪与消极情绪两大类,积极情绪对人有正向的、积极的作用,消极情绪则对人有负向的、消极的作用。对于积极情绪,要尽力发展,对于消极情绪,则要严格控制。

越来越多的企业把电话作为了营销手段之一,尤其是人气汇聚的业务部门。每天成千上万的呼出、呼入都是在和不同的客户打交道。每天接听、打出那么多电话,其激发负面情绪的机会自然也就多,例如,难缠的客户、不守信用的客户、业绩的压力、上司的不悦、同事的误解等。因此,如何管理自己的情绪,对我们来说就显得非常重要。

(一) 做情绪的主人

善于控制、治理自身情绪的人,能够消除情绪的负效能,最大限度地开发情绪的正效能。这种能力,对任何一个人来说,都是太必要了。善于管理情绪的人,在职场会较受欢迎,在事业上亦较容易成功。因此,要想取得事业成功,就必须学会如何进行情绪调节,以便及时消除负面情绪,开发正面情绪。这里介绍6种方法。

1. 制怒术

在遇到发怒的事情时,首先想想发怒有无道理,其次发怒后有何后果,然后想想是否有其他方式代替发怒。这样一想,你就可以变得冷静而情绪稳定。

2. 愉悦术

努力增加积极情绪,具体方法有三:一是多交友,在群体交往中取乐;二是多立小目标,小目标易实现,每一个实现都能带来愉悦的满足感;三是学会辩证思维,可使人从容地对待挫折和失败。时时提醒自己:不是所有的客户都是通情达理的,如果真的是这样,世界就变得毫无乐趣而言。

3. 助人术

多做善事,既可以给他人带来快乐,也可使自己心安理得,心境坦然,具有较好的安全感。

4. 宣泄术

遇到不如意、不愉快的事情,可以通过做运动、读小说、听音乐、看电影、找朋友倾诉来宣泄自己不愉快的情绪,也可以大哭一场。以邀约客户为例,客户说好过来听研讨会的,最后没能来,使得自己很失落,如果这时候我们给客户打电话表示我们的不满,说他不守信,这样做的结果可能会让自己的情绪得到宣泄,但这样做的结果可能会让客户永远不再参加研讨,那么之前付出的努力都将付之东流,但是这个结果不是我们所希望的,如果我们换一种思考模式,采用不一样的行动,结果会不一样。也许的确遇到了急事,作为公司的老板每天都可能有突发的事情需要他及时解决,也许客户的确对我们不太了解,当然善意给客户发个短信提醒告知他也不失是个好方法。

5. 转移术

当一种需求受阻或者遭到挫折时,可以用满足另一种需求来代偿。也可以通过分散注意力,改变环境来转移情绪的指向。想想自己下班后即将见到家人的那一刻的愉悦,告诉自己人生如果不能承受这样的小委屈,怎么能成大事呢?想想今天又作为主管、经理和总监乃至总经理,应当是好的"情绪管理者",他们要知道如何观察情绪、鼓励情绪、引导情绪。

(二) 适时减压

对一个高效运转的企业来说,压力的存在是一个十分正常的现象。如何缓解员工的工作压力,是一件值得花精力去做的事情。除了要采取一系列的方法来帮助员工减轻压力外,员工自身应该怎样面对压力呢?追根溯源,大多数企业尤其是服务性机构的员工的压力一半来源于客户,一半来源于企业内部。我们这里重点谈谈如何缓解由于发怒的客户而引起的压力。

1. 电话沟通时的减压方法

第一,要 response,不要 react。英文中有两个词,react 和 response,翻译成中文,都是"反应"的意思,但其内涵却很不一样。遇到客户发怒时,客服人员要 response,不要 react。react

是那些下意识的、直接的反射行为,而 response 则是一种理性的、主动的反应,这种反应表现在,让客户发出他的不满,而你保持微笑,放缓呼吸,稳定语调,选择合适的词语与客户交流,让自己关注于解决问题的方法而不是客户的态度。

第二,保持吐字清晰。客户正在气头上,本来注意力就不在倾听上,如果你说话含混不清,会加剧客户和你的对立情绪。所以,对待发怒的客户,更应该保持吐字的清晰。

第三,尽量让对方把话说完。无论客户有什么过错,都没有理由把声音变大,语速变快,用通常不会用的词语来回敬客户。正确的做法是尽量让对方把话说完。

第四,适当的控制。对无休无止、说个不停、愤怒不已的客户要适当地加以控制。你可以趁对方换气时说一些积极的话来接过话题,比如说"您对我们公司这么关注,真的很让我们感动"或"您的时间一定很宝贵,我想……"另外,你还可以找机会引出一些轻松的话题,以缓解对方的愤怒心态。

第五,让客户知道你的重视。在倾听客户时,应该主动认真,并不断有所表示,让客户知道你的重视。但这种表示最好不要用"好,好,好……""对,对,对……"等词语,以免让正在气头上的客户接过去说"好什么"或"不对"。正确的表达可以是"我知道""我理解"或"我了解"。

第六,不要提出让客户道歉或认错。即使是客户出言不逊,也不要提出让他道歉或认错。因为这样做无助于你控制对话过程从而解决问题,相反会引起更大的麻烦。

第七,为客户解决实际问题。在不违反公司规定的原则下,按公司的业务流程规范,为客户解决实际问题,并在此过程中向客户不断表示"我非常理解您的心情""我一定竭尽所能替您解决这个问题"。

2. 放下电话后的减压方法

放下电话后,你需要轻松一下,然后重新开始。首先,你可以走到户外,看看远景或近物,伸伸腰踢踢腿,做个深呼吸。特别是你在刚上班时就碰到发怒的客户,更要离座活动一下,然后让自己重新开始,千万别让这个电话影响了你一天的情绪。其次,你要学会忘记,别在脑海中重现一些不愉快的过程。另外,不要和你的邻座同事诉苦。如果你有一肚子苦水,就找你的主管去倾诉,这样做,会使你对这件事做一个正面的回顾,从而减轻压力。

3. 下班回家后的减压方法

下班回家后,你可以通过读书来减轻工作压力,因为一本好书常常可使人心胸开阔、气量豁达。饮食方面,要少吃辛辣食物,经常性地吃些素食,更能帮助保持心态平和;睡眠方面,要保证每天睡足 7~8 小时;运动方面,散步、慢跑、跳健身操都有助于情绪稳定。另外,你还可以经常对自己大声说"我很优秀""帮助客户就是帮助我自己",这不是在学阿 Q,因为必要的自我肯定同样是减压的好方法。

(三)拥有阳光心态

这里我们先看一则小故事:

两个梦,第一个梦是梦到下雨天自己戴着斗笠打着伞,第二个梦是梦到自己在屋顶上种白菜。这两个梦有点怪,于是秀才第二天一大早就赶紧去找算命先生解梦。算命先生一听,连拍大腿,说:"你还是回家吧,今年你还考不上。你想想,戴着斗笠还打伞,不是多此一举吗?屋顶上没有土,在那上面种白菜不是白费劲吗?"秀才一听,心灰意冷,回客栈收拾行李准备回家。客栈老板非常奇怪,问:"不是明天才考试吗?你怎么今天就要回家?"秀才如此这般说了一番,店老板乐了:"哟,我也会解梦的。我倒觉得,你这次一定要留下来。你想想,戴着斗笠还打伞,不是说明你这次有备无患吗？屋顶上种菜,那么高的地方种菜,不是高种(中)吗？"秀才一听,觉得很有道理,于是精神振奋地参加考试,居然中了个探花。

这个故事告诉我们,心态积极的人,像太阳,照到哪里哪里亮;消极的人,像月亮,初一十五不一样。想法决定我们的生活,有什么样的想法,就有什么样的未来。

阳光心态是积极向上的一种心态,对工作效率的提升和良好工作氛围的营造起着极其重要的作用。阳光心态的塑造可建立积极的价值观、获得健康的人生和释放强劲的影响力。学习顾问和客户中心的第一线员工在长期进行枯燥和乏味的话务工作后,心态很容易发生变化,这就需要大家不断调整心态并培养自己积极向上的心态。有些员工心态非常不好,有做一天和尚撞一天钟的想法,从没有想过进取和上进。

如何解决这个问题？首先人力资源部门要为员工制订出职业生涯规划并创造更加合理的晋升通道。更重要的,客服人员自身应该主动调整心态并尽快在工作中体现价值。应该面对现实,把目前的工作环境当作一个培养和锻炼自身的平台,努力去获取更多的知识并不断加强技能训练,拥有了一身过硬的本事以后就一定能在其他方面体现自身的人生价值。

第五节　电话营销案例分析

案例 1

充分了解客户信息

一位电话销售员打电话到一家房地产公司推销地板,接电话的是采购经理的秘书:"您好,请问赵经理在吗？"经理秘书一愣,然后说道:"您打错电话了吧,我们这里没有姓赵的经理。"

这位推销员不好意思地说:"打扰了,我是××地板公司的销售员,我想找你们公司的采购经理。实在不好意思,我之前和他接触过,但一时想不起他姓什么了。"

经理秘书说:"我们经理现在外地出差,对不起,你改天再打电话吧！"

推销员想了想然后说:"没关系的,你们经理肯定会对我们公司的地板有兴趣的,您能把经理的 Email 告诉我吗？我把相关材料发给他,或者把您的 Email 告诉我也行,我发给您,您帮我转交给他。"

秘书连忙说:"不用了,我们最近还不需要这个东西。"

……

【分析】

在上面的例子当中,这位营销员之所以被拒之门外,一个很重要的原因就是对客户知之甚少,没有准确掌握客户的相关信息:不知道客户姓什么,不知道客户在出差,而且不善于从电话沟通中去多了解信息,如向秘书询问采购经理什么时候回来,怎么称呼等,所以这注定是一次失败的电话营销。

【提示】

(1) 打电话之前要想好你的开场白,避免与客户沟通的尴尬,同时也能帮助自己进一步确认对客户信息的了解是否完全和准确。

(2) 尽可能充分地了解客户的资料与信息,可以帮助你在电话拜访过程中更好地处于主动地位,从而最终减少碰壁现象的发生。

（3）了解客户资料与信息越是详细,你在电话营销过程当中取得的成功机会就越多,千万不要小看这些准备工作。

（4）要学会从多种途径了解客户信息,同时一定要主动去做这项工作,不要只依赖于公司内部的数据库。

案例 2

使用受人欢迎的说话方式

一天,某公司的电话营销人员小王刚一上班就遭到了经理的批评:"你到底是怎么一回事?怎么交代你的事情总是办不好,看看你的这份计划书是怎么写的?这样写不被客户退回来才怪,马上重写一份,今天中午之前必须交到我手中。"原来这两天销售经理交给小王一项做销售计划书的任务,小王以前从来没有写过这类计划书,而他前两天正好家里有点事情,所以就草草地找来一份过去的计划书稍微修改一下就交给经理了。

虽然小王明知自己的计划书写得非常差,纯属应付差事,可是大清早,刚一上班就听到经理这一顿劈头盖脸的责骂,小王心里还是感觉很委屈。更何况,经理还让他今天中午以前就要再重写一份合格的计划书,这更是让小王感到烦恼极了,正在小王独自懊恼之时,他又看到自己的手机备忘录提醒自己今天早上要给一位事先预约好的客户打电话,这位客户以前通过公司寄去的产品资料认为自己有这方面的需求,但是对于产品的价格还有一些异议。不过,小王又想到客户提出的价格要求自己原本打算今天早上向经理进行请示批准的,可是由于早上挨了经理一顿责骂就忘了这件事,而且此时他也不愿意再和经理谈事情了。

就这样,小王拨通了那位客户的电话:"喂,您好,是李先生吗?我是××公司的小王,我们上星期约好今天要进一步谈谈有关上次合作的事情。"

之后小王听到客户说:"那你向你们经理请示降价了吗?如果你仍然坚持那种高价的话,今天我们就没有再谈下去的必要了。"

听到客户说话的语气很坚定,小王更觉得不好受,于是他说:"您怎么能这么说话呢?您也知道我们公司的产品虽然价格高了一些,可是产品的质量在业内是一流的,而且我们公司的售后服务……"

小王还打算继续说下去,就听到客户说:"你说我怎么能这么说话?那你说我应该怎么说话?谁不希望得到物美价廉的产品呢?何况,那天你也答应我向你们经理请示的。我看你这说话态度根本就不想做成生意,既然这样那就算了……"说完,客户便挂断了电话。

那位客户刚断电话,又有一位客户打来了电话,他过去向小王购买过公司的产品,这次是想询问一下有关售后服务的事情。当客户说明打电话的目的时,小王便没好气地说:"这种问题您应该问售后服务部门啊,产品的包装上不是印着公司的服务电话吗?"

"你刚才在说什么?你这个人怎么回事?告诉你,不要说是我本人,就是我身边所有的亲戚朋友,你以后都别想让他们从你这里购买任何产品!"然后小王就听到"啪"挂断电话的声音。当小王意识到问题的严重性向客户解释说自己因为一些事情急着赶时间时,客户并没有原谅小王。

【分析】

虽然小王在拨打和接听电话之前遭受了经理的责骂,但是这不能成为小王对客户进行恶语相向的理由。事实上,在上面的案例当中,如果小王能够换一种方式与两位客户说话,那么事情的结果可能就截然相反,至少他与客户之间还有缓和的余地,而不是像现在这样决裂。销售人员不讲究说话方式的行为是非常严重的,如果平时不注意锻炼好自己的说话方式,那么销售人员就很难在营销工作上取得较大成绩。

【提示】

① 在打电话给客户之前要用这样的想法来给自己定位:在电话中我是受客户欢迎的,客户需要我帮助其解决他们所面临的问题,我相信自己一定能给客户带来极大的价值。

② 施与受总是相互的,当你采取受人欢迎的说话方式与客户进行交流时,客户才愿意与你开展友好的交流,如果你的说话方式不能受到客户的欢迎。那么你也别想从客户那里获得自己想要的结果。

③ 多用积极而亲切的语调说话,对客户多进行赞赏、安慰和关心,客户自然能感受到,而且他们也会因此更愿意和你亲近。

案例 3

设计好自己的开场白

一位销售人员打电话给一位陌生的潜在客户:"您好,我是××公司的销售代表……"

客户:"对不起,我们不接受任何形式的推销!"

销售人员:"我昨天往贵公司送了一份我们公司的产品数据,不知您看过没有?"

客户:"我们没有必要看这些数据,请您尽快将它们拿走吧!"

销售人员:"不好意思,我知道我的冒昧已经严重地打扰了您的工作,所以我十分感谢您花时间接待我。"(切记:即使客户给予你的"接待"只是一味的拒绝,也要表示感谢)

客户:"不必感谢我,我没有为你做任何事情。"

销售人员:"对您来说也许接待我只是举手之劳,但是对我来说却是莫大的荣幸,所以我必须要向您表达我对您的感谢与尊敬之情,我的名片就和我们的公司的产品数据放在一起,如果您有这方面的需要只要打个电话就可以了。不打扰您的工作了,再见!"

客户:"再见,以后有这方面的需要我会打电话与你联系的。"

【分析】

通常情况下,当客户对上门拜访的销售人员进行了严厉的拒绝之后,如果销售人员表现得极为热情和宽容,客户反而会对自己之前的行为感到后悔,至少他们会因为自己对销售人员的"冒犯"而感到不好意思。在这种情况下,那些有丰富经验的销售人员往往会抓住机会趁热打铁,这样既有助于双方友好氛围的形成,也有助于以后销售活动的顺利展开。如果上面案例中的销售员在刚一听到客户第一次拒绝时就消极放弃,那么这次电话就只能是一次失败的销售,但如果销售人员能够预想客户的拒绝,并提前设置一个充满热情的开场白,那么至少你可以为自己的下一次电话营销打好基础。

【提示】

① 打电话之前要想好你的开场白,避免与客户沟通时找不到切入点。

② 在设计自己的开场白时,最好能让自己的措辞自然一点,不要拘泥于某种形式,这种轻松自然的方式往往会令客户感到放松,从而有效消除紧张感。

③ 在自己的开场白中,不要直接询问客户买不买,要记住营销当中的一个过渡环节,这个

环节非常重要,如果从一开始你就令客户讨厌,那么接下来你将寸步难行。

④ 记住:你的开场白可以新奇、有趣,但是还必须要体现出充分的尊重与礼貌,否则你就很难让客户继续与你交谈下去。

案例 4

抓住拨打电话的有利时机

在上午 11 点钟的时候,某公司的销售人员打电话给一位建筑公司的采购人员,虽然这位销售人员在打电话之前对自己的开场白和相关的产品知识都做了非常充分的准备,但是在自己刚一开口说话的时候,他就发现气氛不对。

销售人员:"您好,能否打扰您一下,我是××公司的销售代表,我们公司最近要推出一项新产品,在新产品推向市场之前想要针对本行业内的优秀企业做一次市场调查,只要占用您一点点时间就够了,您不介意吧?"

客户:"当然介意! 你不知道我正忙着吗? 真是的,刚才经理还打电话来催,怪我没有尽快办好这件事,我没有时间!"

销售人员:"那么,请问您什么时候有时间? 到时候我再打电话过来?"

客户:"不知道,我不知道自己什么时候有时间! 我的工作很忙,任何时候都没有时间,你以后再也不要来电话打扰我了,好吗?"

虽然客户嘴里说的是"好吗",但客户的语气却是十分强硬的,而在客户口中的"吗"字刚一说完的时候,这位销售人员就听到了"啪"的一声——客户挂断电话的声音。

这位销售人员当然不会因此而放弃,他想也许自己打电话的时机不对,这个时候客户可能正有一堆需要迫切处理的事情摆在面前,于是,销售人员决定等到下午 5 点钟以后,客户手中的问题处理得差不多了,一天的工作将要结束的时候再打电话进行拜访。

下午 5 点钟刚过,销售人员又开始拨打那位客户的电话,当销售人员再一次报上自己的姓名及公司名称的时候,还没等他说明自己上午打过一次电话,客户已经想起并说道:"哦,××公司,我想起来了,上午你找我想做一次社会调查是吗? 不好意思,当时我非常忙,确实没有时间。"紧接着,这位销售人员便说:"其实是我应该向您道歉,是我打电话的时间选的不对,我应该想到那时候您手头正有一大堆事情需要处理呢。是这样的,我们公司……"

【分析】

在上面的案例中,销售人员之所以第一次打电话遭到了客户毫不客气的拒绝,很大程度就是因为他所选择的时机不对——当时正是客户最繁忙的时候。在这种情形下打电话,无疑会引起客户的不满。而幸运的是,这位销售人员很快就意识到了这一点,他没有在客户繁忙的时候继续打,而是耐心等到客户一天的工作就要结束的时候拨打了第二通电话,结果证明他选择的时机是正确的,因为那个时间正是客户已经处理完繁忙的工作、心情比较放松也比较有成就感的时候,在这种时候打电话至少不会令客户感到遭受打扰。

【提示】

① 客户不愿多谈即将电话挂掉,应另找时间电话拜访,并检讨自己的表达方式或是时机不对。

② 当客户在接到电话时非常生气地说自己非常忙时,销售人员就不要继续没完没了地进行自己的推销活动了,而应该立刻表示真诚的道歉,并询问客户什么时候有时间。

③ 千万不要在电话当中对客户说太多没用的话,即使客户主动提起一些与营销活动无关的话题,你也要尽可能地把话题引到你的电话营销当中,否则你的电话就等于白白浪费时间。

④ 说话要简洁有力,不要把声音拉得很长,那会给客户以拖沓、啰唆的感觉。

思 考 题

1. 电话营销的定义?
2. 电话营销的特点?
3. 电话营销的使用范围?
4. 电话营销的流程?
5. 电话营销如何参与到整合营销中?
6. 如何利用电话产生销售?

第七章 电子邮件营销

第一节 电子邮件营销概述

一、什么是电子邮件营销

电子邮件营销(Email Direct Marketing,EDM)是在用户事先许可的前提下,通过电子邮件的方式向目标用户传递价值信息的一种网络营销手段。电子邮件营销是利用电子邮件与受众客户进行商业交流的一种直销方式。同时也广泛地应用于网络营销领域。电子邮件营销是网络营销手法中最古老的一种,可以说电子邮件营销比绝大部分网站推广和网络营销手法都要老。

说到电子邮件营销,就必须有 EDM 软件对邮件内容进行发送,企业可以通过使用相关软件向目标客户发送 Email 邮件,建立同目标顾客的沟通渠道,向其直接传达相关信息,用来促进销售,可以发送电子广告、产品信息、销售信息、市场调查、市场推广活动信息等。

二、电子邮件营销的特点和优势

电子邮件营销 EDM 的最大优点在于企业可利用它与用户(不论是企业用户还是普通用户)建立更为紧密的在线关系。由于电子邮件营销的方便、快捷、成本低等特点,这种营销方式正如雨后春笋般成长。Email 营销的优势除具有 Email 的特点外,还有以下几点。

1. 覆盖面广、速度快、无时空限制

传统媒体的传播通常具有一定的地域限制。同时,传统媒体广告具有一定的时效性,只能在某一时间段进行,而电子邮件不受时间和空间的限制。功能全、成本低,只要在 Internet 上申请一个电子邮箱就可以发送电子邮件了,因此电子邮件营销是任何企业均能使用的通信方式,无论是资产雄厚的大型企业,还是资产微薄的中小企业,只要能接入 Internet 就可以开展电子邮件营销业务。

2. 针对性强,广告内容不受限制

传统大众营销媒体的信息传递是一种散网捕鱼的方法,受众的针对性含糊不清,载体发送的目的与受众接受的目的不能及时达成一致,造成发送与接收的错位。电子邮件营销系统可以通过数据挖掘对目标客户进行细分,使企业能于真正意义上进行营销细化营销,针对具体某一用户或特定的广告。

3. 非强迫性

用户可以退订电子邮件,只有用户需要才会有营销邮件出现在其邮箱之中,并且这些邮件也不会像电视广告、广播广告那样强迫用户去阅读,而是根据用户自己的需求可以在任何时间、任何方式进行阅读。

4. 交互反馈性

电子邮件营销可以通过电子刊物来促进顾客关系。许可 Email 营销可以满足用户个性化的需求,根据用户的兴趣预先选择有用信息。电子邮件的发送与接收同步或非同步交流,构成了交互的可能,这种交互功能又主要体现在信息的反馈方面。

5. 保密性

Email 营销并不需要大张旗鼓地制造声势,信息直接发送到用户的电子邮箱中,不容易引起竞争对手的注意,除非竞争者的电子邮件地址也在邮件列表中。

6. 电子邮件营销可实现营销效果监测

电子邮件营销具备追踪分析能力,根据用户的行为,统计打开邮件,点击数并加以分析,获取销售线索。

三、开展电子邮件营销的基础条件

以下3个问题构成了电子邮件营销的三大基础条件。

(1) 电子邮件营销的技术基础:从技术上保证用户加入、退出邮件列表,并实现对用户资料的管理,以及邮件发送和效果跟踪等功能。

(2) 用户的电子邮件地址资源:在用户自愿加入邮件列表的前提下,获得足够多的用户 Email 地址资源,是电子邮件营销发挥作用的必要条件。

(3) 电子邮件营销的内容:营销信息是通过电子邮件向用户发送的,邮件的内容对用户有价值才能引起用户的关注,有效的内容设计是 Email 营销发挥作用的基本前提。

四、电子邮件营销流程

谈到电子邮件营销,很多人都不陌生,互联网发展至今,"EDM 营销"一直都是广告主屡试不爽的营销方法。为何"EDM 营销"如此受追捧呢?最简单、最直接的原因是:电子邮件营销具备极高的 ROI(投资回报率)。业内人士常用简单、粗暴、高效来形容它。简单是因为操作简单,粗暴是因为其推广营销方式属于强推式,类似于产品的强卖;高效是因为其 ROI 极高。我们常见到如下的电子邮件营销流程:

(1) 收集或购买 Email 列表并筛选数据。按照项目需求,选择使用客户自有邮件列表或者供应商邮件列表,根据地理信息、人口统计信息、既往消费行为、兴趣爱好等进行筛选。

(2) 购置一套简单 Email 群发软件。

(3) 邮件设计。设计两封邮件,并进行各大主流邮箱的兼容性测试及垃圾邮件指数测试,避免邮件进入垃圾箱。另外邮件内容的设计和创意也是不容忽视的,这个完全可以作为一个单独的话题来说了。标题的设计、图片的大小和下载速度、图片的文字说明(以免图片不能显示)是否完整都需要注意到。

（4）发送邮件，等待客户"上门"。

其实，EDM 营销到这里没有结束，也不该结束，重头戏在后边呢。做营销的人都知道"营销闭环"的概念，就是执行完营销动作后，需要对后续的营销效果进行监测跟踪和数据统计，之后对统计后的数据进行分析总结，进而优化执行方案，这样才算是一个完整的营销行为，EDM 营销亦如此。因此还应添加如下 2 个步骤：

（5）监测、分析、评估营销效果。

（6）优化 EDM（包括邮件列表数据库筛选、EDM 设计优化等）。

第二节　许可式电子邮件营销

电子邮件营销很多时候又被称为许可式电子邮件营销，是指企业通过电子邮件进行市场营销，这里所说的电子邮件营销不是指那些垃圾邮件群发之类的，而是指许可式电子邮件营销。在采用电子邮件进行营销活动时的第一个假设，就是每一个消费者完全符合企业目标市场定位的特点，因此企业没有必要对消费者进行细分而是直接对他们进行营销，但这样的营销活动存在许多问题，许多企业没有经过消费者同意就直接发送营销邮件给他们，这种邮件往往被称为垃圾邮件。垃圾邮件不仅不能给企业带来大的客户和收益，相反会对企业的品牌和形象造成负面影响。因此，在这里我们讨论的电子邮件营销是获得消费者首肯的营销活动，也被称为许可式电子邮件营销。

许可式邮件营销具体是指用户主动订阅，允许你通过邮件方式为他提供相关信息，如电子杂志、资讯周刊、产品信息、会员服务等。最常见的方式是在网站提供订阅入口，或是在用户填写注册申请时，自愿留下用户邮箱地址，完成订阅过程。

一、许可式电子邮件营销的基本要素

许可式电子邮件营销是指在用户事先许可的前提下，通过电子邮件的方式向目标用户传递有价值信息的一种网络营销手段。这种 Email 营销有 3 个基本因素，包括用户许可、电子邮件传递信息、信息对用户有价值。

由此可见，要进行电子邮件营销是需要一定的条件的，在许可电子邮件营销的实践中，企业最关心的问题是：许可 Email 营销是怎么实现的呢？获得用户许可的方式有很多，如用户为获得某些服务而注册为会员，或者用户主动订阅的新闻邮件、电子刊物等，也就是说，许可式营销是以向用户提供一定有价值的信息或服务为前提的。

可见，开展 Email 营销需要解决 3 个基本问题：向哪些用户发送电子邮件、发送什么内容的电子邮件，以及如何发送这些邮件。

二、许可式电子邮件营销的 5 个步骤

第一，要让潜在顾客有兴趣并感觉到可以获得某些价值或服务，从而加深印象和注意力，值得按照营销人员的期望，自愿加入到许可的行列中去（就像第一次约会，为了给对方留下印

象,可能花大量的时间来修饰自己的形象,否则可能就没有第二次约会了)。

第二,当潜在顾客投入注意力之后,应该利用潜在顾客的注意,如可以为潜在顾客提供一套演示资料或者教程,让消费者充分了解公司的产品或服务。

第三,继续提供激励措施,以保证潜在顾客维持在许可名单中。

第四,为顾客提供更多的激励从而获得更大范围的许可,例如,给予会员更多的优惠,或者邀请会员参与调查,提供更加个性化的服务等。

第五,经过一段时间之后,营销人员可以利用获得的许可改变消费者的行为,也就是让潜在顾客说,"好的,我愿意购买你们的产品",只有这样,才可以将许可转化为利润。当然,从顾客身上赚到第一笔钱之后,并不意味着许可营销的结束,相反,仅仅是将潜在顾客变为真正顾客的开始,如何将顾客变成忠诚顾客甚至终生顾客,仍然是营销人员工作的重要内容,许可营销将继续发挥其独到的作用。

三、电子邮件营销的许可原则

1. Opt-out 原则

Opt-out 电子邮件营销方式是指当企业向客户发送营销信息时,给客户一个退出继续接受信息的选择。当客户选择不再接受企业信息的时候,企业将停止给该客户发送信息。

2. Opt-in 原则

在 Opt-in 电子邮件营销方式活动中,企业不主动向客户发送信息,只有当客户发出明确请求时,企业才发送营销信息给客户。

3. Double Opt-in 原则

为了最大限度地保护客户的"许可"权益,电子邮件营销企业使用了一种被称为"Double Opt-in"的方式,这种方式建立在 Opt-in 的基础之上,当客户明确地发出 Opt-in 后,电子邮件营销企业再次发出电子邮件确认函,只有当客户对确认函有肯定的答复时,企业才以电子邮件的形式发送客户需求的信息。

第三节 电子邮件营销效果评估

衡量 EDM 营销效果数据指标主要有 4 项:有效率、阅读率、点击率、转话率。

一、有效率

计算方法:有效率＝成功发送数量/发送总量。

发送总量:Email 数据库的数量。

成功发送数量:成功到达邮件地址的数量,即 Email 数据库的有效量。

意义:用来衡量获取数据库的有效率,即发送的地址是真实存在的;目前许多卖 EDM 数据库的厂商,虽然便宜、量多,但很难保证地址的有效率。发送的 EDM 自然无法达到营销效果。

二、阅读率

计算方法：阅读率＝打开量/成功发送数量。

打开量：有效地址的用户接收到 EDM 后，打开邮件的数量；由于 EDM 会存在一个用户打开多次的情况，有些统计系统，会统计 EDM 的打开次数和打开用户数。

意义：用来评估用户对邮件的兴趣程度。

对于精准的数据库，可通过调整邮件标题来提高阅读率。例如，我在 EDM 营销中，标题为"快乐会计人征集令，赢香港迪士尼五日游"和"会计人不得不看的 18 条快乐潜规则"，后者的阅读率明显比前者高了近 4%，可见，以奖品、免费为噱头的 EDM，不一定能提升效果。

三、点击率

计算方法：点击率＝点击量/打开量。

点击量：用户打开 EDM 后触发的点击的数量；如果 EDM 中，存在多个链接，最好单独统计。这样可以评估出用户对内容兴趣度，用以调整和优化 EDM 的内容。

意义：用来评估用户对邮件内容的兴趣程度；如果 EDM 邮件阅读率高，但点击率却很低，则需要调整 EDM 的内容。

有效率、阅读率、点击率是 EDM 营销中最基础的衡量指标，对于注册/购买为导向的 EDM，还需要监测注册/购买转化情况。一般外购的 EDM 群发器都会有发送量、到达量、阅读量等基础的统计功能，配合 Google Analytics，跟踪用户行为，分析用户行为，就可以达到不断提高 EDM 营销效果的目的。

四、转化率

转化率是电子邮件发送效果评估的最后目标。不同的营销目的可以产生不同的衡量因素，例如，在线零售网站转化目标是订单，售卖软件公司的转化目标是下载，培训机构的转化目标是提交表单。当然也可以自定义其他特定目标，如浏览某个特定页面——节日活动的公告或者某个特定的行为，如上传照片、投票、留言等。

第四节　电子邮件营销的方法和技巧

电子邮件是企业和现有客户沟通常用的渠道之一。和欧美不同，在国内，电子邮件营销的反应率不一定比直邮好，但是成本低、投递速度快、精准性和个性化易操作是许多企业选择使用这个沟通渠道的因素。特别是在经济低迷、市场预算紧张的当下，电子邮件营销对许多企业就更加有吸引力了。但是做好电子邮件营销也并非那么简单，因为便宜而一网打尽式的邮件投放不仅不能收到理想的投资回报，甚至可能造成收信人的反感。

一、电子邮件营销的方法

(一) 建设电子邮件数据库

企业必须快速有效地建立强大的电子邮件地址数据库,包括现有消费者和潜在消费者。

通过网站获取访问者的电子邮件。实现这一目的的技术有:在主页设置一次性登录程序,利用电子邮件作为用户名登录所有页面等。西北航空公司为吸引客户用电子邮件地址登录其网站,接受其发送的信息,向登录用户提供常客飞行里程数查询;寻找其他渠道,得到电子邮件地址,这些渠道包括呼叫中心、商品目录、零售网点等。通过多重渠道获取电子邮件地址,会使得电子邮件地址目录更丰富,而且也能帮助企业通过多重渠道和客户联系。

租用的电子邮件地址往往效率低下,所以必须进行认真测试后再投入使用。从外部供应商处也可获取电子邮件地址目录,但是向这些地址发出的邮件反馈率远不及从自己公司网站上获得的地址目录。如果考虑购买邮件地址的成本,租用电子邮件地址目录进行营销是经不起分析的,因为大部分都会得不偿失。因此,必须对租用地址进行慎重测试,然后才能决定是否进行重大投入。

(二) 增添客户关联性和信息价值

如想吸引消费者和你继续交往,就必须为你的电子邮件促销活动增添客户关联性和价值,即编写关联性很高的邮件内容,提供优质的服务,尽量扩大反馈率。实际上如果对内容进行个性化定制,有可能把反馈率提高 40%~80%。

向客户征询其需求意见。不少管理团队费尽心机地在内容需求、联络频度等方面确定"客户意愿"。但领先的企业则另辟蹊径:他们让客户自行填写要求,如期望的内容、联系的频度等。当然,应该小心的是,客户填写的资料有时候不一定真实反映其需求,尤其是在新兴的领域,但是这种自行定制的方法有助于未来的客户沟通。

分析过去的行为,制定个性化的内容,确定联系的频度。在网站上的过去行为或采购历史,往往有助于了解客户的兴趣所在。"共同过滤法"等技术能够帮助产生针对性的内容建议。在联系的频度方面,电子邮件地址目录必须包括小部分活跃的用户和大部分不活跃的用户。二者应该分别对待。通过"近期性/频繁性"分析,了解消费者对电子邮件营销的反馈,企业可以有效地对客户进行价值细分,并采用针对性应对方法。

通过电子邮件强化总体价值定位。很多情况下,效果显著的电子邮件营销不但能增加短期销售量,还可以大大强化价值定位,甚至能够重塑企业和客户的关系。例如,我们可以利用电子邮件向客户发送个性化信息,发送网上网下的销售、清仓或者特别活动公告,还可以向客户通知时间性较强的活动信息。

(三) 电子邮件的多渠道沟通

人们已经把电子邮件作为主要客户沟通工具,在此情况下,必须及早规划,采取积极主动的行动,把电子邮件纳入到其他渠道的体系当中。

建立共同的营销数据架构。所有的电子邮件营销活动数据,无论来自内部或是第三方供应商,都应和其他客户和营销数据合并,这是一体化沟通的基础。通过在其他渠道中形成的认识,进行个性化的内容定制。从网站、呼叫中心等其他渠道的客户互动中了解到的情况,可用来定制电子邮件的内容。例如,网站浏览行为反映了客户对特定产品/信息的兴趣,可用来定制针对性的电子邮件内容。

如有可能,进行多渠道测试,评估不同渠道的最佳组合方法和费用。例如,你可以对有电视广告的市场和没有电视广告的市场、发送商品目录的市场和不发送商品目录的市场进行对比分析,测试、评估电子邮件营销的效果。您也可以尝试结合直邮和电子邮件进行营销,确定最佳的投递频率和互动方法。通过这些技巧,您可以重新评估网上网下营销费用的效果,进而加以改进。

将电子邮件和你的总体营销方案联系起来,实现客户价值的最大化。有很多机会可以增加客户价值,如重新界定总体业务流程。例如,运用电子邮件产生销售线索,帮助销售人员约见潜在客户,这样也可降低客户获取成本。

二、电子邮件营销的5个要素

(一)邮件地址的选择

我们要针对我们的产品来选择 Email 的用户,如果一家公司是做儿童用品的,那么我们选择什么样的 Email 用户群呢。根据我们的调查,母亲是最关心自己的孩子的,所以我们要锁定在女性 Email 用户群,而一般有宝宝的女性年龄大约在 25~35 岁。最终我们锁定年龄在 25~35 岁的女性 Email 用户。所以我们要根据自己公司的产品来定位 Email 用户群,以便使我们的宣传率达到最高。

(二)电子邮件内容的确定

最重要的也是最关键的就是 Email 的内容。首先我们来看看怎么样能够醒目地让人看到标题并去点击内容。对于宣传我们的产品,标题是最重要的,如果主题不够吸引人那么你的目标客户群可能不去看你的邮件,有可能会把你的邮件删除。所以标题内容要让你的客户群知道这是他关心的内容,要有引人注目的卖点。例如,我们的目标客户群是一些有上进心、有创业精神的人,我们的主题就可以这样写:《财富之路》,以书名来命名我们的标题,当他们看到这个标题后,会不自觉地点击,因为他们是有创业精神的人,这是他们的渴望。

Email 的内容怎么写呢?要简洁明了,让目标客户一看就知道是做什么的,字数不要太长,一般在 200 字以内,要知道我们的目标客户时间是不允许我们的长篇大论的内容的。

(三)要有"夸大"的精神

写内容的时候要尽量去"夸大"我们的产品,但是不要太过头。要知道网络用户通常是受过高等教育的,所以在写内容的时候要小心,不要过度"夸大"。

(四)要确保邮件的内容准确

在发邮件之前一定要把你写的内容审核一下,要营销团队的人集体审核确保无误。

(五）电子邮件的发送

发送电子邮件一定要注意不要将附件作为邮件内容的一部分，而应该使用链接的形式来使他们进入你想让他们看到的网页内容。由于邮件系统会过滤附件，或限制附件大小，以免给客户带入病毒。

三、电子邮件营销的几个注意点

（一）邮件营销不等于滥发邮件

花大量时间找预客户的邮寄地址和电子邮件地址，在并不了解目标对象做什么的情况下，盲目发送大量营销邮件。这种拉网式的营销方式不可取，原因是投入产出比严重失衡。而且，把产品信息发送给"错误"的人将不为您带来任何销售，其结果还会严重误导您对自己营销邮件功效的正确判断。在开展邮件营销之前，尽可能地缩小预客户范围，研究可能的预客户，将其缩小成很可能、极可能的客户，了解他们的真正需求（不是您的猜测，而是他们直接对您说的需求）。邮件营销的目标对象越准确，效果越好。

（二）邮件内容要精心构思

第一，要主题明确。主题的设计要让接收者能够认可你的邮件，有兴趣打开你的邮件。商务交往的电子邮件每封只有一个主题，是发件人撰写邮件的中心思想。很多用于宣传企业的邮件都不写明主题，接收者一看就认为是垃圾邮件，面临直接删除的厄运。

第二，不要隐藏发件人或者使用免费邮件地址（免费邮箱）。隐藏发件人姓名，给人的感觉是发件人在做什么见不得人的事情，否则，正常的商务活动为什么害怕露出自己的真面目呢？这样的邮件，其内容的可信度有多高呢？用一个 yahoo 或者 hotmail 的免费邮箱，就好比用一部投币式的公用电话作为你公司的业务电话，就等于对客人说："我们公司不太正规，没有电话，如果你打我们的电话，我们只能去办公室附近的投币公用电话去接！"一定要用可以区分你的公司和部门的专用企业邮箱。

第三，注重礼貌显出质感。在语气、表达方式等方面一定要合理、恰当。

第四，邮件要短。电子邮件应力求内容简洁，用最简单的内容表达出你的诉求点，如果必要，可给出一个关于详细内容的链接，收件人如果有兴趣，会主动点击你链接的内容，否则，内容再多也没有价值，只能引起收件人的反感。

第五，不要用附件形式发送电子邮件。由于每人所用的操作系统、应用软件会有所不同，附件内容未必可以被收件人打开，所以不要为图省事，将一个甚至多个不同格式的文件作为附件插入邮件内容，却给收件人带来很大麻烦。

（三）发送频率过于频繁

研究表明，同样内容的邮件，每个月发送 2～3 次为宜。不要错误地认为，发送频率越高，收件人的印象就越深。过于频繁的邮件"轰炸"，只会让人厌烦，如果一周重复发送几封同样的邮件，你肯定会被列入"黑名单"，这样，你便永远失去了那些潜在客户，你的 Email 营销计划只能是赔钱赚吃喝。

(四)邮件格式混乱

一般来说电子邮件没有统一的格式,但在实际情况中,要根据不同的地方习俗、不同的国家及语言采用不同的邮件版本及规格,方便双方交流。同时不要全用大写的字母写邮件,这让人感觉你在大叫或者在吼,还很粗暴。不要用缩写,这是懒惰的表现,顾客不喜欢和懒人做生意。

(五)不及时回复邮件

有客户回应,应当及时回复发件人,然而并非每个公司都能做到。可以想象,一个潜在客户给你发出了一封关于产品的询问,一定在急切地等待回音,如果等了两天还没有结果,他一定不会再有耐心等待下去,说不定早就成了你的竞争对手的客户。在现实生活中,我们都会有同样的感受:4~6小时内收到回复邮件都会让人感觉棒极了;8~12小时内的回复邮件说明你一直在工作,同时我仍被列为受重视的客户;一天内的回复邮件说明我未被遗忘;两天后的回复邮件说明我对于你来说已无所谓;邮件得不到回复说明什么呢? 交流没有必要。

(六)做好后续的服务与跟踪

用户通过邮件访问网站后,吸引你的用户关注你的网站。

我们发现以"广种薄收"的方式散发电子邮件,只会给消费者带来逆反心理,给这个无限广阔的市场带来副作用。相比较而言,通过细致认真地分析用户资料,有针对性地面对其真正的需求提供信息,才是最能体现电子邮件营销价值所在。更不能"强迫"推销,应该选择让用户自愿加入的方式订阅邮件,以方便用户的方式介绍企业的产品和服务。

因此我们要清楚地认识到电子邮件营销并不是万能的,也有许多技巧值得仔细筹划并加以利用,希望能通过上述的这些对策,真正能解决电子邮件营销中的广种薄收。

第五节 电子邮件营销案例分析

案例 1

"新江南"公司的 Email 营销

"新江南"是一个旅游公司,为了在"五一黄金周"之前进行公司旅游项目促销,公司营销人员计划将网络营销作为一项主要的促销手段,其中将 Email 营销作为重点策略之一。

由于公司在网络营销方面以前并没有多少经验,因此这次活动计划将上海作为试点城市,并且在营销预算方面比较谨慎,并不打算大量投入广告,仅选择部分满足营销定位的用户发送 Email 广告。目前暂时没有条件开展网上预订活动,主要是品牌宣传,并为网下传统渠道的销售提供支持。

"新江南"公司的网络营销现状为:公司网站已经建立两年多的时间了,但是网站的功能比较简单,主要是公司介绍、旅游线路介绍、景点介绍等,网站上有一个会员注册区,有用户 1 000 多人,但是由于疏于这方面的管理,已经有半年多的时间没有向会员发送过信息了,最后一次发送是元旦前的促销信息,向会员发送新增的旅游线路。因此,公司内部的营销资源非常有限,还需要借助专业服务来发送 Email 广告。

在服务的选择上,花费了比较多的时间,因为首先要对服务的邮件列表定位程度、报价和提供的服务等方面进行比较分析,在多家可提供 Email 营销服务的网站中,"新江南"最终选择了新浪上海站,该网站有一份关于上海市白领生活的电子周刊,订户数量超过 300 000,这份电子刊物将作为本次 Email 营销的主要信息传递载体。为了确保此次活动取得理想的效果,计划将从 2004 年 3 月 26 日开始连续四周投放 Email 营销信息,发送时间定为每周三,前两次以企业形象宣传为主,后两次针对公司新增旅游路线进行推广。接下来该公司的市场人员的主要任务是设计 Email 广告的内容,针对内部列表和外部列表分别制作,并且每个星期的内容都有所不同,他们仍然有许多工作需要准备。Email 营销活动结束后,当网络营销人员分析每个月的公司网站流量时,吃惊地发现,在进行 Email 营销期间,公司网站的日平均访问量比上个月增加了 3 倍多,日均独立用户数量超过了 1 000 人,而平时公司网站独立用户数量通常不到 300 人,尤其在发送邮件的次日和第三日,网站访问量的增加尤为明显,独立用户数量的最高纪录日达到了 1 500 多人。从这次活动,公司的营销人员也发现了两个问题:一是内部列表发送后退回的邮件比例相当大;二是企业网站上的宣传没有同步进行,来到网站浏览的用户平均停留时间只有 3 分钟,比活动开始前用户的平均停留时间少了 2 分钟。

案例 2

电子贺卡 Email 营销成功案例

近年来由于应用过多,电子贺卡营销的总体成效正在减弱。不过,如果运用得当,Email 电子贺卡仍然会收到很好的效果。

美国注册会计师协会旗下的经营性门户网站 CPA2Biz 的营销部高级主管 Melissa Rothchild 说,在其公司成立 15 周年之际,他们通过电子邮件给客户发送了 15 周年庆的电子贺卡,其中含有对会计师打折的业务促销信息。结果该电子贺卡邮件的开信率高达 50%(行业的一般邮件打开率是 30%左右),邮件中促销链接的点击率高达 24%,CPA2Biz 这次 Email 营销活动直接带来 6.6 万美元销售收入。

Rothchild 在总结此次 Email 电子贺卡营销活动时,归纳了电子贺卡 Email 营销成功的关键因素是:客户们在完全没有预料的情况下收到这个年庆促销贺卡,因而取得了极大的成功。

尽管从 Rothchild 的分析以及有关案例背景资料中没有该电子贺卡的详细资料,不过可以肯定的是,CPA2Biz 这次 Email 营销活动从电子贺卡的创意到电子邮件发送和效果跟踪的整个过程都是经过精心策划的。新竞争力网络营销管理顾问分析认为,CPA2Biz 所采用的电子贺卡 Email 营销成功案例带给网络营销人员的启示在于,即使被认为是常规的网络营销方法,只要操作水平专业,同样可以获得显著的效果。

案例 3

清扬:网友主动转发,打造网上万人去屑大挑战

清扬洗发品牌诞生于 30 多年前,是世界知名的去屑及头皮护理专业品牌,在世界各地有超过 1 亿的使用者。

2007 年 4 月,联合利华正式向中国市场推出了"清扬"。作为联合利华十年来在中国市场最重要的新品,清扬在产品理念上拥有很多的颠覆性元素。首次提出了"男女区分"去屑概念,

并提供男士专用去屑产品,首次提出"深度头皮滋养"去屑方案等。

联合利华大中华区总裁薄睿凯直言:"清扬将彻底颠覆国内去屑产品市场,打破20年来中国人头屑持续泛滥的现状。而清扬的目标,将是通过3年的时间,在总量达百亿的去屑洗发水市场中占据领袖品牌的地位!"

联合利华为清扬新品上市策划了主题为"万人去屑大挑战"的公关活动,这是国内洗发水市场有史以来规模最大的消费者体验活动,目标是邀请千万人试用产品。

为了配合清扬这次史无前例的活动,网易在为清扬设计网络传播策略时沿用了力士的成功经验,通过鼓励网友间主动转发抽奖信息,将产品信息最大化传播出去。

与力士的推广活动相比,清扬的这次"万人去'写'大挑战"活动,参与方式更加简便。只要网友在活动主页登录自己的网易邮箱,即可获得一个链接和一个排名。在最后抽奖时,只要网友排名当中含"7"就能获奖。这种简便的方式大大降低了参与的门槛,提高了网友的参与热情。网友还可以复制活动链接并转发给朋友,他(她)的朋友只要打开链接页面就可以直接得到一个排名,从而参加抽奖。这对于喜欢与朋友分享快乐和幸运的网友来说充满了吸引力,参与活动、传播活动也就自然而然地成为他们的自觉行动。

网友在登录活动主页、填写注册信息、浏览自己排名的时候,清扬洗发水的图标始终紧随网友的视点,这种植入式传播方式有效地向用户传递了品牌形象。

活动参与人数接近6万,其中有近20%的用户是通过收到其他网友转发的链接而进入活动页面的,成为名副其实的"万人挑战"。

案例4

4-Cisco公司成功的一对一电子邮件营销

当前,全球垃圾邮件泛滥不止,用户早已厌倦了邮箱中出现的各种公司发来的邮件,往往看也不看,轻易就将邮件删除。这其中,可能包括订阅的某公司的新闻邮件,或已联系过的客户发来的重要信息。如何避免这种情况发生?专家建议,发件人如果是用户认识的某人,邮件被武断删除的可能性会显著下降。

正如当客户联系某公司时,往往更愿意联系具体的某个人而非一个笼统的营销部门整体。成功的B2B营销需要在销售人员与客户之间建立起有效的一对一联系关系。Email营销中利用这种一对一关系,可以大大提升Email营销效果。

Cisco,全球领先的互联网设备供应商,在这方面提供了一个很好的一对一Email营销案例。

一直以来,公司的现有客户和潜在客户都对Cisco公司的销售人员颇为信任,称之为"可信赖的顾问"。公司决定利用这一优势,以销售人员的名义而不是公司名义向客户和联系中的潜在客户进行电子邮件沟通。

Cisco的销售人员通过一个网络服务应用工具,可在24种邮件模板中选择一个符合自己业务特色的模板,每个模版中都包含以下固定元素:Cisco公司图标,可选内容如一个3D的产品模型,以及其他可以手动改变的内容,包括发件人姓名。之后填写收件人姓名(可以多个姓名),书写具有个性化内容的信息。值得一提的是,每条信息邮件都可以针对不同收件人的计算机环境,如操作系统、媒体播放器和带宽等条件的不同,进行发送调整,以确保邮件在每个收件人的邮箱里都能获得充分展示。可谓将"一对一"工夫做到了家。

思 考 题

1. 什么是电子邮件营销?
2. 电子邮件营销的特点。
3. 许可式电子邮件营销的基本要素。
4. 电子邮件营销效果评估的指标。
5. 电子邮件营销的许可原则。
6. 电子邮件在数据库营销中的应用。

第八章 短信营销

第一节 短信营销概述

在几乎人手一部手机的移动时代,规模庞大的用户基数在中国形成了一种固定的拇指经济环境,以个人移动终端为平台,以人及人之间互动为传播方式,以海量信息和高度普及的通信网络为依托的短信成为当之无愧的"第五媒体"。

随着经济的不断发展和营销手段的不断更新,短信营销已经成为一种新的营销模式。作为"第五媒体",手机短信平台以其速度快、效率高、成本低、高精确、受众广等无可比拟的优点备受企业关注,越来越多的企业嗅到了其中有利可图的商机。比起传统的广告牌、传单、宣传册等耗费人力物力、见效慢、范围有限的宣传手段,手机拥有最为庞大的用户群体,群发短信平台能在一瞬间完成其他媒体无法做到的大面积辐射轰动效果,高度的传阅率以及储存性使企业的宣传效果大幅度提升。

随着功能的扩展、技术的日新月异,手机短信群发平台作为新一代的商业营销模式备受广大企业青睐。所以,如何将优质的产品与业务服务成功地介绍给手机用户,让用户在消费体验中进行信息传播,是每个企业进行市场营销必须思考的问题。

一、短信营销的概念

短信营销就是通过发送短信息的形式将企业的产品、服务等信息传递给手机用户,或者诱发手机用户使用短信与企业互动,从而达到促销、品牌推广、提升顾客忠诚度等目的的一种营销手段。

提到短信营销,很多人立即想到的就是利用手机。确实,随着手机,尤其是智能手机的使用者越来越多,短信营销的影响也越来越大。但是,现在的短信营销指的并不仅仅是手机,还可以是互联网等。同时,短信营销的方式也有了很多创新,越来越多的营销活动内嵌在了网络链接中,有些甚至是二者合一。

短信营销在强大的数据库支持下,利用互联网、手机通过网络把个性化即时信息精确有效地传递给消费者个人,达到"一对一"的互动营销目的。

短信营销融合了现代网络经济中的"数据库营销"和"网络营销"理论,亦为经典市场营销的派生,目前为各种营销方法中较具潜力的部分。

二、短信发送方式

短信(Short Message Service,SMS)是用户通过手机或其他电信终端直接发送或接收的文字或数字信息,用户每次能接收和发送短信的字符数是 160 个英文或数字字符,或者 70 个中文字符。

按照发送技术的不同,短信发送的方式有以下几种。

(1) 手机之间点对点发送

用户先要在自己的手机内进行短信息发送的相应设置,以后就可在手机中编辑短信息内容,输入对方的电话号码(对方手机应是可支持中文显示或中文短消息的手机)后,即可以很方便地将短信息内容发送给对方。这类短信息对发送方要收费,而接收方则是免费的。

(2) 网站发送

移动通信的发展丰富了互联网的内容,互联网的发展又推动了移动通信服务的增值。全国大部分省(市)的移动通信公司都在互联网上建立了自己的网站,其中不少移动通信网站都开通了网上免费短信息发送服务功能。不管是任何人只要成为它的注册用户,就可在它的网站向任何有短信息功能的手机免费发送短信息,也可以进行充值。网络与无线移动通信的联袂使得网上短信息的发送变得更为方便、简单,也更为实惠。

(3) 网上软件发送

网上软件发送指的是在连接上互联网后,用某种软件的专门功能或者附带功能向手机用户发送短信息。

(4) 公司网站二次开发

为了更好地被企业所运用,短信平台也可以支持企业在自己网站上的二次开发,采用通用的 HTTP 形式,可以支持各种操作系统和开发语言,只需把短信接口嵌入企业自身的系统中,便可拥有一套按自身需要开发的专用短信解决方案。

按照不同的营销目的,短信发送方式主要有以下几种。

(1) 群发

可面向不同层面的对象,实现分组群发。有区别于垃圾短信狂轰滥炸式的投放,短信平台自定义发送对象并实现分组发送,短信群发系统可以支持在同一时间向 1 万个用户发送信息。

(2) 定时发送

可设定发送时间,实现定时发送,无须人工干预。短信平台可设置定时发送,企业可灵活选择发送广告的黄金时段,避开给用户带来困扰的敏感时间,将营销效果提升至最大化。

(3) 定位地点推送

消费者走过某商店附近,系统能够自动发送一条本店促销短信,信息及时到达消费者手机中。收到短信的消费者可以到就近的店面参与促销活动。

短信营销允许市场营销人员可以以一种个性化的、不间断的、基于位置信息的方式去同消费者进行交流。从简单的短信到丰富的网络链接的发送,有多种选项可以供企业采纳,从而完成市场目标。

此外,短信平台具有交互作用,可以接收反馈的短信,接收到的短信在平台界面上一目了然。

另外,短信平台可以通过回执验收短信的发送效果。可以利用系统状态报告自动获取收信人的回执信息，只要是用户阅读短信，系统会产生回执信息，以防止重要短信丢失。

短信回执业务是一项短信增值服务。使用手机正常发出一条短信后，手机会立即显示"信息已发送"之类的文字。但这只是表示该短信已正常到达了短信中心，并不代表对方已收到。而短信回执业务是指用户发送短信后，系统及时给用户发送回执以提示该短信是否成功送达的业务。

短信营销是整体解决方案，包括多种形式，如短信群发、短信回执、短信网址、彩铃、彩信、声讯短信等。

对于商家广告主来说，会议通告、活动通知、数据采集、行内咨询、优惠广告等都可轻松验收短信发送的效果。

三、短信营销的形式

1. 直接营销

直接营销也称推动式营销，指商家发起一个广告活动，并将短消息直接发送至用户手机上。若非现有顾客，需要获得消费者的许可。

2. 间接营销

间接营销也称拉动式营销，指消费者通过电视、报纸、杂志、直邮、宣传册等渠道看到广告宣传，或者在零售店或其他地点看到促销活动信息，通过文字信息的方式进行响应。

第二节 短信营销的优势与作用

从媒体形式上看，手机是陪伴人时间最长、最为亲近的媒体，消费者们在散步、等待、吃饭的时候都会使用手机。事实上，有86%的移动互联网用户在看电视的时候会使用他们的移动设备。总之，用户无时无刻不在使用智能手机，它在未来必将会代替其他形式的媒体，虽然这一过程会比较缓慢。

与传统的广告牌、传单、宣传册等耗费人力物力、见效慢、范围有限的宣传手段相比，手机拥有最为庞大的用户群体。群发短信平台能在一瞬间完成其他媒体无法做到的大面积轰动效果，高度的传阅率以及储存性使企业的宣传效果大幅度提升。随着功能的扩展、技术的日新月异，短信营销作为新一代的营销模式备受广大企业青睐。

那么短信营销的优势有哪些呢？

一、短信营销的优势

1. 营销成本低，投资回报高

短信营销所需的发布费用非常低廉，与传统媒体动辄上十万甚至上百万的广告费用相比，短信广告的成本非常低。而通过短信平台来营销，比直接用手机发短信息更便宜，大大降低了广告主的广告发布成本。

另外，短信营销打破了传统广告媒体定价的行规，广告主可以根据自身情况进行营销支出的预算，定向定条发送给目标客户。

在投入实际的应用中,短信瞬间营造的广告轰动效果是非一般营销方式可比的,同时它所传递的是一种以低成本实现高效率的移动信息化理念,更为符合当下国内企业开源节流的发展需求。

2. 传播速度快

短信营销具有很强的散播性,速度快,时效性强,一分钟即时发送,一瞬间万人传播。短信营销的传播不受时间和地域的限制,全国任意一个省市都一样。数百万手机用户,均可在企业发送信息完毕后马上接收到广告信息。保证最新信息在最短的时间内传播给消费者。

3. 精确性强

短信营销最大的特性就是直达消费者手机,"一对一"传递信息。可以锁定目标客户,实现精准传播。

4. 灵活性高

短信营销发布时间极具灵活性,广告主可以根据产品特点弹性选择广告投放时间,甚至具体到某个具体的时间段内发布,并且同一产品可根据不同的接收对象轻松传递不同的广告信息,最大限度刺激客户的购买欲。

5. 互动性好

短信营销可以让消费者与商家互动,与大众媒体互动,通过这些使短信用户参与到商业互动中,短信广告使人们参与互动的机会大增。

6. 强制性阅读,阅读率高

手机用户收到短信后,在删掉之前也会看一下内容,产生100%的阅读率。在媒介与人接触的有限时间中,能提高人与广告的接触频率。

7. 延迟性沟通,可保留,可咨询

短信避免打扰到接收者,接收者将信息随身保存,可以在闲暇的时候阅读短信,随时咨询广告主,需要时可反复阅读。

例如,通过电话告诉对方网址,也许对方当时忙,没有来得及记录,以后可能就忘记了。但是短信可以让接收者以后去查看,顺便进行简单了解。

8. 具有蔓延性

可以随时转发给有需要、感兴趣的朋友。企业也可配合一定的营销目的,要求消费者转发,如转发电子优惠券。

二、短信营销的作用

短信营销的应用非常广泛,包括品牌形象宣传、广告互动活动、优惠折扣信息、收集客户资料数据库、增大客户参加活动或者拜访店面的机会、提高客户忠诚度等。

短信营销的作用主要有:

1. 树立企业品牌形象,巩固顾客品牌忠诚度

逢年过节,应用短信群发给客户带来企业温馨祝福的同时加上产品宣传广告,为企业树立品牌形象,并且提高顾客忠诚度。

2. 随时随地随身提供产品或服务的多媒体移动商业信息,提高宣传力度

通过短消息、图片、音乐、视频等形式向手机用户展示企业的产品或服务,但与短信广告不同之处在于手机是可以移动访问互联网的,突破了固定互联网的限制。

3. 加强销售跟踪,进行有效监测

加强销售的业务跟踪,得到客户反馈信息,完善企业的各个环节。

利用短信平台与客户之间建立的双向互动的短信平台,形成持续的业务跟进,企业可以在没有额外费用下就能及时得到反馈信息。

4. 显著提高销售量

短信营销应该以市场调研为基础,深入研究目标消费者,全面地制订营销战略,运用和整合多种营销手段,来实现企业产品在市场上的营销目标,能够显著提高销售量。Makitalo研究中心的首席执行官说当麦当劳向顾客发出短信后,25%的人都会到它那去买一个汉堡包。

5. 有效实现企业市场调查,获取第一手资料

借助短信可视性和交互的特点可以实现消费人群问卷调查,使企业能得到第一手市场信息,制订贴近市场的营销战略。与普通问卷的发放和回收方式相比,短信方式能有效配置人力资源,具有调查回收率高、便于统计等特点。

6. 有助于企业 CRM 管理

企业拥有自己的会员、内部员工、经销商、合作伙伴或客户体系,通过短信平台向自己的会员或客户宣传自己或进行信息沟通,将广告资源、业务资源和客户服务有机地整合到一起,形成一套流程清晰、高效、易操作的营销方案。

7. 收集目标客户手机号码实现精准营销

我国从 2010 年 9 月 1 日起正式实施手机用户实名登记制度,手机号码对应特定的手机用户,而且手机号码的使用周期一般较长,因此手机号码极具营销价值。企业通过收集目标用户信息可以有效地实施精准营销。

收集目标客户手机号码实现精准营销的前提是基于用户的许可。

8. 与其他营销手段进行配合,加强营销效果

手机短信与其他营销手段相配合,应用非常普遍,如与电话、电子邮件、面对面沟通、网络营销相配合,具有极好的效果。

下面以手机短信辅助电话销售为例进行说明。

利用电话销售,什么时候可以考虑采用手机短信沟通?

(1) 客户很忙的时候。当你给他们打电话,他们比较忙,你就可以编辑一条简短但非常具有吸引力的手机短信给对方,引起对方的兴趣,让你有机会继续和他进行下一次沟通。例如,把网站的网址发给他,或告诉他在百度里输入"×××网"即可看到网站,和我们合作可以让他每年至少做到多少销售等,让他们了解下,下次再打电话时对方就比较愿意和你探讨。

(2) 当客户对你厌烦时。当客户由于种种原因不想在电话里听你详细地讲解,由于手机短信具有强制对方接收信息的特点,他们一定会看到你的信息。从不愿意听你详细介绍到愿意和你沟通,起到很大的作用,对于初次接触时,会更好地引起别人的兴趣,这个方法比邮件、QQ 沟通会更好。

(3) 催促尽快合作、催款。当签订了合同,迟迟不付款;或答应合作,但是一直都不签单;或说考虑,但是一直未有结果,也不说不合作。电话打太多了,又怕对方觉得很烦,这个时候除了用 QQ 等即时通信工具留言沟通外,手机短信是最好的选择,用户在删除短信之前,必然会先行阅读短信内容,所以对方一定能知道你传递信息的内容。不像 QQ,客户还可能不上网,手机是随身带的,而且由于是"延迟性沟通",不会影响客户的工作,无论对方多么忙,他总有闲下来的时候。

（4）节日、喜庆时，以及你可能知道你潜在客户的生日、结婚等各种对方值得庆贺的日子。你都可以向潜在的目标客户发送手机短信，这个时候任何人都不会抗拒你的短信问候。以后你和对方沟通的时候，即使他们不需要你的服务或产品，至少他们会听你详细介绍，也会很客气，因为大家的关系很近了。

（5）可先发短信，再打电话。对于一些重要的客户，我们不好贸然地打电话，例如，一个公司里的某个人跟你谈合作，谈了一段时间后，他告诉你，你和我们经理联系下，他把手机号码给你，这个时候，就可以先发短信，如内容为：××经理你好，我是×××网的×先生，贵公司的×经理让我和你联系，关于……短信发完后，过几分钟再打电话过去详谈。

（6）传递简单又重要的资料。如客户需要你的"网址"，对网站做详细了解；需要知道你的QQ号码；需要你简单讲下能给他们提供哪些服务，这个时候就可以通过编辑精练的短信，完成这个使命。

关于手机短信在电话销售中的作用，非常多，关键是在实际销售过程中要有这个意识，时刻记得：手机短信是电话销售的一个重要组成部分，该用的时候都要考虑应用。

由于手机短信在辅助电话销售时具有以上优势，对电话销售是一个很好的补充和工具。

第三节　短信营销的方法与技巧

如果采用正确的方法，移动营销的效果会非常显著。下面，有几个方法可以帮助提高短信营销的效果。

一、短信营销要注意以下几个方面的问题

1. 建立一个合法的数据库

千万不要直接往数据库里面添加手机号码，要先征求手机用户的同意。通过用户确认后，再把用户数据加入数据库。需要他们在回复"是"或者"Y"之后，才被确认订阅。

2. 设定发送频率并保证合法性

用户选择订阅后或者在选择订阅的过程中，你应该关注用户所期望的信息发送频率，以及在信息发送频率过高或者有可能收取信息服务费的情况下，让用户可以方便地退订。同时，应该告诉他们"标准的发送频率"间期。你也可以通过在平面媒介、公告板和电视媒体举行短信活动时告诉用户这些信息，这可以让你避免很多法律纠纷。

3. 用固定的短信号码

用固定的短信号码发送信息，只有这样才可以保证你的品牌的完整。因为你希望用户可以记住你的号码，同时方便用户查询和使用你的产品和服务。

4. 短信的内容要精练

只有140个（国外是160）字符的容量，内容必须简明扼要。

5. 短信内容个性化

记下订阅者的名字，并对移动营销系统开发名字嵌入功能，这样就可以实现个性化。在短信中加上用户的名字，可以大大地提高短信回复率，并可以与用户建立稳固的关系。在个性化的时候也要注意保持信息的简洁。

6. 主题相关性

这是短信营销中最重要的一点。因为它不是电子邮件,短信非常私人化,人们都会被打扰。一定不要像发 Email 那样发短信,你编辑的短信内容必须非常切题,并能够吸引用户的注意。

7. 注意时效性

时效性要与主题相关性结合。你可以提前两周发送一封 Email 通知用户有一家卖场开业,但是这不适用于短信营销。你应该在开业前一天或者几十分钟前通知大家,而不是数天前。因为用户可能很快就忘记了。

8. 利用短信的蔓延性,进行病毒式传播

短信很容易在短时间内传播。如果你的用户喜欢你的服务,你应该在短信中加入一个订阅说明,如"编辑××到×××",让用户可以方便地邀请朋友订阅你的服务。到时候你会惊奇地发现用户数据库的增长速度非常快。

9. 加强其他的沟通形式

现在社会需要多种营销形式。只用一种形式与用户沟通的效果不会很好。需要寄送实物时,可通过传统邮件的方式进行。新客户获取时,可通过电子邮件方式进行询问,可以通过短信以更大优惠刺激用户以制造紧迫感。将各种方式用正确的方法组合营销可以取得巨大的营销效果。

发送任何短信时,应注意短信发送和语言使用的艺术技巧,多从"我"是接收者的角度考虑,做到短信可读性强、有亲切感。短语使用要简明准确,让接收者感到收到的都是有用的信息。

二、短信营销的技巧

1. 节日问候与促销相结合

节日给客户发去问候祝福短信,客户会对企业保持很好的印象。

对于休闲娱乐等服务企业,祝福时别忘了促销。假期来临,您的客户也许正在考虑安排,收到相关的问候短信,很亲切的同时,也会影响他的消费选择。这类短信加上服务热线、订座热线、预订热线等内容,既影响客户的消费选择,又方便客户。如果同时推出优惠等,对客户更有吸引力。

这类短信最好在节日前发出,如客户已有安排,效果会差些。

2. 短信语言精练、准确和风趣

冗长的文章往往让人觉得乏味、无可读性,短信亦如此。精炼地组织短信语言,短小精悍、风趣活泼的语言会留下更好的印象。一些节日问候,特别如感恩节,用词要实在和真诚,更能感动客户。

短信一定要经过精心设计,不要太长,最好 50 字左右。超过 50 字的,一定分 2 条短信来发,否则太长客户可能不看完就删除,就失去了短信应有的作用。

3. 手机短信里一定要有礼貌,勿忘称呼和落款

手机短信多用以下词语:"您好""麻烦你""打搅您""谢谢您""感谢您""麻烦你在百忙之中了解一下我们""不好意思又来打搅你了"等非常有礼貌的用语。

给每一个发送对象加上尊称,会使您的短信更具人情味和亲切感,短信中有公司的落款签名(也可以用总经理名义),是对收信人的一种尊重。

短信通使用的是移动和联通的企业短信通道,其号码是不可识别的(即不是发短信人的手机号),因此发短信时,一定要加公司的名称或发信人的姓名(签名),否则效果会较差。

4. 发送对象针对性强,效果更佳

其实很多企业,只要平时略为注意,就能积累很多老客户或相关客户群的手机信息。向他们发送信息,针对性最好,如饭店、酒店、KTV、房产服务或其他休闲、服务类企业,平时会有很多订座、预订、咨询电话,积累起来数量惊人。这是最有效果的客户手机信息,向他们发送促销或优惠、节日问候信息效果最佳。由于客户也关心此类资讯,不知不觉中,就会影响客户的消费选择。

如果是实行会员制的企业,用短信与客户保持经常的沟通,让客户牢牢记住您,保持对企业的好印象,有相关的消费想法时,就第一个想起您,短信的应用效果就会很好。

5. 善用服务和销售的敲门砖短信

多次的电话和上门"骚扰"有时会让跟进中的客户有点厌烦,一条有趣的短信可能会让他对您和您的企业感到更加亲近和熟悉,如上门走访之前先发一条短信告知,避免与客户时间冲突。

犯了错误,服务和产品出了差错,一条诚恳的道歉短信使客户对企业更加信任。

运用语言技巧,用短信撬开冷冻的关系,拉近彼此距离,创造更多的接触机会。

6. 促销短信勿频繁

短信固然是一种理想的手段,不过切勿频繁重复发送。只要能够有效准确地传播企业的新产品、新服务、促销优惠活动就行,同一件事向客户发多次短信,一般是不合适的。

7. 抓住需求,引起对方兴趣

我们要分析对方的心理,分析在某个阶段客户的最大需求,引起对方的兴趣,要切入他们最感兴趣的话题,如"我们合作也是双赢的,你如果不了解一下,也会错过一个好的机会"以及"我们的合作能让你的销售额增加30%以上,每年让你的公司接到10个以上的订单"等。

第四节　短信营销策划

短信营销策划是指如何利用短信成功进行市场营销,从而达到企业产品促销、品牌推广、提高客户忠诚度等营销目的一种营销过程。

一个完整的短信营销策划主要包括以下环节:

① 明确营销目标;

② 分析目标受众;

③ 使之与其他媒体整合,提升促销活动的效果;

④ 选择有经验的技术供应商;

⑤ 短信营销内容具备吸引力、趣味性和实用性;

⑥ 追踪收集数据;

⑦ 测试和评估。

一、明确营销目标

短信营销的主要目标一般情况下以促销为主,例如通过在节日之前给会员发送短信,告知产品打折、优惠、送礼等信息,进行节日促销。另外,营销目标也可以是进行品牌或者产品推广,提升产品知名度,营销目标还可以是吸引客户回复,索取更多信息以及引起客户的注意,提升促销效果,还可以是对其他媒体的配合等。

不同的营销目标,其目标客户、短信内容完全不同,因此,在发送短信之前明确营销目标非常重要,它也是评价营销活动是否成功的重要标准之一。

二、分析目标受众

整合企业内外部各类客户信息的基础上建立统一对客户的看待视角;进行客户多维度分析;进行营销目标客户的选定。

客户洞察分析的能力,其实就是企业需要通过客户信息的分析和挖掘,回答在营销方面、销售方面及客户服务方面的各类问题,以支持各类服务营销策略的制订。例如:

- 如何定义高价值客户?如何定义核心客户?
- 不同客户的赢利能力如何?
- 不同客户的购买行为(RFM、频率、时间和消费额)、生活形态、购买偏好、渠道偏好如何?
- 应用什么样的价格策略来吸引不同的客户?
- 不同区域的客户有什么不同?哪些方面不同?对价格的敏感性如何?
- 不同产品之间的关联性如何?哪些可以进行交叉营销?哪些可以向上营销?针对哪些客户进行此类营销?
- 如何将产品的营销效益最大化?
- 哪一个产品将最有可能被迅速、有盈利地推向市场?
- 针对不同的客户,哪一类的渠道效率更高?营销预算如何分配?
- 是否需要推行客户忠诚度计划来降低流失?忠诚度计划应该如何设计?哪一些客户对忠诚度计划感兴趣?
- 不同类型客户对服务的要求如何?响应级别该如何设置?
- 如何处理不断增加的呼叫中心流量?
- 客户来电的主要原因是什么?

这一系列问题的回答都必须通过客户分析来回答。

客户分析并不是引入一个统计分析软件或数据挖掘工具这么简单。很多企业已经投入大笔资金在建立数据仓库和各类软硬件上,但往往最后并没有发挥功效。究其原因,这些项目大都是IT部门发起或负责的。而企业真正的客户分析,应该是客户为导向的洞察,必须由营销、销售部门主导。因此,这里往往会出现业务与技术之间的"鸿沟"。要解决这一点,必须在营销、销售部门培养起一些既懂业务、又懂技术的营销人员,指导技术人员完成各类具体的技术执行工作,以达到客户分析的目标。

最后基于客户价值进行客户分群。对客户消费行为(包括客户决策影响因素、客户沟通渠道偏好、消费频率、消费金额、消费时间等)进行划分,并结合客户收益,进一步细分客户群。最终从细分的客户群中选定核心目标客户。

三、与其他媒体整合,提升促销活动的效果

一般情况下,给一个从来没有接触过的客户打电话,得到的回应会是客户的拒绝,而给客户带来的感觉是反感,进而失去了解的兴趣。而短信,95%以上会被查看,如果连续15～20天给客户发短信,客户对产品有些了解,在这个基础上再和客户进行电话沟通,客户接受也容易很多。因此,短信与其他媒体配合使用,提升促销活动的效果,在实践中非常普遍。

针对目标客户,进行营销渠道的设计,确定营销渠道的优先级,哪一类产品适合通过什么渠道,营业厅渠道还是电话与短信渠道,还是个人面对面销售渠道?发现销售机会,以及在不同的营销阶段采取什么样的营销交互方式。

在这个过程中,充分发挥短信营销的优势,加强整合营销的效果。

四、选择有经验的技术供应商

目前,短信营销技术使用越来越普遍,如何进行企业内外资源整合配置变得越来越重要。根据企业目前的资源,结合社会资源进行短信营销可以降低企业成本。因此要求了解目前短信营销技术提供商的背景、实力以及与本企业的契合程度,选择有经验的技术供应商。

五、短信营销具备吸引力、趣味性和实用性

为了确保短信营销的效果,在短信内容的策划方面,必须结合企业现状,策划具有吸引力、趣味性、实用性的营销活动。不只是短信内容的编辑,更重要的是营销活动要真正能够满足客户需求,吸引客户参与。

六、追踪收集数据

根据系统提示的数据,跟踪用户的短信打开率。

在与客户接触的一线部门,例如,呼叫中心、电话营销部门、销售部门设置数据收集系统,记录下打电话进行咨询的客户信息,尽可能将进行电话咨询的潜在客户转变为现实客户,记录下客户转换率。同时记录购买人的信息,购买数量、金额、时间等,计算购买率。

七、测试和评估

在大规模发送短信之前,有必要进行小批量测试,以使营销风险降到最低。根据企业可以承担的成本,可以先随机抽样选取10%的手机号码进行测试(如目标客户抽样总数量小于500个,则没有必要测试)。

通过测试,了解客户的反应,进行营销活动的优化,为下一步大规模发送奠定基础。

在大规模发送之前,对于营销活动结果进行一个预测,同时建立短信营销活动评估标准,

如客户的咨询率、购买率、收益率等。

在营销活动结束以后,通过收集的数据进行营销效果评估。找出成功与失败的原因,并将经验与结果应用到下一次短信营销活动中。

第五节　短信营销案例

案例 1

激活你的"僵尸会员"

"双十一"大促销过后,冷静地停下来思考两个问题。第一个问题:作为一个淘宝皇冠级别以上的店铺,如果淘宝不给你流量资源,你拿什么来生存?第二个问题:一个店铺的真正利润空间和品牌,依靠的是哪部分客流?

毫无疑问,这两个问题的答案只能是:你现有的客户资源!

很多卖家投入重金拉拢新顾客,却不知道现有的老客户还有挖潜的空间。不过,道理好讲,事情就不好做了。如何盘活这些客户资源?其实,最基本的客户关系管理(CRM)就可以做到。

第一步:常规化服务营销。

何为常规化服务营销呢?

就是指店铺日常运行的最基本、最常规的营销方式,如订单催付、个性化礼品包裹、发货提醒、异常物流监控、签收提醒、好评关怀、蜜月期营销、关联销售、会员等级营销、休眠流失会员提醒、节假日营销、生日营销、社会化营销等。

这些做法很常规,也很简单,似乎人人都会用,人人都在用,但是考验的就是卖家的细节能力和真正的文案策划能力——在最不起眼的地方,在大家都熟悉的地方,你能给顾客不一样的服务和感受!

例如,大家都在送神秘礼品,你是否真的做到神秘和个性了呢?

我买东西的时候,卖家第一次送的是鼠标垫,第二次送的还是鼠标垫,这样的礼品就不如不送了。你想想,你有多少老客户?每次都一样,对老客户还有惊喜吗?还指望他帮你做什么口碑营销吗?

越是常规化服务,越不要用常规化思路。

第二步:店铺活动服务营销。

这是指做活动时,除了引入新流量之外,还应该挖掘现有的老客户,带动他们重复购买。

你要明白一点:在你的会员库里,总有适合你这次主题活动的老客户,不管是上首焦、聚划算,还是"双十一"、店铺周年庆。

但是要注意,如果不是"双十一"这种大型活动,一般情况下没必要群发所有会员,这是已经过时的粗犷式营销。你要结合活动主题,从你的会员池子里找出目标会员,这样降低了营销成本,提升了 ROI。

例如,你有一个活动是满 80 包邮,如果群发,以前客单价满 30 的那部分会员会怎么想?

刚刚买过你100还得付邮费的客户心理舒服吗?

所以,你要精准地从一个会员的基本属性、购物属性、行为属性去深入挖掘,搞清楚他的购买次数、购买金额、登录时间、购买的宝贝、购买时间等。

第三步:逆向思维主动式服务营销。

什么叫逆向?

一直以来的固定模式,就是我有活动我才去营销,先考虑活动,再考虑谁来买。逆向思维就是在会员池里遴选出一批具备某种行为的目标用户,然后针对他们去策划一个营销活动。

例如,筛选出一批收货地址里面包含"学校、大学、学院、中学、小学"的用户,这样就可以策划一个专门针对他们的主题活动,开学、教师节、女生节就是最好的营销点。

为什么叫主动?

以前做活动,多是固定的接待模式,被动营销,客户一问一答或者不问不答。主动就是根据客户的某种行为为切入点,主动地挖掘他的需求,或者创造需求场景,让他觉得应该买你的产品。

我们都知道每个店铺都会有一批低质量难缠用户、高质量的客户、休眠流失客户、下单未付款的客户,表8-1是一个三皇冠卖家针对这样一些用户的主动出击。

表8-1 三皇冠卖家针对一些用户的主动出击

类型	筛选条件	短信内容	ROI产出	分析
营销通知	购买两次以上的,排除11月10、11号有过购买的	麻吉"双十一"疯抢仅剩不到3小时,大家都疯了,人人都骚动,抢不到的都哭啦!赶紧来:matchgz.tmall.com【Match旗舰店】	发了33 962条短信,在4天内回购客户达到312名,共产生金额45 743元,订单转化率达到0.92%,最终ROI接近1:27	在"双十一"的最后3个小时对店铺的二次以上的老客户进行最后的营销
爆仓物流通知	在"双十一"当天第一次来购买的用户,在13号当天发送	"双十一"包裹剧增导致快递爆仓,收货时间将延误3~5天,已收货吉友可实时与我们分享,未收货吉友请耐心等待,非常抱歉!【Match旗舰店】	服务型短信,看客户动态评分	这样的短信可以提升客户对店铺服务的认同,降低因为大促延迟发货而给客户留下不好的印象
节日祝福短信	在七夕当天针对购买金额超过500元以上的用户进行短信关怀	亲爱的会员,七夕到了,祝您心喜,情喜,事喜,业喜,生活喜,感情喜,一切都喜!笑如晨曦,乐如彩霞,七夕情人节快乐!【Match旗舰店】	发了将近8 000条短信,在3天内的回购人数将近40,成交总金额将近8 000元,最终的ROI达到1:20左右	这样的祝福短信可能大家会收到很多,但是收到淘宝卖家的祝福相对还是比较少的,同时这样的短信不在于最终有多少用户能够回头,而在于通过这样的服务能够让客户真正感受到你的贴心服务,打造一个真正的品牌

续表

类型	筛选条件	短信内容	ROI产出	分析
事件营销	收货地址包含"学校""学院""大学""中学""初中""高中"的用户	开学啦！新学期还不赶紧让自己型起来？麻吉携手天猫秋冬新品发布会，更多新品低至5折！仅此一天！赶紧来看看吧！【天猫Match旗舰店】	发了16 549条短信，在两天内成交107个用户，成交金额16 913元，最终ROI达到1∶20	借助开学季，筛选出所有学校里面的用户
订单催付	实时催付，针对客单价超过100元以上的客户	亲爱的吉友，您好，您在麻吉拍下的宝贝还未付款，在一点半之前付款今天即可为您安排发货，有疑问请咨询我们客服MM哦！【Match旗舰店】	订单催付转化率达到20%以上	在订单催付时也可以考虑针对不同层次的用户进行不同的催付内容和催付方式，同时要结合旺旺和电话两种方式进行

从表8-1中，我们可以总结3点。

（1）精细化分组营销：其实可以加入更多条件进行细分，精准的目的相信大家也看到了。首先，不同组别的用户，可以设计更加个性化的短信模板；其次，后期我们在做效果分析的时候，也可以知道不同用户对你的响应程度是怎样的，为下次活动积累经验。

（2）短信内容和发送时间：内容设计更加个性化和贴近用户需求。

为什么白领群体要在11月9日发送？因为当天刚好是星期五，很多上班族周六日不上班，而"双十一"刚好在周末，所以必须在星期五把短信推送到用户手里，这样办公室效应就产生了。

（3）营销方式：以前大部分卖家都是用短信沟通，现在的营销可以多样化，邮件加短信，还可以尝试一些社交媒体工具，如微博。

麻吉（Match旗舰店）一个销售额超过2 000万元的男装品牌，会员接近50万。在使用CRM之前，会员服务营销工作都是通过人工的Excel表格处理数据，典型的粗犷式营销。

经过一年的体系化运作，老会员的客单价在同样价格体系下提升了5元左右，店铺重复购买率比2011年提升了将近6个百分点，短信营销ROI由原来的不到1∶5提升到整体的1∶8以上，邮件由原来的空白到现在的体系营销，邮件ROI基本做到1∶8以上。

需要说明的是，精细化的CRM运营，不仅仅是用于日常或者大促之前的动员，还可以用于冲刺阶段，例如，在"双十一"下午发现销售情况不理想，或者想及时沟通一些事情，那么平时的会员分类管理工作便派上用场了，能长跑能冲刺，这才叫有功底。

从第一阶段的引流，到引流之后的客户转化和挖掘，即使淘宝不给你任何资源和流量，如果你已经有几十万甚至更多的会员，你也一样玩得转！

（注：本文刊载于《销售与市场》杂志渠道版2012年12期，作者：温新文）

案例 2

市农经站 QQ 群牵手 12316 三农短信平台

"他们不说大话、套话,只默默地用 QQ 群和短信为我们这些合作社牵线搭桥。我觉得,这才是真正的为农服务。"近日,市农委收到一封来自石柱县三红辣椒合作社理事长谭建兰的感谢信,感谢市农委下属的农经站"两江新村农业经营主体"QQ 群及 12316 三农短信服务平台,帮助新型农业经营主体在不到 11 个月的时间里销售农产品逾 1 000 万元。

种植养殖大户、专业合作社、家庭农场等都是近年来鼓励发展的新型农业经营主体。2013 年 8 月,市农经站针对这些主体消息不够灵通,种植、养殖经验缺乏,销售渠道不畅等问题,搭建起"两江新村农业经营主体"QQ 群,并利用已有的 12316 三农短信平台,为他们提供服务。

2014 年 6 月 24 日,巫溪县尖山镇大包村食用菌种植大户李晓燕,将 10 个灵芝菌包邮寄出去,收货地址是山西省襄垣县。"这是我们发往市外的第一个订单。"李晓燕说,以前种植的菌包和鲜菌最多就在县内销售,2014 年 4 月下旬她在"两江"QQ 群上发了个消息,产品就大量卖到了万州和主城。"虽然通过网络销售只有不到两个月的时间,但销售的菌包已达到 4 000 多个,相当于原来四五个月的销量。"

"这个群的作用,比我想象的还大。"武隆县春艺花卉合作社负责人张玉春说。2010 年,合作社种植了二三十万株猪腰枣苗,但到 2014 年 3 月,树苗都长到直径 1 cm 粗细了,却还没卖出一根。加入了"两江"QQ 群的张玉春在群上为自己的苗木做起了"广告",群主进行核实后还将他的情况通过 12316 向订阅了农业信息的手机用户发布。

"信息发布第一天,我就接了 50 多个电话!"张玉春兴奋地说,涪陵的毛贵英向他订了 50 株苗作为试种,让他终于卖出了自己的第一批树苗;而江津还有 4 人专门来考察,引了百余株种苗回去,并表示若种植效果好,明年还要订购十几二十万株。"这下,我又担心苗子不够卖了。"

"我们一天在地里忙,很难有大量时间上网浏览信息。"三红辣椒合作社理事长谭建兰说,群主将有关的扶持政策、市场信息发出来,消息灵通多了。

从 2013 年 8 月至今,"两江"QQ 群已有 443 个新型农业主体加入,平均每天发布供需信息 20 余条;通过短信平台编发了高粱种、李子苗等供需信息 120 余条,帮助供需双方实现产销对接。据统计,不到 11 个月的时间,通过市农经站的 QQ 平台和 12316 平台牵线搭桥,这些新型农业主体销售农产品超过 1 000 万元。

(此案例来源:2014-07-01,重庆日报,记者:罗芸)

典型案例集锦如下所示。

1. 手机短信参与投票互动

2005 年的超级女声,蒙牛集团以 1 400 万元的冠名费和 8 000 万元的后续资金,通过手机短信投票互动的方式,吸引了多达 60 万人的参与。从而达到广告推广的效果。最终蒙牛实现销售额由 2004 年的 7 亿元到 2005 年 25 亿元的超越。

2. 发送短信,赢取大奖

雀巢推出了消费者发送"积分密码"到手机短信平台,参与雀巢积分竞拍。市场活动设计巧妙,指明清晰的晋级方式,让参与者感觉大奖就是为其设置的。该活动让参与者在对抗中放松对消费的警惕并持续关注此品牌,增加了消费者黏性。

3. 发送短信索取产品试用装

发送"产品名称+个人信息(姓名+地址+邮编)"至123986888891就有机会获得××品牌××产品小样一份。

4. 短信参与购买评价

亲爱的某女士:感谢您选择本产品×××!您6月28日的购买金额为1 500元,目前积分830分。为了不断提升品牌服务,诚邀您为本次购买体验打分:1.非常满意;2.一般;3.不满意。回复数字及具体意见参与评价。客服热线:400-820-8017。回复××退阅。

当消费者回复短信参与评价之后,可以收到以下短信参加抽奖:

您的回复已收到,感谢您的参与!中奖评价信息将公布在××网站即刻点击,发现惊喜!回复TD退阅【××品牌】。

5. 双倍积分,兑换礼品

××品牌诚挚邀请您于4月21—24日期间莅临王府井专柜参加第×届会员专享双倍积分活动,更可享臻美兑礼。回复××退阅。

6. VIP促销与客户维护

尊贵的某女士,截至5月4日您的会员积分已达2 970分,诚邀您参加××首届会员节,一年一度3重积分加赠,40余款【明星产品正装】免费兑!我们还为您定制了【顶级会员礼及法式风情丝巾】,2014年5月15—18日,莅临××专柜免费领取!回TD退阅【××品牌】。

7. 诚邀体验、促销与抽奖

尊贵的某女士,××产品全新引进法国精华导入仪护理啦!作为顶级会员,特别为您预约一次抢先体验!4月25日—30日亲临石家庄北国××品牌专柜,任意购2件含明星品,更加赠明星3臻礼,现场还可抽奖赢正装小黑瓶。礼品赠完即止。回TD退阅【××品牌】。

8. 品牌推广

××世界顶级化妆品牌,成就女性优雅自信。官方美容社区:http://www.el-lady.com.cn。唯一官方网上商城:http://www.esteelaud。

思 考 题

1. 短信营销的概念和形式?
2. 短信营销的优势与作用?
3. 手机短信辅助电话销售有哪些技巧?(如利用电话销售,什么时候可以考虑采用手机短信沟通?)
4. 短信营销要注意哪些问题?
5. 短信营销有哪些技巧?
6. 一个完整的短信营销策划主要包括哪些环节?

第九章 网络数据库营销

第一节 网络数据库营销概述

网络数据库营销是从传统的数据库营销发展而来的,网络数据库营销是在IT、Internet与Database技术发展上逐渐兴起和成熟起来的一种新型、有效的营销方法,在企业市场营销行为中具备广阔的发展前景。它不仅仅是一种营销方法、工具、技术和平台,更重要的是一种企业经营理念,也改变了企业的市场营销模式与服务模式,从本质上讲是改变了企业营销的基本价值观。

一、网络数据库营销的定义

网络数据库营销(Internet Database Marketing)是一种交互式营销处理方法,它通过独特的可记载营销媒体和营销渠道(主要是互联网络)将公司的目标客户、潜在客户资料,以及进行的交流沟通和商业往来信息存储在计算机的数据库中,向客户提供更多、更及时的服务,发现客户新的潜在需求,加强与客户的关系,帮助公司改进营销方法和营销策略,使公司能系统了解市场和把握市场,更好地满足市场需求。

二、网络数据库营销的特点

(1)营销渠道更多是依赖互联网络,而不是传统的媒介和营销人员。
(2)网络数据库营销更具效率性与交互性,同时提供的服务和信息交流可以跨越时空限制。
(3)由于网络数据库营销获取信息非常容易,因此它的重点和难点在于利用信息挖掘知识,即找出有价值的信息。

三、网络数据库营销的独特功能

与传统的数据库营销相比,网络数据库营销的独特价值主要表现在3个方面:动态更新、顾客主动加入、改善顾客关系。

1. 动态更新

在传统的数据库营销中,无论是获取新的顾客资料,还是对顾客反应的跟踪都需要较长的时间,而且反馈率通常较低,收集到的反馈信息还需要繁琐的人工录入,因而数据库的更新效率很低,更新周期比较长,同时也造成了过期、无效数据记录比例较高,数据库维护成本相应也比较高。网络数据库营销具有数据量大、易于修改、能实现动态数据更新、便于远程维护等多种优点,还可以实现顾客资料的自我更新。网络数据库的动态更新功能不仅节约了大量的时间和资金,同时也更加精确地实现了营销定位,从而有助于改善营销效果。

2. 顾客主动加入

仅靠现有顾客资料的数据库是不够的,除了对现有资料不断更新维护之外,还需要不断挖掘潜在顾客的资料,这项工作也是数据库营销策略的重要内容。在没有借助互联网的情况下,寻找潜在顾客的信息一般比较难,要花很大代价,如利用有奖销售或者免费使用等机会要求顾客填写某种包含有用信息的表格,不仅需要投入大量资金和人力,而且又受地理区域的限制,覆盖的范围非常有限。

在网络营销环境中,顾客数据再增加要方便得多,而且往往是顾客自愿加入网站的数据库。最新的调查表明,为了获得个性化服务或获得有价值的信息,有超过50%的顾客愿意提供自己的部分个人信息,这对于网络营销人员来说,无疑是一个好消息。请求顾客加入数据库的通常做法是在网站设置一些表格,在要求顾客注册为会员时填写。但是,网上的信息很丰富,对顾客资源的争夺也很激烈,顾客的要求是很挑剔的,并非什么样的表单都能引起顾客的注意和兴趣,顾客希望得到真正的价值,但肯定不希望对个人利益造成损害,因此,需要从顾客的实际利益出发,合理地利用顾客的主动性来丰富和扩大顾客数据库。在某种意义上,邮件列表可以认为是一种简单的数据库营销,数据库营销同样要遵循自愿加入、自由退出的原则。

3. 改善顾客关系

顾客服务是一个企业能留住顾客的重要手段,在电子商务领域,顾客服务同样是取得成功的最重要因素。一个优秀的顾客数据库是网络营销取得成功的重要保证。在互联网上,顾客希望得到更多个性化的服务,例如,顾客定制的信息接收方式和接收时间,顾客的兴趣爱好、购物习惯等都是网络数据库的重要内容,根据顾客个人需求提供针对性的服务是网络数据库营销的基本职能,因此,网络数据库营销是改善顾客关系最有效的工具。

网络数据库由于其种种独特功能而在网络营销中占据重要地位,网络数据库营销通常不是孤立的,应当从网站规划阶段开始考虑,列为网络营销的重要内容,另外,数据库营销与个性化营销、一对一营销有着密切的关系,顾客数据库资料是顾客服务和顾客关系管理的重要基础。

第二节 网络数据库营销流程

一、网络数据库营销实施流程

第一步,建立用户数据库。

这步很简单,如对于开网店的朋友,一开始只要建立一个 Excel 表就可以,然后再设置好要记录的项目,如性别、年龄、职业、地址、工作、喜好、消费习惯、消费情况等。当然,对于大型公司,肯定要复杂得多,那个就是有专门的系统了。

第二步,采集数据。

数据库建立起来后,就是开始采集数据,完善数据库。采集数据的方法主要有以下几种:

(1) 自有用户。如对于淘宝店而言,在你这儿购买过产品的用户,就是你的第一批原始数据。再如对于网络论坛、社区等,本身的注册用户就是第一批数据。

(2) 网络调查。这也是一种非常好的采集用户数据的方法,而且比较省钱,如以前江礼坤还在 CFan 供职时,经常有一些企业在我们公司网站做调查。例如,有一次某个网游公司在我们公司搞了一个有奖调查,其实才出了几百元的小礼品,但是最终却获得了将近一万个有效的用户调查数据,而且是非常详细的数据,平均每条数据才几分钱。

(3) 活动。通过各种活动获取用户数据也是一个非常不错的选择,例如,江礼坤每年都要搞一次大型的行业年会,而每次活动过后,都能得到五六百条非常优质的行业用户数据。线上活动方面,像有奖问答、有奖征文、有奖投票、评选等也都是不错的活动形式。当然,活动门槛越低,参与人数就会越多。

(4) 网络搜集。除了以上这些方式去获取用户数据外,还可以直接通过各种网络平台获取,如网络上很多论坛、QQ 群、网络团体等,都会提供会员通讯录下载。

(5) 交换。这个也是目前一些商业公司的主要做法,如以前就经常有同类的公司找笔者要求交换公司论坛的用户数据。

第三步,数据管理与数据挖掘。

数据管理这块主要是指运用先进的统计技术,利用计算机的强大计算能力,把不同的数据综合成为有条理的数据库。特别是大型公司,需要用专门的软件统一管理用户的数据库,要做到所有部门的数据都是统一和同步的。管理这块最重要的一点,是数据挖掘,特别是对于网店与电子商务公司尤其重要。数据挖掘主要是挖三方面的内容。

挖掘用户:简单地说就是用不同的属性,对用户进行不停的深入细分。根据使用最多类消费者的共同特点,用计算机勾画出某产品的消费者模型。拿"推一把"为例,"推一把"的用户粗略来分有 3 种:个人站长、中小企业人员以及行业从业人员。而中小企业人员这块,如果按行业又可以细分出医疗行业、美容行业、教育行业、农产品等。如果按公司规模又可以分为 10 人以下、50 人以下等。如果按资金规模来分,又可以分成 10 万、50 万、100 万等。如果再按地区分,又可以分为北京、上海、广州等。

把用户充分细分的好处就是,当我们需要推广某个产品后,可以马上从数据库中提取出最精准、最适合的那部分用户。

挖掘需求:这个是指根据用户的年龄、职业、收入、文化层次、喜好、消费习惯等数据,运用先进的数据分析技术,找出他们的潜在需求。这个以"推一把"网络营销培训为例,在我们以往的培训中,对学员也都进行了数据采集,同时也都通过调查等手段详细地调查了用户的情况。然后通过初步的数据分析后我们发现了很多新的需求,如现在"推一把"做的是系统性的综合网络营销培训,但是有一些行业用户只想了解与本行业有关的营销情况,特别是一些比较大的行业,目标用户及市场前景是非常广阔的。而这些需求,在之前我们是完全不知道的。

挖掘产品:开发什么样的产品会有市场?用户喜欢什么样的产品?会为哪些产品买单?这是很多企业困惑的问题。而这些问题的答案,都可以通过分析数据库中的数据而得出答案。举个例子,例如,我们是一家制药企业,主打产品是胃药,通过几年的销售,我们拥有了 30 万的用户数据库,而且其中大部分是我们的忠实用户。这时候我们开始对数据库进行分析与挖掘,最后发现这些用户中,60%患有肠道疾病,那公司下一步就可以考虑开发这方面的产品。

第四步,完善用户数据库。

建立了数据库,得到了初步的数据还不够。想从数据中得到更多信息,想更好地利用信息库进行营销,还需要不停地扩充和完善数据库,如不停地搜集用户的详细信息、喜好、行为和习惯等。主要用到以下几种方法。

(1) 引导。这是最直接,也是最重要的一个方法。例如,现在很多带有积分系统的 SNS 站,都有这样的设置,如果您想获取到更多的网站积分,就需要不停地完善你的会员资料,每完善一项,就可以得到相应的积分奖励。其实这就是一种典型的引导方式。

(2) 反馈。以网店为例,我们在向一位用户推荐一款产品时,不同的用户可能有不同的反应。有的用户会说,我不喜欢这件衣服,因为它是红色的。这个时候,我们就得到了一条重要的数据,这个用户不喜欢红色的衣服。

(3) 调查。调查最重要的技巧之一就是尽量设置成有奖调查,另外调查的选项尽量不要太多和太复杂,这样容易影响用户的积极性。

(4) 行为。观察和记录用户的行为也是一种非常好的获取方式。还是以网店为例,假如说某个用户,在我们这儿买过三回衣服,每次的牌子都一样,价位区间与颜色也都非常一致。那我们就可以得到这样一条结论,这个用户对某品牌很偏爱,消费能力在 100 元左右,喜欢蓝色的衣服。

(5) 活动。多组织用户进行一些互动性比较强的活动,然后通过活动去搜集用户的数据、行为等信息。

(6) 沟通。如果你的用户群比较窄,如网店这种,那就可以直接通过与用户交流的方式,获取用户数据。而且通过这种方式获取的数据,是最详细的,特别是很多非常隐私的信息,通过调查等方式是很难获取到的,只有在与用户聊天的时候才能获取到。

二、网络数据库营销的作用

说了这么多,网络数据库营销到底有什么作用?怎么能帮企业赚钱呢?这个才是大多数企业最关心的。

1. 维护客户关系

做销售的都知道,产品想越卖越好,想卖出名堂,首先要让客户满意。而怎么让客户满意呢?客户关系很重要。而通常数据库的辅助,将使您的维护成本大大降低,特别是对于大型企业,效果尤其明显,如一些大型企业,当有用户过生日时,系统就会给用户发送祝福短信、祝福贺卡等。这些都是通过数据库完成的,再如我们要给老用户赠送一些优惠券来维护一下关系。按照以往的做法,就是做一批统一的优惠券,每一个用户的种类和面值都是一样的。但是如果有了数据库之后,我们就可以根据用户以往的消费记录和消费习惯,赠送不同的优惠券,如根据累计消费额,赠送不同面值的优惠券。再根据用户不同的消费习惯和喜好,赠送不同种类的债券,如健身卡、KTV 卡等。

2. 开发老客户

通常一个成功的销售,不是看他能开发出来多少新用户,而是看他能维护多少老用户,能让多少老用户不停重复购买。而这也是很多电子商务企业追求的目标。或者说,这电子商务企业的成功应该建立在客户的重复消费上。而如何让老客户重复购买呢？建立用户数据库是第一步要做的，而这也是很多公司，特别是网店容易忽略的。如一些忠实的网络消费者，现在买的大部分东西，都是通过网上购买，任何一家店铺都可以采集消费者的信息和数据。

3. 实施精准营销

很多企业现在都在追求营销的精准性，因为只有精准了，营销成本才能降下来，转换率才能升上去，但是如何实施精准营销呢？数据库就是精准营销中很重要的一个环节。应该说没有数据库做支持，很难做到真正的精准。这个也举个例子，如我们经营一个大型的网络商城，然后我们到了一批新产品，是一批价位在200元左右的白色品牌运动鞋。如果按照正常的做法，我们首先是给所有的用户发一个Email，告诉他们，商城到新货了，快来选购。但是问题是咱们的商城是一个综合的大型商城，不是所有用户都是鞋类的用户。而且商城很大，几乎是天天上新货，如果每上一批新货，就群发一次邮件，时间长了用户也会很反感。而这个时候，数据库营销的价值就体现了。这个时候，我们就可以去检索我们的数据库，把那些消费能力在200元左右，喜欢白色运动鞋的用户提取出来，专门给他们发一封邮件。他们不但不会反感，反而会感觉很贴心，而且转换率也肯定会非常高。

4. 直接销售数据库，提升用户数据价值

其实很多人忽略了用户的价值，如很多的大型论坛，有几十上百万的注册用户，实际上这些用户本身就是可以卖钱的，如一家公司，他们有20多万的用户数据，基本上都是职业经理人。而他们公司最主要的收入来源就是营销数据库。如有一次，某个客户要向他们购买长三江地区某类企业的CFO名录，结果他们从数据库中一筛选，符合要求的仅有几十条数据，但这几十条数据，却卖了几万元。

第三节　网络数据库营销方法与技巧

随着互联网的快速发展，网络媒体的发展大概经历了门户网站广告、电商平台销售、电子邮件广告、搜索引擎广告以及博客、微博、微信等社交媒体几个阶段，并且随时都在变化发展着。同时，随着电商大数据时代的到来，网络数据库营销已成为大势所趋，本节简要学习几种常见的网络营销方法。

一、网站策略

众所周知，阿里巴巴、亚马逊、京东、当当、淘宝和天猫等平台已经成为企业进行网上营销的关键渠道，在这些平台上汇集着海量的企业与客户的各种数据，并且随时都在交互着。企业不管是选择第三方电商平台还是自建网站销售产品，都应该了解以下网站策略，以更好地进行网络营销。

（一）电商需要的客户资料

可以想象，在未来，e-commerce将会朝着个人化的方向迈进，因为我们有越来越多的工具和方法可以得到消费者的资料，并透过分析处理来提供给消费者更棒的体验。

但经营电子商务的你知道哪些消费者资料是你必须要得到的吗？以下整合电商服务经营

者的建议。

1. 客户付款的时间和总金额(这可以用来做 RFM 分析)

透过对付款金额和购买日期的纪录,你就可以使用 RFM 的概念来行销(RFM:Recency,最近一次消费;Frequency,消费频率;Monetary,消费金额)。

理论上,上一次消费时间越近的顾客,对提供即时的商品或是服务最有可能会有反应,因为他很有可能是公司的主要客户。但假如上一次消费时间很远的顾客,表示他对公司的产品不熟悉或是没有信心,这时候就需要对这群顾客做强而有力的推销,才能吸引他们购买产品,并赢得他们的忠诚度。

2. 购买动机

每个人买东西都有动机,个人因素或群众因素让他们做出购物的决定。了解消费者的购物动机,可以帮助我们提出一些点子来影响消费者的购物决定。

在实际上,你可以:①在结账前询问他们;②寄电子邮件;③在他们浏览网站时用弹出视窗的方式得到一些简单的意见。

3. 客户的 Email

假如你真的不知道要从客户那里得到什么,记得一定要得到客户的 Email。因为透过 Email 你可以把市场调查、推广活动、新品上市讯息、免费工具、教育内容等对消费者有价值的东西传达给客户。

4. 推荐行为

消费者会从推荐的讯息中触发消费行为。经过累计,我们就可以知道推荐哪些资讯对消费者比较有效和什么内容可以诱发他们从别的网页跳过来。

5. 个人化的使用者回馈

大家都会注册 Facebook,但很可能随时在某一天停止使用,所以其真正的用户识别是 Email 地址。当人们通过 Email 登入后,可以让你创造许多特殊的使用者经验,如定位、收入、个人风格、经常接触的环境(邻居或是人)。从这里,你可以通过使用者的回馈得到一些看法,而不是通过问卷等间接的资讯。

6. 客户对产品的了解程度

知道你的潜在消费者是初期使用者还是个专家,这会改变整个销售游戏。

例如,你的潜在客户都是专家等级的,你就不用告诉客户太基本的东西,可以跳到比较进阶的内容。你可以在一开始用一些简单的测试来了解客户的等级,而这样你可以确立对消费者沟通的内容。

7. 客户的手机号码

根据网路购物的流程,你可以得到一组电话号码,因此,有时候可以打给客户亲自感谢他刚与你完成的一笔大交易;这是客户没有料想到的惊喜,让客户备受礼遇,不但增加了客户体验,也建立起客户的品牌忠诚度。

8. 历史资料

历史资料是一把建造新客户体验的钥匙。假如你是一个广告商,你就必须透过消费者过往的历史资讯,去了解什么广告效果是有用的,什么是没用的。没有这些资讯和竞争资料,就很难去正面地了解客户的反应。

9. EPC(Earning Sper Clicks)价值

电商经营者应该要了解你网站的每次点击价值(EPC),一旦知道点击价值后,你就可以评估你要在哪里打广告,找出最有效率的地方,如可以用一些较低的价钱来换到更多点击的地方。

(二) 电商网站数据营销方法

从数据营销的角度看电商网站主题营销活动可以分4个阶段:数据准备、实施、反馈、总结推广。其核心思路:找出主题及相关的热词,然后针对热词做出站内的调整、站外的引流,然后跟单完成订单的发货。

第一阶段:数据准备

数据准备阶段是要对营销的主题进行分析,选取符合主题的词,进行商品和用户选择、市场推广、站内商品陈列的调整。然后在推广、站内热词、商品布局方面达到团队的理解一致,完成初步的准备。

1. 明确市场推广策略

市场推广需要考虑大的氛围,例如,整个电商环境是否参加,参加的力度是多大,主打什么品类,推广的主要渠道有哪些,各个渠道是以什么方式进行,这些都是要明确的。举例来说,有的网站是以论坛为主,例如,外贸电商中的DX,就要在产品的测评文章上下功夫,找出符合主题的宣传点,确定关键词,然后根据这些词来选择商品,在论坛写出专业的测评帖子。帖子的曝光率在数据中有相关的体现,基本能估算其中的流量,如果和版主合作,流量和转化都会比较不错。在SEM方面可操作的范围不大,如果大家都做同一个主题,热词的选择会比较相近,根据市场投放的费用,基本就定死了用多少关键词。综合各个渠道看,关键词的选取、论坛的文章、社交网站的主题要保持一致,在推广的各个团队要一致。

2. 主题和热词

主题是企业要主推的一个关键点是什么,如果一个竞争对手主推低价,你就可以主推真品、高端、低价、快速送货、赔付等。热词的选取可以参考站内搜索列表和站外投放列表。站内的热词是要转化率的,站外的热词是引流的。对应站内和站外的热词在数据中心都应该有对应的搜索人数和进入人数及对应的转化情况。站内的热词选定后,也可以拿给站外进行推广。

3. 用户群和商品

热词定义完成,就可以根据主题和热词选择用户群和商品了。还是以化妆品为例,用户群可以选取有购买过的女性,如果主题更明确点,如母亲节,可以定位年龄,还有就是购买过女性商品的男性。如果数据中心记录了搜索热词对应的用户,那他们也算作目标用户群。有了用户群和主题,品类人员就要根据用户群的大小、主题和热词去选择相关的商品。商品的切合度要和主题一致,同时在价格段上有区分,折扣上有吸引,商品质量有保证。最常见的做法就是拿品牌商品做一个折扣去引流,然后利用各种非折扣商品的销售来弥补品牌商品的亏损。

4. 站内商品布局

站内布局可以分为3个点:搜索、广告位、专页。搜索就是根据挑选的商品进行搜索优化,选出的热词在站内的搜索结果列表是可控的,保证选出的商品在选出的热词产生的搜索列表的曝光度,一般的系统可以完成这些。广告位是针对主题活动的,在站内一般不会所有的广告位都参加这样的主题活动,除非是非常大的活动,特别那种品类分工比较明确的平台。手机的广告位一般不会放化妆品的商品推荐。所以,一般做到某个类目里面即可。专页多用来放在首页的flash里,同时又可以作为一个着陆页进行推广。如果专页里面有不同的属性导航,属性可以用对应的热词来做,这样还可以让SEO的团队进行相关的SEO优化,也能有些自然搜索流量,不过这样见效较慢。

第二阶段:实施

在相关准备完成后就可以做对应的实施了,核心是要做好各个团队的步调一致,主要是时间的协调。应对突发情况在各个团队间如何处理?

1. 商品处理

实施阶段商品最易出现的问题是卖断货,如果选择的商品突然发生了"超卖"现象,实际库存满足不了订单的需求,就要去联系采购确认市场是否能回货,回货的市价是多久,下单的用户是否能及时地送达。如果回货时间只能满足部分订单,那离发货点远的用户订单可能就要通知客服取消订单了,这种情况应该在早期有个预判,给采购的团队留出较为充足的时间,这也是团队协作要做的关键。

2. 用户通知

EDM 和手机短信等方式的通知是比较普遍的方式,对应起来还可以有优惠券产生,主要是在第一阶段选取的用户群对应着陆页面要好,如果站内的专页有相关的属性导航,可以直接着陆到属性导航页。EDM 有相关的时效性,用邮箱的大部分都是办公室一族,时间要选择好,如早上 7 点半,下午 5 点。都可以保证自己的邮件在他的邮件列表里的排名是靠前的。

3. 站外引流

论坛和 SNS 的网站一般时效性比较差,一个帖子发完后,最近几个小时的曝光是最高的,放出去后,推广人员要及时跟进,主要是相关的互动。不管是售前客服的及时互动,还是推广人员的及时互动都会影响转化,最怕的是客服和推广不知道具体的活动规则,不熟悉商品,这个也要在之前进行相关的沟通,甚至培训。

4. 跟单

不要以为用户付了款,你就能收到钱。最常见的情况就是那种无库存销售的商品,超卖的商品也算在这个里面,在发货过程中是优先发那些买了很多商品的用户,还是优先发买了单个商品的用户是要进行考虑的。对那些买很多商品的用户进行相关的拆单、等货等情况,在前期要做相关的规定,执行中系统有相关的支持。重点客户可能要单独发货,走物流。缺货、回货、发货情况要进行及时的数据跟踪。当然这些数据中心都可以在数据上有一定的支持。

第三阶段:反馈

活动结束后,就要等着各方的反馈了,用户的评论、客服的反馈、物流是否顺利等,反馈的核心是各项活动的配合是否顺畅,有无发现与主题推广不一致的情况,整合营销的打法是要整个团队顺利地沟通,不是各自完成各自的绩效(KPI),像主题活动的客服培训、推广培训是要有的,商品推广力度、范围需要通知采购的人,诸如此类的问题一定是跨部门整体作战才能完成的。

1. 数据反馈

前期确定相关目标完成情况是什么样的,投入的人力资源是什么样的,产生这样的情况的原因是什么。然后评估收益,并在数据中心对本次活动产生的数据进行归总,在此后的活动中备查。核心指标根据活动主题来定,常见的是注册用户、购买用户、退款用户、销售额、毛利、毛利率、销售件数、推广费用。

2. 团队协作反馈

一般的营销活动,大家比较关注前期的市场推广,而忽略平台内部的商品布局,忽略订单完成后的补货、发货情况,作为电商企业,一个长长的链条中,哪个环节出问题都影响销售的情况,或者是成本的增加,对于电商这种节奏快、业务变化大的企业,团队的整体协作比单个团队更重要。

3. 人力反馈

如果整合内部资源做活动,人力的投放是要控制的,有的企业做个"双十一"要备战3个月,活动多了,企业内部根本无法承担。但也经常看到十几个或几个人的团队做的销售和几百人的团队差不多,原因是什么?可能答案就是十几个人的小团队专业,团队协作好。活动的一个产出就是人力投入的控制,通过这样的控制可以让团队更顺畅地沟通,按项目管理的角度说就是严格控制各个团队的输入、输出,每个团队必须保证本团队的结果质量和时间控制。

在3个阶段的营销过程中,团队的沟通至关重要,而沟通的高效往往建立在良好的数据支持上面,大家交流的数据统计口径是一致的,面对数据的理解是一致的,才能在协作中达到高效的沟通和融合,对于数据质量的把控、数据预测和统计都要一个系统来支持,而用户群的选择、商品的选择更是需要分析团队,甚至挖掘团队来支持。

二、搜索引擎营销

搜索引擎是整合营销的必要手段,和在线广告相同,可以补充受众。直邮、电子邮件营销与搜索引擎整合的关键要领是关键词一致。

(一) 中国主要搜索引擎

很明显,在中国最主要的搜索引擎是百度。经调查,百度在中国占有70%~80%的搜索量。而排名第二的Google大概有15%~24%的流量,并且百度和Google的用户的人口统计特征也不尽相同,他们之间存在不同的目标受众。百度的用户更年轻。Google的用户则年龄相对偏大,通常受过高等教育,很可能能够使用双语,更喜欢在Google搜索商务方面的信息。美国也存在类似情况,我们发现Google、雅虎或微软的搜索用户有所不同,都存在不同的受众群。这也是为什么人们会在不止一个搜索引擎上面做广告,即使百度占有70%~80%的搜索量,但因为受众不同,也需要在Google上买广告。

在中国还有另外一些搜索引擎:搜搜、搜狗,与百度相比,他们的搜索量就很小了。

(二) 搜索的原因

人们为何上网搜索?3个最基本的原因。第一个原因是导航(navigation),我们试图要找到一个网站,如我知道索尼,但我不知道它的网站。第二个原因是为了搜索信息,如我想要找小型笔记本式计算机的信息。如果我去上网搜索信息,这有助于我做购买决策,并且通过搜索我能了解哪个品牌最好。第三个原因就是为了完成购买,这一步就会输入更具体的信息。如果你是营销人员,你要根据人们搜索的词来选择广告投放,第三个搜索原因会带给你比较高的回复率。搜索者使用的搜索词汇越多,越容易产生产品购买。例如,如果有人搜索了索尼,可能他只是对音乐感兴趣,而非计算机。如果只搜索了小型笔记本式计算机,也许搜索者还不确定想要哪款笔记本式计算机,他可能还没有进入到需要作出购买决策的阶段。而如果他搜索了具体的产品,则表明搜索者对产品十分关注,很有可能作出购买决定。这也就使我们获得了最高的直复营销响应率。

所以如果你用直邮推销一个产品,人们会根据他们收到的直邮上的信息来进行搜索,所以搜索便成了直邮的补充。加拿大通过直邮给大家传递快乐,收件人就想上网搜索他们如何传递快乐。

(三) 搜索引擎工作原理

(1) 首先营销人员要向百度提交网站地址。

(2) 每个搜索引擎并非会搜索全球所有的网页内容,全世界大概有 80 亿个网页。搜索引擎都是通过自己的目录来匹配搜索结果。百度爬虫每间隔一段时间就会通过网页使用的词汇来定位网站内容,而并非每天。

(3) 百度会在他们保存的网站中建一个词汇目录,百度有大型的数据系统以及多个服务器来分析存储这些词汇目录。

(4) 百度通过分析词汇目录和搜索广告的关联度,来给他们储存的网站排名。关联度是指关键词与网站内容的相关程度。

(5) 百度会展示他们词汇目录中和付费广告中的搜索结果。

(6) 搜索者通过输入他们想要搜寻的信息的描述词汇,便可搜索到他们需要的信息。

(四) 搜索引擎营销(SEM)

在搜索营销中,我们称付费广告为按点击收费或按效果付费。这与杂志广告的收费不同,即使没人阅读杂志中的广告,但仍需支付广告费用,但是按效果付费广告则是根据效果来进行付费。可能有人上网搜索小型笔记本式计算机,广告主的广告词为"小型笔记本式计算机最佳选择及最优价格",这个广告便很容易让他们的目标顾客搜索到它。

当有人点击广告,广告主才需要支付广告费用,并根据广告点击量来付费。搜索广告通常只有文字,看上去不如网站或其他直邮广告那么有视觉冲击力。

广告价格不固定,由竞价等因素来决定,这是最普遍的广告价格机制。

关键词就是用来搜索信息和产品的词汇或短语。有人可能去百度输入"索尼笔记本",因为这是他想要找的计算机。

Google 右面和左侧顶端是付费广告。而下面的都是自然搜索结果,这是由搜索引擎自然呈现的,并非付费的。消费者说比起付费广告,他们更相信自然搜索结果,因为他们觉得这是根据搜索自动显示的结果。

但是通过优化,令比较靠后的网站将排名提前是很难的,这种做法很好,但的确很难。

搜索结果中,一个是索尼笔记本官方网站,另外一个是 PConline 这个网站,它上面同样有索尼笔记本式计算机信息。通过测试发现,PConline 这种形式的网页会更有效,因为这个页面只呈现了一个具体的笔记本式计算机,而非像索尼官网一样,有所有型号的笔记本式计算机。这就是我们说的到达页面(landing page)。

如到达页面根据搜索者的关键词,链接到一个蓝色索尼笔记本式计算机页面。正是消费者想要了解的产品。

导航(navigation)是在线营销中最需要关注的部分,有助于人们找到他们想要搜索的结果。

什么因素决定了广告位置?一个是广告主所出的竞价,另外是点击量。因此广告费就等于点击量×竞价。

另外对于 Google,还有一个重要指标就是广告与到达页面的关联度。Google 不仅关注广告本身,还会关注广告关键词与页面内容的关联程度。例如,有个广告使用了索尼 viao 关键词,但是链接到的页面却呈现与汽车有关的内容。这样,消费者便不再相信广告,也不会点击广告,当然搜索引擎也就不会有任何利益,这也是为什么弹开率这个概念非常重要。如果搜索者通过搜索广告去到链接页面,但是在到达页面内没有做任何浏览或点击便离开,这样 Google 便认定这个广告和页面不相关。同时,Google 会降低广告排名,同时广告主会付更多广告费用。百度现在也使用类似的方式来判断关联度。

(五) 到达页面

所谓的到达页面,就是为了与他们的广告匹配而开发的一个页面。如果有受众从直邮中看到了某款产品或信息,当他们上网去搜索相关信息,我们要确保搜索结果链接到的页面与直邮广告中所呈现的信息相一致,这样受众会更愿意留在到达页面上,他们会觉得他们来对了地方。同时,不要只将网站主页提供给搜索者,这样搜索者被引导到主页后,还需要再搜索才能找到他们想要的具体产品,就会引起搜索者的不满。下面是一个如何通过搜索链接到到达页面的例子,如搜索"旅游、保险"。

这个页面中的"旅游、保险"都出现在很重要、很显眼的位置,如导航、标题或者链接中,这样百度会通过 spider 匹配这些词,并将这个页面储存在他们的目录中。

(六) 如何评估和优化搜索

首先需要针对人们如何使用关键词和短语来搜索进行测试。做品牌广告的营销人员可能会更关注搜索的"索尼"的情况,而直复营销人员可能更关注人们搜索的具体产品的情况。

如果希望获得好的广告效果,就需要测试广告:
① 搜索广告必须要简短,通常有字数限制;
② 需要关注 ROI,而非广告位置;
③ 到达页面要展示图片、产品性能和功能,以及相关的信息,使受众能够做出购买决策。

三、社交媒体

社交媒体营销就是口碑营销。名人广告的确更吸引人,但是从朋友或家人口中得知的消息往往更让人觉得真实可靠。社交媒体营销同样是整合营销活动中的一部分,会发挥它的加速作用,一个朋友告诉另一个朋友。社交媒体营销适用于 B2B 和 B2C。社交媒体中最重要的就是信息分享和友情,它也称为 IWOM (Internet World of Mouth)。

(一) 社交媒体概述

1. 中国消费者为什么参与到社交媒体
- 交朋友。
- 分享知识和个人体验。
- 为某种产品进行辩白或揭露产品真相。中国有 50%~70% 的人会抱怨或投诉产品,而美国有 30% 的人对产品持负面的新闻,70% 的人持正面或中立的态度。
- 为产品的购买和使用寻找并提供建议。
- 称为社区内的专家,为自己赢得美名。

- 通过与在线顾客的交流,提高自己的业务量。

根据 2010 年中国消费者报告,中国消费者购买各产品种类时,会上网查询产品口碑的消费者比例如图 9-1 所示。

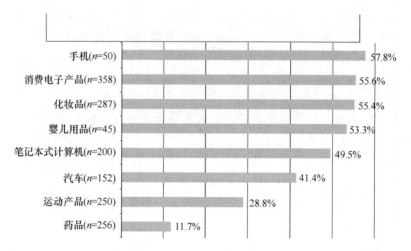

图 9-1　会上网查询产品口碑的消费者比例

但需要注意的是中国的互联网用户 70% 的为年轻人,使用社交媒体的大部分都是 30 岁以下的人,因此他们并非医药的受众,这也是医药排名较低的原因。

2. 社交媒体在营销活动中的应用

为何整合营销活动中需要社交媒体渠道的参与?

第一,社交媒体可以增加潜在客户,让更多的人看到信息。第二,社交媒体可以影响人们,做出购买决定。第三,如果社交媒体中,大家都在谈论某种产品或诱因,便强化了直复邮件、搜索和电子邮件的效果。第四,就像前面提到的修复老爷车的网站,一方面解答大家的问题,同时以这种方式实现了售后服务,因此社交媒体可以提供售后服务。在加利福尼亚有一个大型的软件公司,主要开发财会软件,公司的研究结果发现:很多人参与社交媒体,可以从其他用户那里找到自己问题的解决方案,所以这家公司的售后成本降低了一半,每年可以在售后方面节省上百万美元。最后通过社交媒体还可以帮助企业与消费者之间建立良好的关系。有一种软件是可以监测在社交媒体中某个品牌名称被提到了多少次,许多公司发现他们应先了解大众对他们的看法,这样以便于他们与消费者之间展开更有效的对话和交流。

说到社交媒体,我们一直在谈口碑营销,在美国,用户对产品的评论同样会对产品销售产生影响。

这个网站在他们的电子邮件和直邮当中加入了顾客的评论信息,图片中的评论是 88% 的用户愿意将这款产品推荐给自己的亲朋,这样的评论就会让其他人选择产品的时候很放心。正是有了对于产品的评论,评级高的产品比其他产品的销售量高出了 49%。公司利用了数据库的优势,例如,你家有一只小狗,你给小狗买过什么东西,公司便会把与小狗有关的产品信息通过电子邮件和直邮等方式发送给你,这样电子邮件的点击率就会提高 5 倍。同时他们把评论好的产品集合成商品目录。而评论不是很好或者带有消极评论的产品退货率达到了 22.4%。

3. 社交媒体的信息特点

社交媒体的本质是将信息通过直邮或电子邮件发送给数据库名录中的一条数据,也就是发送给一个人,这个人通过社交媒体与很多人共享,从而扩大了促销影响范围。很多参加了活动的人通过社交媒体告诉他们的亲朋来网站浏览他们的照片,以致一周会有上千次的点击。

英国铁路公司同样也运用了这样一个技巧。英国铁路公司想利用现有客户将信息传递给潜在客户。他们利用庆祝铁路运行满一年策划了一次营销活动,这个活动提供了十万张价值5英镑的车票,客户可以凭这张票乘坐这家铁路公司运行的任何线路(原价可能是 20~30 英镑)。许多客户知道这个消息后,便在社交媒体上分享了这个信息。最终,虽然仅 800 个收件人,但平均每人都与上百人分享了这个活动信息,最后产生的效果是 8 万人获知了此次活动。另外,有一个比较流行的社交媒体网站叫 Facebook,它在全世界拥有 5 亿会员,而通过 Facebook 转发这个活动网页后,点击率是普通电子邮件的 3 倍,而响应率也提高了 3 倍,客户也增长了 8%。

通常人们更喜欢分享来自可靠的公司的信息,因为人们不会愿意将一些没有诚信的公司信息告诉他们的朋友。另外,人们愿意将力度大的活动信息告诉他们的朋友。尤其是将那些专享或限量的活动或奖品与他们的朋友分享,而且这些信息与受众相关并且容易分享。

(二) 微博营销

微博是一个基于用户关系的信息分享、传播以及获取的平台,允许用户通过 Web、Wap、Mail、App、IM、SMS 以及各种客户端,以简短的文本进行更新和发布消息。随着发展,这些消息可以被很多方式传送,也可以发布多媒体,如图片、影音和出版物字数通常限制在 140 字以内。微博是用来沟通的,一个人说,其他人听,然后彼此反复讨论。

微博营销的流程如下所示。

1. 确定目标粉丝

微博营销需要吸引目标用户的主动关注,但要在上亿微博用户中吸引到有"价值"的粉丝并不容易。靠抽奖甚至买粉获得的粉丝中很难找到符合市场营销的用户群,因为微博粉丝最大的特征是兴趣,用户关注的对象都是其感兴趣的,如果微博营销的对象对于营销的品牌或产品并没有大的兴趣,那营销的效果也可想而已。同时,只要采取了正确的方法,微博粉丝的这个特征也使得吸引目标用户变得更容易。以数据分析的方法来说,建立用户的兴趣图谱可以帮助微博营销快速识别目标用户并开展适当的宣传活动。所谓兴趣图谱就是粉丝的性别、年龄、地域和主要关注对象等一系列信息的集合,而建立用户兴趣图谱最简单的方式就是对具有同样目标客户群的企业微博粉丝进行分析。举一个简化的例子,A 内衣品牌想要建立用户兴趣图谱,该品牌内衣的主要用户是年轻人,这与杜蕾斯、阿迪达斯的用户有很高的重叠性。通过分析杜蕾斯和阿迪达斯的官方微博粉丝,可以大致建立起该内衣品牌的基本用户兴趣图谱。

2. 确定微博的定位

微博营销可以定位于市场宣传、客户服务或公关关系,但要同时身兼三职却十分困难,要在同一条微博上实现这 3 个定位更是难上加难。因为这三者的重点有很大的差异。简单来说,市场宣传注重的是将营销信息在目标用户中尽量地扩散并尽可能保持用户的关注度;客户服务注重的是与用户之间形成良性的互动,在第一时间引导或安慰用户;公共关系则是注重直接或间接地获得舆论的主动权。从数据分析的角度来看,市场宣传注重有效性转发,即信息在目标粉丝中得到大面积的转发并在这些粉丝的伙伴中引起二次/多次转发。客户服务注重互动性评论,即对用户在评论中的留言做出快速的反应和快速的互动,重点是减少用户的负面评论出现的次数。公共关系注重影响力和认同度监控,这个需要比较复杂的数据分析工具来获得，主要是对微博内关键词搜索的频率、用户原创微博中对品牌的口碑分析等。总之，数据分析可以为微博定位确定一个量化的目标，并能进行有效的后评估。

3. 选择合适的展现形式

新浪微博可以用文字、图片、音频或视频等形式发布，企业在选择发布形式时，除了考虑与微博内容相一致外，还需要考虑目标用户对于不同展现形式的偏好。因为新浪微博的图片需要点开后才能放大，音频和视频内容也需要点击后才能播放，这使得以多媒体形式进行的微博营销和在平面媒体、电视媒体上进行的营销活动有所不同，前者需要吸引用户主动点击，而后者的用户往往是被动地接收。此外，微博用户中有半数是通过移动终端登录，这意味着微博在用户的手机屏幕上展现的面积比报纸和显示器都要小很多，由于受制信号覆盖和网络速度，用户可能更不愿意点击查看多媒体的内容。对于带有链接的文字微博来说，也面临类似的情况。通过对热门微博的统计可以发现98%以上的热门微博都是带图片形式的微博，这可能是两方面原因造成的：①用户偏爱能直观传递信息的图片；②鲜艳的图片相对于用户的浏览区域尤其是在手机屏幕上，比普通文字微博占据更大的空间，也更能吸引用户的注意力。企业必须清醒地认识到，用户不会仔细浏览每一条微博，再好的内容如果不能在1s内抓住用户的眼球，就会变成无用功。从数据分析的角度来看，通过收集目标用户发布微博的时间和频次、使用的终端、偏好转发何种类型的微博等信息，可以很快得出用户的微博使用习惯，帮助企业选择正确的微博展现形式。

4. 何时发布微博

微博有明显的碎片化阅读特征——用户会在一天内多次、短时间访问微博。这就带来一个问题，企业精心发表的微博对于粉丝来说，能被看到的概率有多少？从数据分析的角度来看，假设用户每天登录微博 n 次，每次浏览 x 条微博。再假设用户关注 y 个对象，且每个对象平均每天发表微博 z 条。那么经过简单的计算可以知道一条微博被用户看到的概率 $P=nx/yz$。根据一些案例中的数据，n 在工作日和节假日有明显的不同（工作日＞节假日），x 与用户使用的终端密切相关（PC用户＞手机用户），z 的频率与用户活跃的时间段有明显的正向关系。通过对目标用户和活跃粉丝的数据统计，企业可以对 P 的值有一个大致的估计，从而更好地优化微博发布的时间和数量。

5. 怎样评估微博营销的影响力

在评估微博营销的影响力的各种方法中，数据分析无疑是最直接和客观的。微博营销的影响力主要体现为企业微博在目标粉丝中的传播力和好感度。目标粉丝的数量和活跃度是第一类指标，它比单纯的粉丝数量要有意义的多。因为目标粉丝是企业的客户，是真正会消费企业产品的人。此外，活跃的目标粉丝才是最有价值的粉丝。活跃度可以由目标粉丝的日均发微博数量、企业微博平均每条微博的转发和评论人数占总的目标粉丝人数的比例等指标组成，通常在一个时间段内进行分析，以反映目标粉丝活跃度的变化趋势。传播力是第二类指标，它反映了企业微博的内容与用户兴趣的匹配程度。社会化营销的一大特点就是用户的高度参与和自发传播。用户对企业微博的转发、评论和收藏等活动都说明用户对于微博的内容有兴趣，将这些活动进行量化可以组成传播力的基本模型。另外，企业微博被非粉丝用户转发也是传播力的重要体现，它表明企业微博借助粉丝的影响力传播到了更多的用户中，这也是一个重要的指标。好感度是第三类指标，它反映了用户对企业微博内容的情绪反应，如果一家企业的微博有大量的转发和评论但却都是负面的，显然对于企业品牌没有任何好处。目前成熟的数据分析工具可以通过对用户评论的分词和语义分析，大致量化用户的情绪，如计算"好""恶"类词语的比例来反映用户的态度。需要注意的是,微博营销的影响力评估并不是针对某一条微博进行分析的,它更关注的是一个周期内指标变化的趋势,评估的是企业微博营销的整体效果。微博营销的影响力评估也没有一个万能的公式,企业需要根据微博营销的定位和目标用户的特点合理选择或设计指标与模型,才能取得有价值的结果。

案例链接

元洲装饰盖家装微博史上第一高楼

创意事件:元洲装饰公司在国庆长假推出抢沙发活动,"#元洲寻找国庆#,网友抢沙发,盖微博第一高楼:庆祝61华诞,元洲寻找61名叫'国庆'的人享受特惠家装。凡转发并回复#元洲寻找国庆#+评论的第5 000,8 000,10 000名网友获赠"波适"沙发,另有6 000元沙发抵用券。

营销亮点:相比传统的SNS、BBS和个人博客,微博的传播速度和范围都要大得多。我们知道社交网络是建立关系的场所,互动和服务是关键词。因此,在微博上寻找话题和目标人群,锁定关键字,找到潜在粉丝主动沟通,这都是公司在微博上可以方便完成的事情。

营销效果:截至2010年10月10日,元洲北京分公司的粉丝数已达17 000余人,"元洲寻找国庆"话题参与转发、评论、抢沙发的互动综合次数远远超过3万人,共计影响近100万名用户。

(三) 微信营销

微信营销是网络经济时代企业面临着的营销模式的创新,是伴随着微信的火热产生的一种网络营销方式,微信不存在距离的限制,用户注册微信后,可与周围同样注册的"朋友"形成一种联系。

微信营销的特点如下所示。

(1) 点对点精准营销

微信拥有庞大的用户群,借助移动终端、天然的社交和位置定位等优势,每个信息都是可以推送的,能够让每个个体都有机会接收到这个信息,继而帮助商家实现点对点精准化营销。

(2) 形式灵活多样

漂流瓶:用户可以发布语音或者文字然后投入大海中,如果有其他用户"捞"到则可以展开对话,如招商银行的"爱心漂流瓶"用户互动活动就是个典型案例。

位置签名:商家可以利用"用户签名档"这个免费的广告位为自己做宣传,附近的微信用户就能看到商家的信息,如"饿的神""K5便利店"等就采用了微信签名档的营销方式。

二维码:用户可以通过扫描识别二维码身份来添加朋友、关注企业账号;企业则可以设定自己品牌的二维码,用折扣和优惠来吸引用户关注,开拓O2O的营销模式。

开放平台:通过微信开放平台,应用开发者可以接入第三方应用,还可以将应用的LOGO放入微信附件栏,使用户可以方便地在会话中调用第三方应用进行内容选择与分享,如美丽说的用户可以将自己在美丽说中的内容分享到微信中,可以使一件美丽说的商品得到不断的传播,进而实现口碑营销。

公众平台:在微信公众平台上,每个人都可以用一个QQ号码打造自己的微信公众账号,并在微信平台上实现和特定群体的文字、图片、语音的全方位沟通和互动。

(3) 强关系的机遇

微信的点对点产品形态注定了其能够通过互动的形式将普通关系发展成强关系,从而产生更大的价值。通过互动的形式与用户建立联系,互动就是聊天,可以解答疑惑,可以讲故事,甚至可以"卖萌",用一切形式让企业与消费者形成朋友的关系,你不会相信陌生人,但是会信任你的"朋友"。

微信营销策略如下所示。

(1)"意见领袖型"营销策略

企业家和企业的高层管理人员大都是"意见领袖",他们的观点具有相当强的辐射力和渗透力,对大众言辞有着重大的影响作用,潜移默化地改变人们的消费观念,影响人们的消费行为。微信营销可以有效地综合运用"意见领袖型"的影响力和微信自身强大的影响力刺激需求,激发购买欲望,如小米创办人雷军,就是最好的"意见领袖型"营销策略。雷军利用自己的微博强有力的粉丝,在新浪上简单地发布关于小米手机的一些信息,就得到众多小米手机关注者的转播与评论,更能在评论中知道消费者是如何想的和消费者内心的需求。

(2)"病毒式"营销策略

微信即时性和互动性强,可见度、影响力以及无边界传播等特质特别适合病毒式营销策略的应用。微信平台的群发功能可以有效地将企业拍的视频、制作的图片或是宣传的文字群发到微信好友。企业更是可以利用二维码的形式发送优惠信息,这是一个既经济又实惠,而且有效的促销模式。顾客主动为企业做宣传,激发口碑效应,将产品和服务信息传播到互联网和生活中的每个角落。具说新浪已经申请了自己的微信二维码,更多的商家都在第一时间给自己的品牌或是产品、公司申请了微信二维码,是否表示微信二维码"病毒式"营销的开始?

(3)"视频、图片"营销策略

运用"视频、图片"营销策略开展微信营销,为特定市场或者为潜在客户提供个性化、差异化服务,其次,善于供助各种技术,将企业产品、服务的信息传送到潜在客户的大脑中,为企业赢得竞争的优势,打造出优质的品牌服务。

第四节 网络数据库营销案例

案例 1

卓越亚马逊的客户管理系统

卓越网是中国典型的 B2C 商务网站,客户管理信息系统属于 E-CRM,通过网络接触方式,进行客户关系管理活动,简化了业务流程,使企业与客户之间的沟通自动化、快捷化。分析卓越亚马逊的客户管理系统主要从其物流供应系统、客户服务系统和售后服务系统三方面进行。

(一)卓越亚马逊的物流供应系统

卓越亚马逊从客户体验出发,这种理念和实践为客户提供了更方便、快捷的服务体验,也为企业赢得了新的竞争优势。消费者最关注的是物流配送的及时、准确、便捷,由此,卓越亚马逊从消费者体验出发构造物流体系。

卓越亚马逊采用货到付款的支付方式,它还将消费者购物的流程缩减为:产品展示(消费者下订单)—进货—仓库中转—送货(消费者手中,同时支付)4个步骤。

卓越亚马逊的物流供应系统的优势如下所示。

(1) 自主配送,物流供应迅速——统一共享客户信息资源,整合全线的业务并实时协调运营。

客户在网上下订单后,经过订单处理中心,集中汇总到库房,然后进行拣货、配货,交由配送公司运送到各个站点,再根据不同的送货线路分配给相关配送员,骑车将货品送到客户手中。

卓越所有的快递业务人员都经过相应的电子商务培训,熟悉送货上门的业务流程,并长期进行综合能力的考核。它自己的快递公司的技术部还设计了一套配送信息系统,可以实时监控订单配送货的流程信息。

卓越在多个大中城市开通了送货上门服务,对于这些城市的客户,卓越在库房配好货以后,通过货运公司运到当地的配送站点,再由业务员送货上门。卓越亚马逊快速的物流服务,满足了客户准确便捷的需求。货到付款的收费方式,让客户更有安全感,提高了对卓越亚马逊的信任。

(2) 针对性服务,人性化。

顾客在网站上确认订单后,卓越亚马逊会为顾客提供了多种可供选择的送货方式和送货时间,如送货方式有平邮、快递、加急快递、国内特快专递等,送货时间和送货地点也可以进行选择约定。客户在卓越亚马逊网站上购物下订单后,会分别收到来自客服中心的订单确认以及货物发出通知。在送货当天,卓越亚马逊要求配送员尽量与客户先电话确认。这些细节使卓越亚马逊的配送管理人性化。

"订单拆分服务",消费者可以一次购齐需要的商品(包括预售和缺货商品),并且可以自由选择"用最快方式拆分订单发货"的功能。

"零风险购物",消费者可以在收货后15天内无条件退货,由配送员上门取退货。对消费者而言,退货并没有额外的成本支出,但对于公司自身却增加了管理的风险与配送成本。

(3) 以消费者满意度为考评指标。

卓越亚马逊通过与各地第三方物流公司合作,将分散在全国的配送公司整合起来,形成一个整体物流系统。以客户体验感受为出发点和参考标准,一方面,企业可以对消费者的体验和需求进行即时掌控和跟踪服务,另一方面,也有利于最大限度在满足消费者体验的同时有效地控制成本,提高运营管理效率。

(二) 卓越亚马逊的客户服务系统

卓越亚马逊的客户服务系统主要进行数据分析和处理,提高客户交互水平和关系技术。卓越亚马逊的客户服务信息系统由客户管理系统支持,收集的数据量大、详细,主要包括客户数量、客户账户信息、客户的购买信息、客户的偏好、客户的评价体系、客服服务、邮件服务等,详细地储存了客户所有关于在该网站上的活动信息。

1. 客户注册管理

卓越亚马逊通过客户注册收集客户信息,建立与客户的沟通渠道。而且卓越亚马逊的客户注册系统简单明了:客户在注册时只要填写本人的常用邮箱,设置使用密码,就可以在卓越亚马逊上获取一个账号,可以长久使用。倘若客户丢失密码,可以通过邮箱认证的方式获取新密码,保证账号的连续性。同时客户在登录时,只要填写邮箱和密码即可,操作简单,为客户提供便利。其注册登录界面如图 9-2 所示。

图 9-2　卓越亚马逊的客户注册登录界面

2. 客户账户信息管理

客户账户信息管理为客户提供便利,同时实现"一对一"营销。在客户注册后,卓越亚马逊的客户管理系统即会进行记录并为客户提供账户。账户主要信息包括订单管理、付款设置、设置、个性化设置、历史浏览记录、心愿单(用于保存自己留意的产品)等。

订单信息包括客户购买商品的记录、退货记录、与厂商沟通记录,以及客户所购商品的物流跟踪信息,如货物受理的物流商、货物的出仓时间和估计的到达时间。

付款设置包括客户以往付款方式的记录和其他付款方式的选择。

设置主要是客户详细个人信息和需求的记录。设置的信息可以长久地保留,当客户进行购买,需要到相关操作时系统自动弹出相应的选择项,避免客户重复性的操作。

个性化设置主要是为了便于卓越亚马逊根据客户自己个性化的设置,为每位客户提供不同的推介界面,提供不同的优惠服务,如图 9-3 所示。客户登录系统后,卓越亚马逊根据客户管理系统记录的客户信息为客户提供个性化的界面,推荐客户有可能感兴趣的商品,为客户进行商品的选择提供便利,满足不同消费者的不同需求,便于客户方便快捷地进行选择,获取产品信息,完成购买活动。

历史浏览商品记录为客户对商品的寻找提供便利,避免客户因为信息的丢失而难以寻找到相适应的商品,为客户节约时间和精力。细化客户服务信息,使服务更加人性化。

心愿单是用户用于保存自己留意的产品,即有意购买但还没有马上确定的产品。

综上所述,卓越亚马逊的账户信息管理系统详细全面,个性化设置强。对于客户而言,网站提供的信息全面详细、服务便捷快速,能够满足自己的需求。

对于卓越亚马逊而言,详细客户购买信息的记录为企业库存管理、产品的更新、把握消费者需求、进行对客户关系管理提供信息支持,促使企业能够更加贴近客户,了解客户需求,提升企业的业务流量。

3. 客服服务系统

客户服务系统创造并充实动态的客户交互环境,覆盖全面渠道的自动客户回应能力。卓越亚马逊的客服服务系统主要由三大块组成:在线客服服务、电话客服、客服中心。卓越亚马逊的网站设有在线服务系统,如果客户在进行操作时遇到常见的困难都可以进入"卓越亚马逊帮助中心"进行查询。在线帮助的具体内容如图 9-4 所示。

图 9-3 产品推荐界面

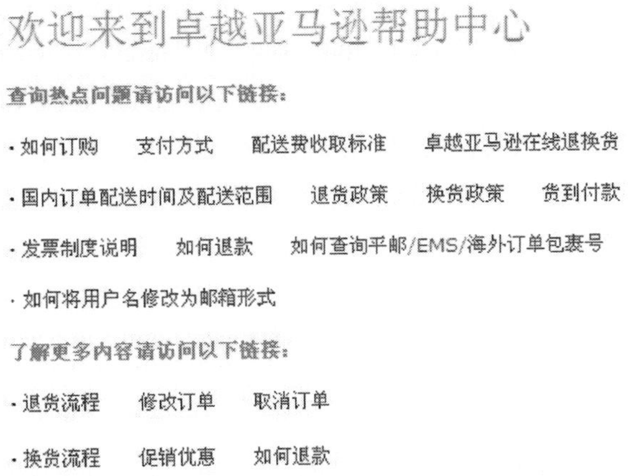

图 9-4 在线帮助中心

在线客户服务系统通过 Email 的形式,为客户提供优惠信息、订单信息(预定收货时间等)、卓越亚马逊购物体验评价邀请(内容包过购物的总体满意程度,对此次订单配送的总体评价,在未来 3 个月内是否会在亚马逊购物,是否会向其他人推荐亚马逊这 4 个问题),及时地与客户保持联系,吸引客户购买,使服务更加人性化。这为企业客户服务节省了投资,节约了企业的服务资本。在线客服服务与客户的接触面广,能够面对每一位客户,能够及时快速地解决客服面对的问题,降低客户咨询的成本。

电话服务主要是用于在线服务不能够解决的问题,如客户所购商品存在问题,客户需要更加完整准确的信息时,可以进行电话查询。电话服务是对于在线服务的补充与完善。

客户服务中心能够全面地解决客户遇到的问题,为客户提供优质的服务是卓越亚马逊网站与实体的结合。

（三）卓越亚马逊的售后服务系统

卓越亚马逊的售后服务系统包括客户评价管理系统、商品咨询与退货管理系统。

1. 客户评价管理系统

客户评价系统是指客户对于所购商品内容、质量和服务等各方面的评价。其评价体系包括非常满意、一般、满意、不满意、非常不满意5个等级。客户根据自己对于产品和服务的感知进行真实有效的评分。

卓越亚马逊通过评价积分，鼓励客户积极进行商品的评价。而且商品的评价完全对客户开放，没有任何的限制性条件。客户根据自己的感觉进行评价，表达了客户的利益诉求。卓越亚马逊根据客户评价管理系统收集的商品信息改良商品的进货渠道和服务方式，为客户提供更加满意的商品和服务。

2. 商品咨询与退货管理系统

客户需要了解商品的性能或是遇到了任何的质量问题，都可以通过在线服务中提供的厂家联系方式与厂家进行联系。同时客户可与卓越亚马逊的客服中心进行联系，通过客户服务中心协助办理以便快速方便地解决问题。

但是在整个解决过程中，客户需要同时与卓越亚马逊客服中心和厂家双方联系，增加了客户的咨询成本。客户与厂家联系不便，使解决问题的过程繁杂。卓越亚马逊不能够独立地解决产品存在的性能和质量问题，使得客户和卓越亚马逊不能密切联系。商品咨询体系在为客户提供服务的同时，也为客户带来不便。卓越亚马逊应该设置直接解决渠道，为客户提供更加便利的服务。

案例 2

可口可乐的大数据玩法

在科技改变人类沟通形式的今天，新媒体彻底颠覆了传统营销的概念，最大的冲击大致上有两点：第一，在数字媒体时代，消费者的立场已经转变，他们不再是被动的受众，而会主动参与品牌的传播活动，每个"个人"都是信息的接受者，又是传播者，这种改变造成从过去的品牌说消费者听，到大家说大家听的复杂形态，因此，企业要尊重消费者，转变对消费者在信息接收上的看法；第二，品牌或企业要学会聆听消费者的声音，听取消费者的反馈，用消费者的语言与消费者沟通，进而获得消费者的认可，并让他们自愿充当品牌信息的二次传播者。

"我们希望在夏天把快乐带给所有可口可乐的消费者和喜欢可口可乐品牌的大众。此外，随着社会化媒体的地位日益凸显，我们也希望在产品中体现'接地气'的一面。"可口可乐大中华区互动营销总监陈慧菱表示，这也正是可口可乐昵称瓶活动的初衷。其实，可口可乐昵称瓶的灵感来自于两年前在澳洲广受欢迎的"Share A Coke"广告，他们把最常见的 Amy 和 Kate 等澳洲人的名字印上产品包装。

"在中国，我们对这个概念进行了本地化处理，把大家在社交媒体上使用最多、最耳熟能详的热门关键词印上了瓶。至于抓取和分析这部分，我们选择了与 AdMaster 精硕科技公司合作，利用 AdMaster 社交媒体系统抓取网络社交平台上过亿热词；通过大数据的捕捉，把网民使用频度最高热词抽取出来，然后通过三重标准，即声量、互动性以及发帖率的删选，最终确认300个积极向上且符合可口可乐品牌形象的特色关键词。"陈慧菱介绍道，"采用这些昵称后，可口可乐与消费者拉近了距离。从销售结果来看,成绩非常不错,2013年6月初,昵称装可口可乐在中国的销量较2012年同期实现了两位数的增长。"

在可口可乐的这次营销活动中,收集海量社交媒体数据并提炼出"昵称瓶"固然是神来之笔,但数据在此次活动中的SHOWTIME远不止于此。

考虑这次活动鲜明的社会化特点,如何在话题伊始便与消费者互动就变得至关重要,完全依赖广告公司进行人工搜索再进行互动,不仅时效性比较低,广告公司的多人协作以及后续沟通也会变得异常困难,为此,AdMaster为可口可乐建立了一套完整的系统——Social Command Center,通过实时的数据挖掘第一时间告知广告公司哪些名单需要互动,并将互动记录保留下来供后续沟通。收集数据—清理数据—数据入库—找到有质量的消费者或名人—提供给广告公司互动名单,这些都是实时进行的,并且都是在可口可乐公司本次活动数以万计的基础上进行的。

据了解,AdMaster能够提供一站式全流程的数据管理服务,除了社交大数据的挖掘和分析,AdMaster还能提供传统广告的监播日志数据、采集广告主官方站点、品牌微博、电商渠道、在线调研、使用评论等数据的挖掘和分析服务,并将这些数据有机地整合起来,为广告主的品牌营销和市场运营建立模型、提供建议、协助决策。未来还可以导入自有的CRM、ERP、仓储物流数据,为广告主提供更广的数据融合、更深入的数据挖掘服务。

"随着数字媒体在企业营销预算中的占比越来越大,电子分销渠道的覆盖越来越广,企业需要接入的广告和运营数据越来越多,广告主面临着需要有科学的管理和快速分析上百亿条数据的挑战。这些数据将是广告主在营销中的重要决策依据,因此他们需要借助第三方的强大技术来帮助管理这些海量数据及完成深入的数据挖掘工作。AdMaster就是这样的一个独立第三方大数据管理机构,拥有国内最大的数字营销大数据管理平台(Data Management Platform,DMP)。"AdMaster CTO 洪倍说道。随着深入的了解,AdMaster在数字营销大数据管理方面的能力远比我们预想中的更强大。从技术层面来说,AdMaster通过分布式存储架构,帮助广告主整理和归纳其以往营销中产生的海量数据。依靠其国内最大的广告监测和数据分析服务器集群,通过弹性规划,每月处理超过2 000亿数据,迭代超过100种数据模型。此外为了让受众信息变得更为立体,AdMaster针对DMP平台采用灵活开放的API构建数据自动管理渠道,将多源、多维度的数据进行融合。同时,AdMaster的DMP平台还借助分布式计算、机器学习等方法更科学和高效地对广告主的结构化和非结构化数据进行标签化和规格化的处理。据了解,像这样的大数据服务,目前AdMaster为80%的世界100强品牌以及众多国内知名品牌提供,包括杜蕾斯、宝洁、卡夫、雅诗兰黛、可口可乐、伊利、联合利华、麦当劳、微软、东风日产等。

随着科技发展和生活方式的转变,我们的生活中无时无刻不在产生数据,而这些数据的价值需要科学的挖掘和研究。数据本身不会创造价值,只有充分发现和合理利用这些数据才能让其改变营销,改变生活!

案例3

一家传统餐厅如何玩转100万会员带来亿万收益?

如何把僵尸用户变成活跃的会员?我的建议就是用微信来激活会员,要激活,特别是激活他们的参与感。

看到一个案例,上海的"一茶一坐"在中国有近 100 家连锁店,每个月来客数大概是 80 万左右,现在会员大概 90 万,年底能到 120 万。过去他们是通过会员卡的方式,但效果很差。"一茶一坐"如何用微信来激活会员?

(1) 不是简单的充值,而是提供痛点级的服务。可以查余额,可以查所有消费行为,可以排队——排队的时候通过微信告诉你前面还有几桌。

(2) 不是简单的折扣券,而是从用户的生命周期出发去做活动。过去做会员就是简单发折扣券,"一茶一坐"会从生命周期去管理,例如,半年之后会员一般进入所谓的沉睡周期,基本上不会回来了,他们每半年会做一次所谓的沉睡会员的唤醒,效果不错。

常态会员的营销,他们发现了一个数字:48 天。因为第一次加入会员下一次再回来在 48 天之内的比例非常高,抓到 48 天的规律,系统每一天会往前推,把符合条件的会员筛选出来,今天发一个短消息给他,并且在他卡里面注一个优惠券,这个优惠券跟消费行为有关系,每个人收到的优惠券不一样。

(3) 微信做会员营销的核心是参与感。"一茶一坐"几个比较成功的活动,如生日关怀、线下品鉴会等。他们的一个"秒杀"活动很成功,是跟东方卫视配合的一个活动,每天播的时候秒杀,这个秒杀花一块钱买,买中的概率非常高,这个活动帮"一茶一坐"增加了八十几万的营业额,其实成本非常少,因为微信自媒体不需要花任何的所谓的微信推广费用。

"一茶一坐"是从台湾过来的一个连锁餐厅,主营的是台湾菜,它是台湾的特色茶餐厅,1992 年从台湾起源,然后 2002 年在上海开第一家店,目前全国接近一百家连锁店,每个月来客数大概 80 万左右,现在的会员大概有 90 万。

在 2012 年刚开始推广会员卡的时候,事实上刚开始并不是非常顺利,不顺利的原因是这样的,因为大家知道去餐厅或者很多的地方都会有会员卡,推荐会员卡的时候通常的一个方法就是让你在里面存钱,成为会员的方法就是在里面存 300 元或者 900 元,为什么想到这个方法呢?因为他们认为你卡里面有钱的时候才会忠诚,会员卡里面有钱当然愿意回来,忠诚度提高了。

如果餐饮服务品质很差,餐品的品质很差,就算卡里面有钱可能也不会回去,或者退卡或者不要了,真正的会员是一个媒介,让我们有机会通过这个会员卡表达我们的感谢之意,所以他们告诉第一线的服务伙伴会员价值在服务品质,这个时候一线人员观念改变了。从 2012 年 8 月开始他们的会员进展速度比较快,每个月大概 3.5 万个数字在增长,有了会员之后还需要什么?

有会员当然更需要知道会员为他们带来了什么,然后要知道会员的属性,他们经过了一些改造把会员系统跟所有的交易环节连接,会员到店里面消费标上很多的标签。我们给他一个标签,这次他来喜欢吃什么,喜欢喝什么,花多少钱,点什么饮料,点多少次,把全部的数据收集起来,这样他们越来越了解会员,越来越了解会员之后可以做什么?

他们有一个数据库,每天会从门店把这些数据拿回来,然后进行清晰整理,整理完了之后进行匹配,目的是让他多来一次,3 个月来多少次,每次来的客单价多少,最喜欢点什么餐品,最喜欢喝什么饮料,每次多少人来,活动范围是哪里,所有的数据在这里,所有的门店点单的时候用平板电脑点单,平板上面可以很轻易地知道这个人的信息,扫描一下卡号或者输入手机号码,马上知道杨先生上次什么时候来到店,最喜欢吃什么,在推荐点菜的时候非常有用。

他们以前做的最大的活动是发优惠券,现在用一些比较好的方法,因为知道他喜欢吃和喝什么,所以发给他的信息跟他比较有关系。

他们知道会员的生命周期，对一茶一坐的生命周期来说，大概半年之后这个会员已经进入了所谓的沉睡期间，他可能不会回来了，每半年会做一次所谓的沉睡会员的唤醒，通过唤醒的活动可以把会员重新带到门店里面来，去年沉睡会员唤醒活动取得的成绩不错，今年他们又做了一个特殊的测试，把会员分两组，会员卡尾号是单数送餐品，双数送折价券，结果发现收到折价券的到店率比送餐品高了10%，会员卡消费者还是比较喜欢折价券，他们从会员唤醒和会员的经营活动里面可以得到一些经验。

他们还有一种叫做常态会员的营销，他们发现会员来一次之后48天之内再度光临的概率比较高，第一次加入会员后下一次再回来的会员48天之内比例非常高，抓到48天的规律，系统每一天会往前推，把符合条件48天的会员筛选出来，今天发一个短消息给他，并且在他卡里面注一个优惠券，这个优惠券跟消费行为有关系，每个人收到的优惠券不一样，这个常态营销因为每天进行的，这个跟前面讲的沉睡会员不太一样，沉睡会员可能三个月一次，常态会员每一次都在进行，每天保持跟会员进行互动。

他们通常送优惠券和餐品，会员会回来消费，他带着其他人回来消费，送一个优惠券或餐品平均带2.3个人，而且平均每一次消费客单价69块钱。2014年4—6月他们做了一个新尝试，他们做了三波活动，针对74万有效会员发短信邀请他们回来消费，只要他参与了第一次之后，隔一天发第二次给他，只要参与了第二次之后发给第三次，连续三波的打折，在5月和6月两个月时间里面，创造了将近1000多万回头客，连续第二次、第三次回来将近两万多会员，这些会员非常有价值。表明这些人，第一，他有可能非常喜欢一茶一坐。第二，他对这种营销活动非常感兴趣，他们把这些会员锁定起来，他们做活动这些人一定来，而且他的忠诚率一定非常高。

2013年1月32万到现在已经90万的会员增长，平均每个月3.5万成长数字，2014年年底接近120万左右，会员是一个值得经营的资产，现在的问题是怎么扩大会员的数字，以前商务会员有一个时间跟空间的限制，现在透过一些新的方法可以扩大会员的新增速度，就是微信所谓的会员卡，只要关注了公众微信号就可以变成店里会员，同样店里会员只是积分规则不一样。但是所有的会员都在系统里面，所有的营销活动在系统里面都可以看到，系统里面是全会员营销状况，包括实体卡和电子粉丝会员等。

通过微信了解并变成粉丝，然后如果更有兴趣可以办一个实体卡，可以进行累计积分，有很多的生日营销，还有很多的生日关怀的活动，最后你愿意长期成为支持他们的客人，你就可以储值，当然可以获得一些更大的折扣。

他们的微信定位是一个服务平台，先把所有的会员服务放上去，只要成为会员，绑定微信之后可以在上面看到很多服务，可以查余额和所有的消费行为，可以做排队叫号，并且可以做优惠券，可以在上面使用优惠券，优惠券是一个电子卷，有一个号，这个号使用的时候当然形成闭环，所以后台统计非常精准，知道这个营销活动发出去以后拿回来多少。排队的时候通过微信告诉你前面还有几桌，可以拿着手机逛商场，前面剩下三桌可以提前通知你再回来，排队的时候线上点单，点单之后到后台，你入桌的时候把点单跟桌号绑定在一起可以直接出单，这个都是在微信上面完成的。他们透过微信做了很多所谓O2O的活动，做了很多线上的秒杀活动，秒杀买的东西还可以转送给别人，比如说微信支付的店面，买到之后如果这个东西不错可以转送给你朋友，他收到一个信息，打开之后这个电子券出来了，出来之后接受，如果没有关注一茶一坐的官方微信他必须要先关注，所以这样可以增加新的粉丝。

他们通知会员你的购买是不是成功，赠送是不是成功，只要你是会员，消费完了之后，请做一个评价,评价完了之后再增加其他活动。

思 考 题

1. 网络数据库营销的特点有哪些?
2. 网络数据库营销的流程。
3. 搜索引擎营销的关键是什么?
4. 微博营销的流程。
5. 微信营销的策略。

第十章 整合营销

数据库营销不同于传统营销方式,依赖于数据库,使沟通更具精准性,也在一定程度上减少了营销成本的损耗。基于明确的目标顾客数据,企业在营销沟通上,可与目标受众进行直接沟通,从而大大增加了沟通的有效性。从产品推广、顾客获取和顾客维护的效果来看,数据库营销是更加有效的营销手段。如果把传统营销手段与数据库营销有效整合,企业将能获得最大化的营销效果。

第一节 整合营销概述

现在国内外营销界关注的整合营销,与数据库营销有着千丝万缕的联系。传统的 4P(Product、Price、Place 和 Promotion)理论,在这个请求分众结构的时代,已被 4C——消费者(Consumer)、消费者满足需求的成本(Cost)、消费者购物的便利性(Convennience)及沟通(Communication)——所取代。其核心要点为:
① 不要再卖你所能生产的产品,而要卖某人确定想要购买的产品;
② 暂时忘掉定价策略,而是去了解消费者要满足其需要与欲求所需付出的成本;
③ 忘掉通路策略,应当思考购买的方便性;
④ 请忘掉促销,在新的世纪正确的词汇是沟通。

一、整合营销的定义

20 世纪 90 年代,整合营销传播理论的提出与传统广告在营销传播中所暴露出的弊端紧密相连。广告作为传统营销的支柱,主要依靠大众传媒进行单向传播,而缺少交流与互动。因此,在 4C 时代,单纯依靠广告很难达到预期的营销目标,因此必须与其他营销工具进行整合。整合营销传播(IMC)这个概念是由美国西北大学舒尔茨教授等人在 1993 年首次提出的。整合营销简单说就是将广告、促销、公共关系、人员推销以及直复营销等营销工具进行系统整合,确定一致的营销目标,面向一致的目标顾客,设计一致的传播信息,产生最佳的一致性效果。

美国广告公司协会对整合营销传播的概念是:这是一个营销传播计划概念,要求充分认识用来指定综合计划时所使用的各种带来附加值的传播手段——普通广告、直复营销、促销和公共关系——并将之结合,提供具有良好清晰度、连贯性的信息,使传播影响力最大化。

从这个概念中,可以看出整合营销就是将各种营销形式配合使用,以获得最好的营销效果。各种营销传播形式都处在整合营销传播体系中,核心是"一致的声音"。

而随着现代营销观念由"以产品为核心"转向"以顾客为中心",整合营销也意味着顾客关系管理、一对一营销、直复营销、关系营销以及策略性的品牌信息传播等。这些营销模式虽然各有侧重,但究其根本,都是对顾客与企业之间的关系进行管理。

二、整合营销的一致性原则

整合营销需要涉及企业内不同部门和机构,拥有多重营销功能,并以多种接触方式使用多种媒体。因此,为达成整合营销的效果,需要从战略管理的角度使各项营销工具和不同部门进行协调,使其保持一致。因此无论从整合营销的实施层面,还是从整合营销的最终效果来看,其最显著的特征就是保持一致性,也就是整合营销传播的一致性原则。

随着市场的发展,单一的营销活动已不能满足企业营销的需求,若不对营销活动进行整合,各种营销工具和各种媒体之间所传播的信息以及效果会出现混乱,甚至矛盾。因此,通过整合营销管理的方式,使所有的信息及效果都保持一致性。一致性不仅可以降低营销成本的消耗,减少营销成本的同时还能使品牌信息更加清晰。一致性包括两个方面:一是信息统一,所有营销工具和媒体触点要一致;另外是信息连续,也就是所有营销工具和媒体触点以及传播的信息要连贯。整合营销要求所有广告、促销、公关、宣传、直复营销,甚至包装、商品设计、零售店装潢等,都要给目标顾客以相同的感受。这样,通过各种营销层面和营销工具之间的互相配合,整合营销的信息就会得到进一步强化。但这看似简单的道理在实际操作中却并不容易达成。由于各种营销工具所依托的各种媒体渠道传播形式的不同,即使编制相同的信息,但由于所使用的信息符号有所差异,正如在媒体整合策略中讲到的,不同的媒体渠道有不同的特点,如报纸和电视就会对统一信息采用不同的传播方式,而导致信息一致性会有所折扣。

三、整合营销策划流程

整合营销需要使用多种不同的营销工具和媒体渠道搭配组合来完成营销目标。因此,若要整合营销有序地执行,并能够获得预期的效果,就必须合理规划整合营销。真正有效的整合营销需要科学统一的策划和管理。

整合营销策略规划首先要考虑目标市场。无论何种营销方式,对分析消费者和识别目标顾客都是至关重要的。对于整合营销来说,考虑目标市场的意义还要更深一步。因为在整合营销策略规划中,一旦确定了合适的目标市场,就要尽量了解目标市场中的各种力量,即所有能对企业产品或服务产生正负面营销的所有方面。所有产品或品牌的顾客和潜在顾客,以及对这些人可能产生影响的人,都是营销的潜在对象。

传统的营销计划,往往只注重顾客和潜在顾客,而忽略了在整个购买过程中其他可能扮演重要角色的影响者。而整合营销的策略规划流程,出发点则完全不同,具体步骤如图10-1所示。

第一步:将目标顾客与营销策略密切结合,从常识性购买和重复性购买的角度切入,然后在其他步骤中再逐渐考虑一些特殊的目标受众问题。

第二步:明确整合营销策略,在这个阶段需要考虑究竟有哪些人会在消费者购买过程中产生影响,其扮演的角色是什么?同时,还要根据营销策略思考营销目标究竟是什么。在这个步骤中最重要的是判断整合营销对于达成最终营销目标的作用到底有多大。

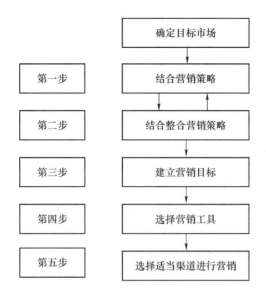

图 10-1　整合营销策略规划流程

第三步：运用市场资料和分析研究结果，明确营销目标，并且要对营销效果有明确的界定。

第四步：对执行整合营销计划进行考虑。勾勒出目标顾客的决策模式和决策过程，以便了解整合营销在什么情形下、如何有效使目标顾客做出购买决策，如何建立有利于产品或品牌的形象。

第五步：对达成营销目标的各种营销工具和媒体渠道进行评估，选择有利的营销方式。要尽可能考虑运用多种营销方式，而不是仅仅局限于现有资源。

整合营销的特点是要面面俱到，在策略和预算执行中以最佳为选择标准，只有这样才能提出适当的整合营销方案。

而在策略整合营销中，结合数据库营销能够使企业更加了解自己与竞争者的经营状况，包括目标对象、媒体效率、产品动态、销售过程、配销程序、价格变动、产品评估等信息，并分析对手的产品、销售与客户以及研发状况。企业在清醒地了解本身经营状况与竞争态势后，更能策划未来的发展战略。

数据库营销使企业能够整合传播程序，展现更适切的传播信息，提供更好的销售机会。此种功能的达成主要依靠系统性的整合传播信息、媒体选择方案与目标顾客群。

第二节　整合营销方法与技巧

一、数据库营销导向的整合营销

正像舒尔兹在《整合营销传播》一书中所指出的，真正的整合营销传播必须达到长期的关系营销，则有赖于不可或缺的计算机数据库，厂商必须熟谙直复营销常用的"接触管理"，有条不紊地与消费者进行适时适地的双向沟通。

整合营销有效使用客户数据库，根据数据库挖掘现有顾客和潜在顾客，不但可以提高整合营销传播的效果,而且大大降低了整合营销的成本。引入了数据库的整合营销在顾客获取、顾客维护以及增加高价值顾客方面更加有效。

通过数据库可以进行消费者分析,确定目标市场,跟踪市场领导者以及进行销售管理等,是协助整体营销规划和计划、控制和衡量营销活动的有力工具。数据库可以说是整合营销的决策依据。

数据库营销作为直复营销和整合营销的基础,成为整个营销传播过程中的导向,其功能体现在几个方面:其一,有助于市场细分和对目标市场的选择;其二,可以锁定目标,以便于定向化销售;其三,与顾客形成互动沟通,对顾客的个性化需求给予相应的反馈。

可以说,整合营销的出现及其成功的运作,无疑是给数据库营销者的一针强心剂。而在整合营销的计划、执行和控制中则有赖于营销数据库的支持。因此,数据库营销与整合营销无论在观念上还是在操作上有其相互交融、相互借鉴的地方。所以理解整合营销对数据库营销是大有裨益的。

广告、公关和大型的市场推广活动等传统整合营销手段在品牌的建设上具有优势,但由于花费巨大,通常中小企业没有能力开展。对于目标客户数量有限或客户群较分散的企业(如B2B企业,客户大多分散在多个甚至数十个行业),传统营销手段性价比低,因此投入的预算往往也非常有限。其实,对这两类企业来说,所实施的营销活动只要能有效覆盖目标客户群,哪怕只是重点目标客户群,或者在目标客户群内建立起其优势品牌形象就已足够了。因此,从这个角度看,整合传统营销与数据库营销的推广模式更适合这两类企业。

二、直复营销在整合营销中的应用

从整合营销角度,直复营销只是营销的一种方式,同时,直复营销是最具代表意义的整合营销传播模式,因为直复营销把人员互动和媒体沟通相结合,使传播和销售共为一体。

从媒体使用角度而言,直复营销是真正的多媒体综合运用的营销模式,除了简单的人员销售之外,还包括直邮、目录销售、电话营销、网络营销以及直接响应广告等多种形式,因此改变了与顾客沟通接触的方式,不同方式所产生的影响力也各不相同。直复营销不仅可以与其他营销工具结合在一起,还可以将营销中的互动性发挥得淋漓尽致。

三、整合广告

对于销售访问和销售促进来说,广告是与顾客接触的一种较为经济的方式;同时,广告可利用复杂视觉或感情上的建议来加强信息的说服力。

然而,广告目标与销售目标不同,广告的目的是加强品牌知名度和偏好,广告目标是改变消费者对品牌的态度。广告目标虽然与销售直接相关,但它首先应该与传播效果挂钩。因此在整合营销过程中,广告扮演着沟通与说服的角色。

数据库营销与广告结合,必定会带来更好的效果。广义来说,数据库营销和直复营销中使用的直邮、互动媒体等,都属于广告范畴。同时,在这些沟通形式中,还都会附带咨询电话或信息索要方式等,可以吸引目标顾客进一步接触,有利于促成顾客响应。另外,有时也通过广告辅助直复营销。例如,在电视广告中,加入产品网站地址,告知受众可以直接登录网站进行购买。

四、整合销售促进

销售促进(Sales Promotion)简称促销,是营销沟通的一个重要组成部分。广义而言,凡是企业从事的所有以创造消费者需要或欲望为目的的活动,都可以称为销售促进。狭义地讲,销售促进就是指帮助销售的各种活动。促销可以看作是:"以创造一种即时的销售为主要目的,对销售人员、分销商或最终消费者提供一种额外价值奖励的一种激励。"这其中有几个要素:促销的对象不仅是消费者,还有中间商;促销的关键性因素是"激励";促销一般只在一个相对较短的周期中进行。

通常企业会利用销售促进引导消费者去尝试购买新产品或服务。例如,通过优惠券、免费样品、优惠包装、奖品与礼物、抽奖等方式刺激消费者购买。而生产商针对中间商的销售促进,除了提供优惠折扣(如减价、津贴或范例)、提供免费赠货之外;还可以与中间商一起开发合作广告,进行销售网点的宣传,组织经销商进行销售竞赛,定期召开面向经销商的订货会,如销售会议或产品推广会等。

有种说法是由于某种促销活动而购买产品的顾客通常忠诚度不会很高。这是因为过去销售促进通常被单独看作是与广告并行的营销工具,而且是一种短暂行为,只能对顾客进行短时刺激,而不利于长期的品牌关系,但随着促销规模和促销形式的发展变化,这种认识正在深化,各种促销工具已经成了整合营销中最为常见的操作手法,这在促销形式的发展中得到更突出的体现。一个简单的例子是,汽车销售商为了让消费者更好地认识产品或品牌,组织潜在顾客参加免费试驾活动,通过给予消费者切身体验来强化消费者对品牌的认同,同时采取增加免费维修保养和零部件优惠服务,增进消费者对产品或品牌的信赖,这些促销形式不仅仅是短期行为,同时也有利于建立与消费者的品牌关系。当一个潜在顾客对品牌产生一定的兴趣,但却不愿承担某种不确定性风险时,运用销售促进可以帮助消费者完成对于品牌的进一步接触,并有利于建立品牌关系。尤其是在今天促销范围不断扩大的情况下,促销在企业营销沟通中的地位越来越重要。

由于促销的大量运用,它已与广告和其他营销传播方式融为一体。整合营销传播在很大意义上都是广告运动与多种形式的销售促进的统一运作,促销活动作为整合营销传播中的一个重要组成部分,已经不仅仅是一种简单的短期激励,也是一种对品牌关系行之有效的营销传播手段。

因此,销售促进在与其他营销工具整合时,可以通过数据库营销帮助企业识别潜在顾客,并直接与目标顾客进行沟通,广告可以用来进行品牌建设和宣传,而促销则用来鼓励目标顾客完成最终购买。同时,通过销售促进获得的顾客信息又可进一步完善到原有顾客数据库,为下一步营销做更充分的分析和优化。

需要注意的是,由于销售促进通常是企业或者品牌针对某一具体目标所涉及的营销方式,因此具有相对的阶段性特征。为了使这种阶段性目的不与长期的品牌信息发生冲突,就必须在销售促进策划时,考虑它与整个企业营销策略之间的协调和一致。例如,对于一些定位高端的产品或品牌,实施减价的促销策略,则与产品和品牌本身的定位具有一定冲突,因而对于品牌的建立造成了不利影响。所以,在整合营销中,一致性原则永远是最重要的,在整合中既要顾及销售促进本身的目标,也要兼顾整个企业的营销目标,通过这种整合,将销售促进的成果转化为整合营销传播的成果。

五、整合营销公共关系

无论哪种营销方式,广告也好,直复营销也好,都容易被受众或消费者偏见地被接受。这一点是显而易见的,面对越来越精明的消费者,广告早已不像往日般具有势不可挡的"魔弹效果"。随着科技的发展,信息渠道增多,消费者除了通过询问家人和朋友,还可以通过在线搜索等方式去了解品牌或产品。因此企业在进行品牌营销或宣传的时候,正遭受着前所未有的各种噪音的干扰。因此,广告效果大大下降。

而公共关系则是通过更值得信赖和公正的媒体,获得舆论的认同。公共关系作为一种有效的宣传工具,在整合营销中受到了极大关注。但由于公共关系涵盖的范围相当广阔,对于一般营销来说存在操作上的困难,所以营销人员通常更关注公共关系中相对比较狭窄的一部分,即与营销问题密切相关的那些方面。这种辐射面相对较窄的公共关系,因为直接关乎营销价值,所以称之为营销公共关系。

公共关系中出于营销目的而特指的企业与消费者之间的关系,就是通常所说的"营销公共关系"或者"营销公关"(Marketing Public Relationship,MRP)。营销公共关系被定义为:通过不需付费的媒介向有积极影响的顾客及未来传达品牌的积极信息。作为营销的一种基本手段,营销公关在现代营销中得到了普遍应用,它对企业营销活动的支持,相对于其他营销工具表现出了自己的突出特色。

营销公关的基本作用有:帮助企业或产品及品牌提高知名度;增进消费者的了解和信任;宣传企业形象进而与受众建立良好合作关系,除了本身所具有的促销价值外,通过精心策划和设计的营销公共关系可以通过许多途径提升整合营销活动的价值。这些价值在公共关系实施过程中主要体现在以下几个方面。

第一,在媒体广告之外激发市场。从整合营销角度看,营销公关是全部营销传播整合的一个构成部分,虽然也有单独运用营销公关实施产品推广的案例,但是大多数情况下,持续和完整的效应来自于公共营销与其他营销方式的配合。例如,许多企业利用新产品发布的机会获得公共宣传效应,依次为产品增加戏剧化色彩,并对广告效果进行提升。有时借助营销公关可以只运用少量广告或不用广告就达到介绍产品的目的,如苹果推出每一个新产品或系统时,几乎都是采用公关形式,很少借助广告进行传播。很多公共关系活动经常利用数据库营销,如一些公司可能通过直邮来募集慈善机构资金等。

第二,提供具有附加价值的客户服务。很多媒体之外的营销沟通工具都可以被运用到营销公关之中,在整合营销中,这些方法不仅是简单的营销工具,而且是与顾客形成良好关系的途径。例如,企业通过开通服务热线,过去由销售管理部门掌握,曾经是以销售咨询为主,现在其作用不仅仅是对产品进行推销和介绍,更重要的是与顾客直接沟通和交流,公关作用超越了推销的作用。运用这种形式,在加强与顾客以及各种利益相关者联系的同时,可以明显增加品牌与消费者的亲和度,有利于建立品牌忠诚度。

第三,对公众形成舆论影响。营销公关是公共关系在营销沟通中的具体应用,公关手段最显著的特征之一就是对公众的舆论影响。这种影响主要是从两个方向发生作用的:其一是直接引起公众关注,形成一种有利于企业或者品牌的媒体倾向和社会舆论;其二是向那些具有影响力的舆论领袖提供有价值的信息,再通过他们的示范引导大众。

第四,实施竞争防御,提供购买理由。积极的公共关系不仅可以保护一个企业的产品免受侵害，而且可以作为消费者的一种承诺并向消费者提供购买的理由。前者主要体现在企业或品牌受到某种市场挑战，或者是遭遇各种环境下的突发威胁时；后者则是一种普遍的公关效应，与它所带来的各种有利因素是相一致的。

第三节 媒体整合

大多数企业都够理性认识到不可能所有人都购买自己的产品，因此每个产品都应该确定自己的目标消费群。而企业就应针对这些目标消费者，传播自己产品的核心卖点，即有针对性的诉求。事实上，任何产品的目标消费人群都有一定的媒体接触习惯，而产品的传播要通过适当的媒体发布才能有效地传递给诉求对象。这样，就需要事先做好媒体的选择与评估。

数据库营销离不开媒体整合，今天我们大致可以将媒体分为传统媒体和互动媒体两大类。传统媒体包括报纸、电视、广播和杂志等，互动媒体则依托互联网及移动互联网技术，媒体形式更为多样，且相较传统媒体具有更好的互动性。互动媒体的普及使得数据库营销的应用更加广泛，也使其"一对一"的沟通策略可以得到更好的延伸。而传统媒体覆盖面广，受众也最广泛，同时，在宣传效果和影响力方面也具有绝对的优势。因此在数据库营销中，将传统媒体与互动媒体进行整合，必会达到很好的传播效果。

一、媒体整合的背景

互联网的迅速发展让数据库营销的理念更加清晰。互联网迅速扩大了企业的潜在顾客的范围，顾客数据库现在不再仅仅面对某一地区、某一国家的人们，而是全世界对企业产品有需求的人。

互联网的优势在于互动性和针对性强且成本低，覆盖范围极广。其最大的特点在于可追踪性和可测量性，这为企业实施数据库营销提供了更丰富的数据信息。

根据百度发布的《2011年中国搜索营销发展报告》显示，2003—2004年，中国互联网经济规模都呈现逐年增长的趋势。报告还显示，中国网民数量的不断增长，为互联网广告市场提供了基础性的营销价值，随着互联网渗透力的不断加强，互联网广告投入在企业营销中的比例也在逐渐加大，互联网广告市场规模持续增大，在中国整体媒体市场中的占比也相应逐年增加，从2002年的0.7%增加到2010年的13.3%。广告主对互联网营销重视度提高。同时，随着智能手机的普及，移动互联网也逐渐成为消费者用来收发信息、参与营销的重要工具。

在互联网时代，消费者的生活方式发生了改变，同时，他们使用的媒体以及接收到的信息与以往比起也有了很大变化。

（一）信息传播方式改变

首先，新技术的不断发展使得信息传播速度加快。

信息到达5 000万受众，广播需要38年的时间，电视需要13年的时间，互联网需要4年的时间，而移动设备需要3年的时间，当出现了Facebook之后，仅需要2年的时间。

（二）媒体碎片化

新技术除了加速信息传播的速度外，还导致了媒体的种类增多。

20世纪70年代的美国，媒体种类已经在增加，当时平均每人每天接触接近500条广告信息；而在今天，这个数字接近5 000条，这还是个相当保守的数字。而在中国，每个消费者每天所接触的信息数量也绝不在这之下。因此，这种局面就使得营销信息突破众多信息的干扰，出现在合适的媒体上，吸引目标消费者变得更为困难。

（三）消费者的多重角色

正是由于媒体碎片化，导致人们接触媒体的习惯也在发生着巨大的改变，在早些时候，媒体的并读性更高。而在今天，这种媒体使用习惯也发生了变化，媒体碎片化导致同一个受众在同一时间会同时使用多种媒体。因此，消费者的生活也被碎片化。

与此同时，人们在生活中和各种媒体前，扮演着多种角色。可能是产品的消费者、媒体的受众、品牌的会员，还有可能是活动的参与者等。因为媒体增多，营销方式的改变使得每个人对于品牌都承担着多重角色。

所以，新技术的应用，尤其互联网、移动设备的普及，使得媒体不断被碎片化，消费者也在不断被细分，这些正在迅速改变全球的营销方式。

因此，当今营销进入了一个整合的时代。我们必须要将多种媒体渠道整合，配合使用，才能确保目标受众接收到我们的所有营销信息，并使营销效果最大化。

然而要注意的是互联网对受众的技术操作水平具有一定的要求。因此在选择是否投放互联网媒体时，首先要考虑受众是否适合。

总之，数据库营销与互联网是密不可分的。

二、媒体整合策略

有的媒体能以较大的接触范围到达目标市场，但费用太高，有的媒体出现于目标对象的周期太长，无法在限定时间内保证广告的出现频率，使用多种媒体组合则可以既保证营销信息的接触范围，另外又能有较高的出现频率。从这个意义上说，媒体整合策略就成为营销活动的核心内容。弥补单一媒体在频率程度上的不足。

（一）媒体整合策略的原则

数据库营销是以顾客为中心的营销，策划多渠道整合营销时，依然要以目标受众为中心，但需要考虑考虑以下几个方面，才能制订出有效的媒体整合策略。

1. 确定营销目标

营销目标是进行一切营销活动的前提，制订媒体策略时，同样要结合营销目标的不同，决定媒体选择。例如，某公司想利用这次数据库营销提高在线销售，那么更多使用互联网媒体，对于目标受众来说更容易在线下单。

2. 了解目标顾客的媒体使用习惯

不同消费者媒体使用习惯也都存在很大的差异。年龄小的受众可能更倾向接触互联网，而年龄较大的受众可能更倾向使用传统媒体。同时，有些受众可能更喜欢接受文字信息，而有些受众更愿意接受图像信息。因此对目标顾客进行媒体使用行为的分析很有必要,在选择媒体时,要尽可能将能达到目标顾客的所有媒体都涵盖在媒体策略中。

3. 充分发挥不同媒体渠道的优势

不同媒体有各自不同的特点及优势,媒体整合策略就是将不同的媒体整合在一起,配合使用多种媒体,扬长避短,发挥媒体最佳效果。互联网用户体验更好,电视媒体冲击力更强,而印刷媒体可承载信息量大。

4. 衡量要传播的信息类型

媒体呈现信息的方式不同,因此在制订媒体策略时,也要充分考虑信息与媒体特点。例如,宣传的产品是高科技类的新产品,在电视上投放品牌形象广告,宣传该产品和品牌形象,增加知名度;向目标顾客邮寄产品信息,增加受众理性认知;同时在互联网上增加模拟试用,提高用户体验。

5. 评估媒体成本以及预算

任何营销活动都要受到预算的限制,尽管企业会将大部分营销费用都用于媒体购买和制作,但毕竟资金有限,制订媒体策略时,要权衡媒体成本以及媒体预算,通过组合媒体,使媒体投入发挥最大有效性。

6. 时间和时机

媒体策略中一个重要部分就是媒体排期,这决定了媒体何时与受众接触最有效。在多媒体组合中,巧妙利用媒体传播的时间,会使营销效果事半功倍。

如何实现多种媒体的整合呢？首先,所有媒体传播的信息都是一致的,也就是受众无论从任何途径接收到的信息,内容都是相同的;并且所有沟通一定是围绕消费者进行的,也就是以顾客为中心;同时,所有媒体触点都是可控的,能够掌握投放方式、时间、投放信息,以及监测投放效果;还要把和消费者的沟通记录在数据库中,否则无法了解消费者的响应和营销过程;最后还要对每次沟通的效果进行评估,同时优化未来的媒体策略。

在制订媒体策略时,还一定要注意以下几点问题。

① 选用目标市场渗透高的媒体,也就是目标受众都能接触到的媒体是有效的媒体。

② 媒体要有足够的曝光频率从而影响目标受众。媒体排期要具有一定的密度,只在媒体曝光一次的信息,覆盖面可能很小。

③ 选用目标受众会感兴趣的相关媒体,如目标受众年龄偏小,可以选择互联网,而针对年轻人的广告,如果在老年杂志上投放,则效果一定不会好。

④ 产品或品牌与媒体环境要具有一定相关度。通常化妆品广告都会在时尚类杂志或时尚类网站上投放广告,如果在IT类媒体中投放广告,由于二者目标受众的差异,最终会导致营销活动的失败。

⑤ 尽量选择明显的广告位置放重要的信息。最显眼的地方,更容易吸引目标受众的目光,如直邮的标题、网站的顶端等。因此,要将最重要的信息放在媒体最显眼的位置,才能确保目标受众能有效接收到重要信息。

(二) 针对营销活动,制订媒体整合策略

目标顾客参与营销活动需要经历几个阶段:吸引、参与、交易、保留和增长,如图10-2所示。

首先,产品要吸引目标顾客的注意,也就是在目标顾客中具有一定的认知度和知名度。这时的营销目标主要是如何吸引目标顾客的注意或驱动营销活动。因此,可选择线下广告、销售

终端、在线广告、直邮、电子邮件和口碑营销,对产品和品牌进行造势,使目标顾客知道该产品和品牌。

目标顾客对产品和品牌具有一定的认知后,就要考虑如何使他们进一步了解产品或品牌,并能够参与到产品或品牌,由理性认识上升到感性认识。这时营销目标是怎样使他们参与到品牌或产品网站?可选择互联网,将目标顾客驱动到品牌网站或产品页面,以感受更多产品信息,帮助他们做出最终购买决策。

一个完整的销售过程是要靠交易完成来作为终结的。交易是企业追求的最终目的。因此,如何促使目标顾客完成交易?这时,可选择在线购物、网站注册、电子邮件注册、线下商店、呼叫中心等方式,方便目标顾客随时随地完成交易。

之前提到顾客的维护及优化。一方面,通过持续的沟通保持品牌或产品在顾客心目中的地位,另一方面则要通过与顾客的持续接触,使其增加交易。最常使用的方式就是通过直邮、电子邮件、电话等,一方面与顾客保持联络,及时将产品最新信息传递给顾客,同时,利用事件触发,如生日或节日问候,带给顾客尊享感受,并吸引顾客访问网站、驱动网站流量。

需要记住的是,无论哪个环节都需要对营销及媒体效果进行评估和优化,以保证营销活动持续有效,获得可观的投资回报。

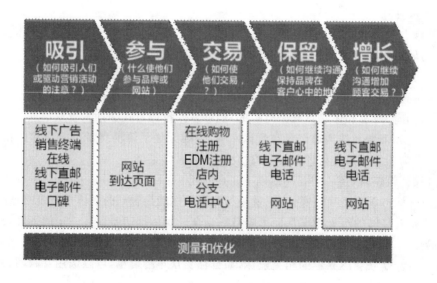

图 10-2　目标顾客参与营销活动的几个阶段

(三)不同媒体渠道的比较

不同媒体渠道的比较见表 10-1。

表 10-1　不同媒体渠道的比较

媒　体	优　势	劣　势	最佳应用范围
直邮	广泛而有效的名录,形式多样,灵活性强	千人成本较高	产生客户咨询 销售线索管理 客户保留
电话	主动,灵活,应用广泛	经常联系不到真正的目标客户,千人成本较高	数据挖掘,数据清理,销售线索确认,预约

续表

媒　体	优　势	劣　势	最佳应用范围
电子邮件	迅速,便宜	需要授权	咨询管理和客户保留
印刷媒体	传播面广	精准度不高	产生客户咨询 强化品牌意识
横幅广告	传播面广,内容更换迅速	销售信息空间小	产生客户咨询 强化品牌意识
目录	比现场销售成本低,有参考价值,受重视	成本高,有可能被束之高阁	客户保留和销售
商务会展	提供低成本的面对面销售场所	接触成本高	开发客户,客户保留
研讨会	可宣传产品详细信息	有限的覆盖面	培养销售线索,客户保留
互联网论坛	千人成本较低	有推销嫌疑,参加在潜水的比率高	培养销售线索,客户保留
电子邮件发简讯	千人成本低,浏览率高	需要便捷管理	培养销售线索,客户保留
印刷简讯	深度感知	千人成本高	培养销售线索,客户保留
网站	成本低,形式灵活	参与者匿名	响应管理,培养销售线索,客户保留
搜索引擎营销	精准度高	关键字价格在上升	产生销售线索
搜索引擎优化	成本低	非呼出	产生客户咨询
插页	成本低,开放	效果有限	产生客户咨询

三、媒体整合案例：美国 Amtrak 铁路公司顾客奖励项目的"双倍积分日"计划

(一) 项目背景

所属行业：旅游 & 酒店管理/运输
广告主：美国 Amtrak 铁路公司
项目地区：美国
项目执行时间：2009 年 9 月 14 日—2009 年 12 月 19 日

顾客奖励项目（Amtrak Guest Rewards，AGR）是 Amtrak 铁路公司专门为回报会员旅行设计的一个免费计划。会员们通过参与 Amtrak 铁路公司的旅行赚取积分，从而可兑换成免费的 Amtrak 旅行、娱乐、购物奖励等更多项目。

媒体渠道：插页、直邮套装、电子邮件和即时消息、搜索引擎、网络广告、网络推广。

(二) 项目策略

市场面临的挑战是要增加经济困难时期美国 Amtrak 铁路公司顾客奖励计划在旅游市场上所占的份额。根据旅游行业协会所做的 2009 年国内旅游预测，2009 年国内商务旅游将下

降 3.5%，休闲旅游同样也将下降。由于商务旅客的日益增多，对 Amtrak 公司来说 2009 年将是艰难的一年。在筹划这次活动的时候，Amtrak 公司就一直在想如何解决 Amtrak 公司及其客户奖励计划收入下降的问题。与 2008 年同期相比，Amtrak 公司 2009 年第二季度和第三季度的收入分别下降了 11% 和 14.9%。公司客户奖励计划的收入与去年同期相比也出现了下跌，2009 年第二季度和第三季度分别下降了 5.3% 和 6.4%。除了收入下滑，Amtrak 的乘客也在不断减少。与 2008 年同期相比，每个顾客奖励计划会员的旅行距离在第二季度和第三季度平均下降了 5.0% 和 3.4%。由于经济状况，在 2009 年美国铁路公司面临增加竞争的局面。除了航空公司的竞争，由于旅客在商务和休闲旅游时都力图寻找更便宜的旅游选择，Amtrak 公司和通勤火车、公共汽车的竞争加剧。

为了增加现有会员的参与，Amtrak 公司客户奖励计划的品牌定位侧重于会员在感性和理性认知方面的宝贵经验。该计划提供的便利、更多的选择和灵活性，能使会员感觉到自己备受尊重。Amtrak 公司的客户奖赏计划使免费旅行的到来加速，对于目前的经济状况来说，这是重要的贡献。为了应对当前市场的挑战，Amtrak 公司需要策划一个活动，以鼓励会员的旅行，以便他们能够更快地获得免费旅游及其他奖励。而且通过相互之间的忠诚，在这个计划里 Amtrak 公司有机会吸引新的会员。参加这个活动的顾客在得到 Amtrak 公司奖励的同时也增加 Amtrak 公司的旅游市场份额。

1. 目标受众

最主要的受众是现有的客户奖励计划会员中那些控制中的、精明的、想充分利用时间和金钱的人。许多会员都在寻找他们个人旅游预算缩减后的补充。瞄准现有会员，对他们所有的 Amtrak 旅行提供双倍积分的机会，解决关键业务方面的挑战，他们的积分可以使免费旅游和其他奖励的到来快两倍。

次一级的受众是非会员。他们也使用 Amtrak 公司的服务，但没有参与顾客奖励计划或刚刚接触 Amtrak 公司。邀请这些客户对提升顾客奖励计划的认识和提升市场的份额是十分重要的。

2. 营销策略

Amtrak 公司的目标是增加会员乘客量，增加 Amtrak 公司的收入，为这个顾客奖励计划增加了高质量的会员。因为 Amtrak 公司想促进 Amtrak 公司旅游和客户奖励计划会员数量双方面的提高，所以 Amtrak 公司需要对所有市场中的每一个人开放。为争取最大限度的曝光，Amtrak 公司提出了一个可以提升 Amtrak 公司所有列车和所有路线的优惠活动。Amtrak 公司推荐了一个直截了当的、方便会员和非会员了解的"双倍积分"推广计划。这种优惠活动在之前已经被证明是成功的，会员们对之也充满期望。与上一年或 2007 年同期相比，Amtrak 公司目睹了秋季"双倍积分"促销为会员登记注册带来的稳步增长。2008 年活动结果显示，74.4% 的注册会员在促销期间旅游，相对于促销前的 56.4%，增加了将近 32.0%。虽然 2008 年秋季推广期间的经济环境使它的效果难以与之前的"双倍积分"计划相比，但它为推动 Amtrak 公司旅游增量和收入产生了积极的作用。

为确保诱因与会员的相关性，Amtrak 公司基于 4 个地理区域的特征，有针对性地寄发电子邮件和直邮，同时也派发一个通用版给这些不在目标区域的会员。在这些定位区域，Amtrak 公司根据会员居住地点和旅游目的地，为他们在这些地区精心设计列车车次和路线。

通过扩大现有的媒体接触范围，Amtrak 公司希望活动保持活力并不断突破。Amtrak 公司决定将搜索引擎营销和重新定向搜索技术引入到 Amtrak 公司的媒体计划中。这样

Amtrak 公司就能够提高该计划在过去没有被积极吸引的受众中的影响。

3. 营销战术

"双倍积分日"秋季活动在 2009 年 9 月 14 日展开。会员在促销中必须登记,因为这便于 Amtrak 公司跟踪成功结果。在活动推广期间,根据登记情况,Amtrak 公司所有的旅行业务都将参与积分计划。在推广伊始,Amtrak 公司客户奖励计划登录网站和网站旗帜广告都要保持更新,方便所有会员和非会员查看。该登录网站要为非会员提供方便的链接,方便他们参与进来。

电子邮件要发送给所有这些选择接收电子邮件通信的会员。提醒邮件在 10 月 5 日、11 月 16 日和 12 月 3 日寄发给会员们。除了目标区域,提醒邮件主要针对每个会员的促销注册情况。那些没有注册登记的人收到注册提醒邮件,进行登记注册。那些已经登记的会员在收到提醒邮件后通过预订旅行赚取双倍积分。在网站登录主页上的广告信息同样需要根据会员是否已在促销中登记注册灵活变换内容。登记注册后,广告信息切换到"已注册"版本。

直邮是引人注目、超大的明信片。它是面向那些选择接收直邮的高价值会员的。除了定向电子邮件和明信片,"双倍积分日"促销信息要刊登在每月的电子账单和每季的纸质账单摘要中。

为配合直复营销和推广顾客获取计划,Amtrak 公司为 Amtrak.com 网站设计了旗帜广告、列车椅背广告、联约商户宣传和平面广告。这些措施突出强调了成为会员并参加活动的显著利益。

这是 Amtrak 公司利用搜索引擎营销为 Amtrak 公司客户奖励计划所做的第一个活动。目的是以 20 美元或更低的单人成本来获取新会员参与这个计划。Amtrak 公司利用先进的目标定位解决方案是为了延伸搜索预算和有效提升会员量。虽然这个优惠活动是在全国范围进行的,但 Amtrak 公司的地理定位侧重于美国的东北走廊,那里的乘客量对 Amtrak 公司是最重要的。关键搜索时期,Amtrak 公司在所有品牌活动中实施竞价排名,以确保当浏览器被点击登录时广告处于最顶端的位置。为了获得研究周期中所有潜在客户,在谷歌的内容网络中,针对进行整体浏览体验的用户提供阅读相关内容的广告。为了最大限度地提高 Amtrak 公司的媒体组合,Amtrak 公司利用雅虎网络和 AOL 网络去搜索和重新定位目标市场。

最后,为确保注册会员的持续参与和旅行,Amtrak 公司创建了一个有针对性的覆盖活动。11 月 4 日,Amtrak 公司发送了一封电子邮件给所有在促销活动中登记但尚未旅行的会员们。凡在 11 月 4 日至 12 月 19 日期间进行首次旅行的顾客,除了双倍积分外,还可以通过优惠活动获得额外的加分。

(三)创意策略

许多 Amtrak 公司顾客奖励计划的会员都知道,每年秋天,他们将收到一个"双倍积分日"优惠,每次旅行他们将赚取两倍积分。这种优惠在每年的秋天实施,已经连续了 4 年,非常受欢迎。因此,Amtrak 公司的挑战是满足受众的热切期望并让新的会员报名参加此优惠活动。首先,Amtrak 公司决定做一件往年没有做过的事,给 Amtrak 公司的推销日期一个真正的"名号",这个名字可能在未来几年再次发生,像一个被期待的假期一样庆祝和鼓励参与 Amtrak 旅行。Amtrak 公司希望无论是老会员还是新会员都能很快地理解并接受这个名称。为了让时间感觉更明确、更充实,并给予促销活动一定的紧迫感,Amtrak 公司在所有的沟通活动中特别注明了开展"双倍积分日"的起止日期。在代表的概念图形里,Amtrak 公司在现有的

Amtrak公司客户模板中挑选出秋天的颜色。Amtrak公司还采用了在秋天的落叶中运行的美丽和迷人的火车旅行照片。Amtrak公司捕捉坐火车时一些至关重要的东西,像秋天本身,优美的风景、浪漫而又充满活力。Amtrak公司通过许多渠道发送信息,包括电子邮件、直邮(如图10-3所示)和网页旗帜广告动画。作为一个整体,Amtrak公司设计了一个轻快的空中响起的嗡嗡声。秋季临近,带来了Amtrak公司客户奖励计划的双倍积分日活动。

图10-3 直邮内件正面

(四)项目效果

这项活动非常成功,产生了1806%的投资回报率。Amtrak公司目标会员注册记录,比2008年秋季促销(9.6%)增长了38.2%。注册登记的会员中,与促销前的53.6%相比,75.7%选择在促销期间旅行,收入提升了41.2%。这些注册并旅行的会员中,51.2%的人旅行了3次或更多次,10.1%的人旅行了10次或更多次。由于促销活动,旅行线路得以细分,产生了47.2%的增量收入。

推广注册的同比增长量(38.2%)少于会员旅游的同比增长(40.8%)和积分赚取旅行数量的同比增长(41.7%)。这表明,更多的会员旅行并比在以前的活动里更经常地旅行。针对这些已登记了但是没有在促销开始的前六周旅行的会员,其目标覆盖活动的策略也是成功的,通过这一策略,其中35.3%的会员在促销的最后六周参与了旅行。

这个促销活动在获取新会员的方面上也是成功的。所有这些在促销时间范围内登记注册的新入会者中,13.3%的会员是促销活动直接作用的。

在旅游占比和每一个会员的旅行细分方面,区域性定位的电子邮件和直邮表现比通用版本的效果好。

由于这是第一次使用在线媒体策略,Amtrak公司把结果和Amtrak公司目标作比较。媒体活动成功地带动了23.8%的AGR会员获取量,其促销期间新会员获取的单人成本为18.64美元。基于所有的在线媒体策略,谷歌网站宣传位置的入会率达到51.0%,其新会员获取的单人成本为14.71美元。通过雅虎网络的重新定位目标策略带动了80%的会员注册率,新会员获取的单人成本为更低的16.44美元。在AOL网站的重新定位策略带动了最有效的登记率,新会员获取的单人成本为9.21美元,并获得了57.3%的转化率。

(五) 案例点评

除了在线媒体策略所取得的积极成果，Amtrak 公司对 Amtrak 公司利用谷歌的内容网络的这一决定特别的高兴。这些综合的安排以 5.99 美元的新会员获取单人成本获得了 22% 的转换率，远远超过了 Amtrak 公司的目标。

Amtrak 公司还专注于吸引非会员，除了促进会员注册登记和提升收入，还带动了顾客奖励项目 AGR 注册人数的增长。鉴于在促销时间的经济挑战，Amtrak 公司成功地实现并超过所有 Amtrak 公司活动的目标，并帮助美国 Amtrak 铁路公司在一个充满挑战的经济环境里实现重大的增量收入。

此案例是整合营销运用的典范，通过直邮、电子邮件、在线媒体、搜索引擎等多种媒体渠道的有效结合，提升了整个项目的营销效果，是一次非常成功的营销活动。在多种渠道宣传中，强调广告信息的一致性传播，同时又针对不同区域的受众、不同类型的受众设计不同的邮件信息和诱因，与客户建立紧密的关联性，实现与客户的互动。同时，跟踪提醒邮件的设计，强化了宣传效果，促使受众马上行动。

在创意方面，通过列车、秋天、落叶等元素的使用，作为一个整体向受众传递出"秋季临近，快来享受我们的双倍积分日活动"的主题。

思 考 题

1. 为什么整合营销要求一致性？
2. 数据库营销对于整合营销的意义。
3. 为何企业要采取媒体整合策略？
4. 媒体整合策略的使用原则是什么？
5. 谈谈不同媒体渠道的优势和劣势，以及应用范围。